Mach das Beste aus Dir selbst

)ubein

Mach das Beste aus Dir selbst
Das neue Modell der persönlichen und beruflichen Entfaltung
Mit einem Vorwort von Norman Vincent Peale

OESCH VERLAG AG, CH-8152 GLATTBRUGG

Aus dem Amerikanischen von Dieter W. Portmann

„GET THE BEST FROM YOURSELF"
Original English language edition published by Prentice-Hall, Inc.,
Englewood Cliffs, New Jersey, USA
Copyright © 1983 by Nido R. Qubein

Copyright © der deutschen Ausgabe
Oesch Verlag, Glattbrugg-Zürich 1984

Alle Rechte, einschließlich derjenigen des auszugsweisen Abdrucks und der
photomechanischen Wiedergabe, der Übertragung auf Ton- oder Bildträger jeder Art, vorbehalten
Satz: B & K Offsetdruck GmbH, Ottersweier
Druck: Chemigraphisches Institut, Glattbrugg
Buchbinder: Maurice Busenhart S. A., Lausanne

ISBN 3-85833-326-3

Meiner wundervollen Mutter

Victoria Ghawi Qubein

Mit ihrer Hilfe durfte ich entdecken, daß man das Leben wirklich am besten lebt, wenn man es von innen heraus lebt... und sie zeigte mir klar und deutlich, wie ich bei jeder Aufgabe, der ich mich widme, das Beste aus mir herausholen kann.

Inhaltsverzeichnis

Vorwort 7
Dank 9
Das Zauberreich „Was wäre wenn" 10
Was macht einen Sieger aus? 26
Drei Schritte auf dem Weg
   zur Einstellung eines Siegers 38
Spieglein, Spieglein an der Wand 56
Wie man ein starkes positives Bild
   von sich selbst entwickeln kann 67
Ich glaube, ich kann es; ich weiß, ich kann es . . .
   Ich habe es geschafft! 83
Zehn Schritte zum Selbstvertrauen 94
Ziele: wie Sie Ihr Leben steuern 112
Zeit: Ihr wertvollster Schatz 129
Wie Sie das größte Hindernis
   überwinden können: Sich selbst 147
Einen Dieb erwischen 169
Führung: Die Aufgabe des Siegers 181
Zweckmäßige Kommunikation
   bringt die Dinge ins Rollen 205
Was tun gegen Streß und Erschöpfung 222
Wie vermeiden Sie ein Ausbrennen 233
Dies ist Ihr Leben! 243

Vorwort

Ganz selten nur glückt einem Autor ein Buch, das den Erfahrungsschatz der Vergangenheit mit den Erkenntnissen der Gegenwart verbindet, um den Leser mit Zuversicht in die Zukunft zu führen. „Mach das Beste aus Dir selbst" gehört zu jenen Werken, die dies schaffen. Diesem Buch ist es gelungen, die Erkenntnisse der großen Denker aller Zeiten auf fesselnde Art darzulegen und unserer Generation zugänglich zu machen.

Nido Qubein hat die Weisheiten von vielen der größten Menschen von Rat und Tat gesammelt, um eine solide Grundlage für ein produktives und erfülltes Leben zu schaffen. Und damit erinnert er uns daran, daß der Mensch allen anderen Kreaturen der Schöpfung Gottes einen gewaltigen Vorteil voraus hat: er muß nicht in jeder Generation wieder ganz von vorn beginnen. Er kann auf das reiche Erbe aufbauen, das ihm überliefert worden ist.

Aber damit nicht genug. Mit überraschendem Tiefblick ergründet Qubein das praktische Können einiger Menschen seiner eigenen Generation, die Großes vollbracht haben.

Mit Hilfe der geprüften und bewährten Grundsätze der Vergangenheit und der Motivverfahren, die aus der ungeheuren Wissensexplosion hervorgegangen sind, konstruiert er eine wertvolle Formel zur persönlichen und beruflichen Weiterentwicklung.

Qubein selbst ist der lebende Beweis dafür, daß der Amerikanische Traum noch immer lebendig ist. Als junger Mann kam er 1966 aus Nahost nach Amerika. Er war praktisch mittellos, hatte keine Beziehungen und verstand nur ein paar Worte Englisch. Doch er schlug einen Kurs ein, der ihn zu Erfolg und persönlicher Erfüllung führen sollte. Mit kaum nennenswerter Hilfe arbeitete er sich durch das College und schloß seine Studien dann als Magister der Wirtschaftswissenschaften ab.

Nun, Qubein war vielen im Lande selbst geborenen Amerikanern gegenüber im Vorteil, denn er war im Glauben erzogen worden, Amerika sei noch immer das Land der unbegrenzten Möglichkeiten. Und so beschloß er, alles, was er besaß, zu seinem eigenen Besten einzusetzen. Mit ein paar Lichtbildern, die er von zu Hause mitgebracht hatte, mit einem sehr begrenzten Wortschatz und einer tüchtigen Portion Humor stellte er eine kurze Tonbildschau über das Heilige Land zusammen. Diese präsentierte er, in gebrochenem Englisch kommentiert, jeder kirchlichen oder weltlichen Organisation, die sich dafür interessierte. Und mit seiner ansteckenden Begeisterung, seinem Akzent und seinen humorvollen Schilderungen über sein Leben als Fremder in diesem Lande zog er sein Publikum vollständig in seinen Bann.

Von bescheidenen Anfängen also arbeitete sich Nido Qubein zu einem der bekanntesten professionellen Redner in den USA empor; er hält jedes Jahr rund 200 Vorträge für verschiedenste führende Konzerne und Gesellschaften. Seine Berufskollegen hielten so hohe Stücke auf ihn, daß sie ihn zum Präsidenten der National Speakers Association wählten und ihm die höchste Auszeichnung dieser Vereinigung verliehen.

Als Geschäftsmann und Berater von Topmanagern in Industrie und Gewerbe ist Qubein äußerst erfolgreich. Sein Ziel, Millionär zu werden, erreichte er schon im Alter von etwa dreißig Jahren. Seitdem hat er sich ständig neue Ziele gesetzt und neue Herausforderungen angenommen.

Mein Freund und Kollege Nido R. Qubein hat entdeckt, daß man das Leben wirklich am besten lebt, wenn man es von innen heraus lebt, und in diesem Buch erzählt er uns nun, wie man das tut. Dieses Buch wird Ihnen gefallen, und Sie werden es bestimmt immer wieder zur Hand nehmen.

Norman Vincent Peale

Dank

Jede lohnende Aufgabe meines Lebens habe ich dank der unschätzbaren Hilfe vieler begabter Menschen erfüllen können - und dieses Buch bildet keine Ausnahme.

Zunächst danke ich von ganzem Herzen meiner Frau Mariana, die meine langen Reisen und mein gewaltiges Arbeitspensum stets geduldig ertragen und mir in unserem ganzen gemeinsamen Leben immer wieder Mut, Liebe und bedingungslose Unterstützung geschenkt hat.

Ebenso großen Dank schulde ich meinem Partner Tom Watson für seine umfangreichen Recherchen im Zusammenhang mit diesem Buch und mit vielen anderen Arbeiten, die ich veröffentlicht habe. In erster Linie aber weiß ich die langen Stunden zu schätzen, in denen er mir zugehört und mir in meiner Laufbahn als Berater und Redner zur Seite gestanden hat.

Drittens danke ich all jenen Amerikanern, die mir geholfen haben, den *Nido Qubein Associates Scholarship Fund* zu errichten, und die an mich als Mensch glauben.

Mein größter Dank gebührt jedoch all denen, die bei einem meiner Vorträge unter den Zuhörern gewesen sind, die mich in den vergangenen zwölf Jahren am Radio gehört oder meine früherern Werke gelesen haben - denn sie haben mein schöpferisches Wirken angeregt.

I. KAPITEL

Das Zauberreich „Was wäre wenn"

Begleiten Sie mich doch auf eine kurze Reise ins Zauberreich *Was wäre wenn.* Hier können Sie sein, haben und tun, was Sie wollen, und Sie können leben, wie Sie wollen. Da ist es besser als in jeder Märchenwelt, die Ihnen das Fernsehen bieten kann, denn Sie brauchen nur Ihre Augen zu schließen und Ihrer Fantasie freien Lauf lassen.

Was wäre, wenn Sie irgend etwas oder irgendwer sein könnten? Denken Sie einmal nach! Was möchten Sie gerne sein?

- Ein berühmter Athlet?
  - Ein berühmter Fernseh- oder Filmstar?
    - Ein einflußreicher Politiker?
      - Ein reicher Müßiggänger?
        - Ein großer Industrieboß?
          - Ein Minister?
            - Ein Arzt oder Rechtsanwalt?

Ein Reporter bat George Bernard Shaw kurz vor seinem Tod, mit ihm *Was wäre wenn* zu spielen. „Mr. Shaw", begann er, „Sie waren bei einigen der berühmtesten Zeitgenossen auf der ganzen Welt zu Gast. Sie haben gekrönte Häupter, Schriftsteller, Künstler, Gelehrte und Würdenträger kennengelernt.

Wenn Sie Ihr Leben noch einmal leben und dabei in die Rolle eines Ihrer Bekannten oder irgendeiner historischen Persönlichkeit schlüpfen könnten, wer möchten Sie dann sein?"
„Ich möchte jene Persönlichkeit sein, die George Bernard Shaw hätte sein können, die er aber niemals war", lautete Shaws Antwort.

Welche Einsicht! Traurige Tatsache ist, daß nur die wenigsten Menschen jemals zu dem werden, was sie hätten werden können. Und Shaw war sich darüber im klaren, daß er nie ein anderer hätte sein können, auch wenn er aus seinem ohnehin schon reichen Leben noch mehr gemacht hätte. Und dieses Bewußtsein bildet denn auch die Grenze des Zauberreichs *„Was wäre wenn".* Sie können sich nur in Ihrer Fantasie in einen anderen Menschen verwandeln. In der realen Welt können Sie nur sich selber sein! Sie können nur der Mensch werden, zu dem Sie geschaffen worden sind! Was Sie aber tun können, ist beinahe unbegrenzt. Sie sind in mancher Hinsicht *einzigartig,* das heißt Sie sind *einzig in Ihrer Art.*

Sie besitzen:
- Einzigartige Begabungen und Talente
  - Einzigartige Gelegenheiten
    - Einzigartige geistige Fähigkeiten
      - Eine einzigartige Persönlichkeit
        - Ein einzigartiges Bild von sich selbst

Tatsache ist, daß:
- Niemand das, was Sie tun können, genau so tun kann, wie Sie es können.
  - Niemand genau die gleichen Gelegenheiten hat wie Sie.
    - Niemand genau das gleiche weiß, was Sie wissen.
      - Niemand genau die gleiche Persönlichkeit hat wie Sie.
        - Niemand Sie genau so sieht, wie Sie sich selber sehen.

Ihre Einzigartigkeit voll ausschöpfen bedeutet, alle Eigenschaften, die Sie zu dem „in Ihrer Art einzigartigen" Menschen machen, bis an die Grenzen zu entwickeln.

Was ist, wenn:
- All Ihre Träume wahr werden?
- Sie jener Mensch werden, der Sie sein möchten?
- Die Welt auf jenen Beitrag wartet, den nur Sie ihr geben können?
- Das Leben so reich und erfüllt ist, wie Sie es sich erhoffen?

Es gibt Menschen, die dafür gesorgt haben, daß ihre Träume wahr werden. Als Junge unternahm auch John Goddard Ausflüge ins Zauberreich *Was wäre wenn.* Mit 15 Jahren stellte er eine Liste mit all den Dingen zusammen, die er in seinem Leben tun wollte. Sie umfasste 127 Ziele, die er zu erreichen hoffte, so zum Beispiel: den Nil erforschen, den Mount Everest besteigen, primitive Völker im Sudan studieren, eine Meile in fünf Minuten laufen, die Bibel von A bis Z lesen, in einem Unterseeboot fahren, ein Buch schreiben, die ganze *Encyclopedia Britannica* durchlesen und die Welt umsegeln.

Heute, in mittleren Jahren, zählt er zu den berühmtesten Entdeckern unserer Zeit. Er hat 105 der 127 Ziele erreicht und darüber hinaus viele weitere interessante Dinge getan. Er freut sich immer noch darauf, alle Länder der Erde zu besuchen (bisher sind es „nur" 113), den Jangtsekiang in China auf seiner ganzen Länge zu befahren, das 21. Jahrhundert zu erleben (er wird dann 75 sein), auf den Mond zu fliegen und noch mehr andere spannende Abenteuer zu bestehen.

Jim Marshall galt als professioneller Football-Spieler in Amerika als schlechthin „unzerstörbar". In dieser typisch amerikanischen Sportart, in der Dreißigjährige bereits zum

„alten Eisen" zählen, spielte er bis zum Alter von 42 Jahren auf seiner Position als hinterster Verteidiger – und fehlte bei 282 aufeinanderfolgenden Spielen nicht ein einziges Mal.

Aber auch Jim kam nicht ungeschoren durch sein Leben. So geriet er einmal in einen Blizzard, in dem all seine Begleiter ums Leben kamen. Zweimal hatte er eine schwere Lungenentzündung. Beim Reinigen seines Gewehrs löste sich ein Schuß, der ihn verletzte. Er überstand mehrere Autounfälle heil und mußte sich verschiedenen Operationen unterziehen.

Das Geheimnis von Jims unheimlicher Spannkraft liegt wohl in seinem Wahlspruch: „Entscheide dich für eine Richtung und geh dann unbeirrt in diese Richtung; kümmere dich niemals darum, wie weit es *hinauf* geht."

Welches ist Ihre elementarste Freiheit?

Wir sprechen heute so oft von Freiheit, und doch machen wir von unserer wertvollsten Freiheit, die wir alle besitzen, nur sehr selten Gebrauch. Sie ist in keiner Verfassung, in keinem Grundgesetz festgehalten. In keinem Land der Welt gibt es irgendeine Urkunde, in der diese Freiheit klar und deutlich verbrieft wäre. Und zwar einfach deshalb nicht, weil kein Land sie Ihnen geben und kein Land – und kein Mensch – sie Ihnen nehmen kann.

Alle Menschen genießen sie im gleichen Maße, unabhängig von Rasse, Religion, Geschlecht, wirtschaftlicher Lage oder Umstand. Diese Freiheit hat der Häftling, der Invalide, der Arme, der Diskriminierte, der Ängstliche, ja selbst der Bürger eines Landes hinter dem Eisernen Vorhang.

Welches ist sie denn nun, diese so elementare Freiheit? *Jeder Mensch hat die Freiheit zu wählen, wie er auf die Gegebenheiten reagiert, denen er sich gegenübergestellt sieht.*

Wir haben nicht immer Einfluß darauf:
- Was andere uns antun
  - Was uns widerfährt
    - Wo wir geboren werden
      - Welche physischen Schwächen wir haben
        - Wie groß unser Startkapital ist
          - Was andere über uns denken
            - Was andere von uns erwarten
              - Wie hoch unser IQ ist

Es ist und bleibt aber jedem von uns überlassen:
- Wie wir auf das, was andere uns antun, reagieren
  - Wie wir mit dem, was uns widerfährt, fertigwerden
    - Wie wir leben, und wenn wir leben, wo wir geboren sind
      - Wie wir von unseren physischen Stärken Gebrauch machen
        - Was wir mit den Mitteln anfangen, die uns gegeben sind
          - Wie wir auf die Meinungen anderer reagieren
            - Ob wir die Erwartungen anderer erfüllen können oder wollen
              - Was wir aus unserem IQ machen

Die meisten Schranken, die uns daran hindern, unsere Möglichkeiten voll auszuschöpfen, sind künstlicher Natur. Sie werden uns durch die Umstände oder durch andere Menschen auferlegt:

Künstliche Schranken sind zum Beispiel:
- Unser Alter (wir sind „zu" alt oder „zu" jung)
  - Leere Taschen
    - Früher begangene Fehler

- Schwierigkeiten und Kummer
- Die Kurzsichtigkeit der Menschen um uns herum
- Mangel an Bildung und Ausbildung
- Ängste
- Zweifel

Die wirklichen Schranken, die uns der Freiheit berauben, das Beste aus dem zu machen, was wir haben und was wir sind, hängen mit der Art und Weise zusammen, in der wir uns selbst und unsere Umwelt betrachten. Unsere Verhaltensweisen hindern uns daran, all das zu werden, zu dem wir geschaffen worden sind.

Zu diesen wirklichen Schranken zählen:
- Eine negative Lebenseinstellung
- Ausreden, die wir vorbringen
- Verschwendung unserer Zeit
- Kleinlichkeit
- Die Unfähigkeit, flexibel zu sein
- Selbstmitleid
- Sorgen
- Zaudern
- Faulheit
- Mangel an Selbstdisziplin
- Schlechte Gewohnheiten

In unserer Welt haben immer jene gesiegt, die rücksichtslos ihre Freiheit ausgenützt und gewählt haben, wie sie jeweils auf neue Gegebenheiten reagieren wollten.

Einige Beispiele:
■ Die Gebrüder Wright wußten, daß noch kein Mensch zuvor hatte fliegen können.

- Florence Chadwick wußte, daß andere den Versuch, den Ärmelkanal zu durchschwimmen, mit dem Leben bezahlt hatten.
- Henry Ford mußte feststellen, daß seine Automobile „überhaupt nicht gefragt" waren.
- David war zu jung, zu unerfahren und zu schlecht ausgerüstet, um gegen Goliath anzutreten.

Bekanntlich strafen Sieger aber kurzsichtige Spötter mit Verachtung und vollbringen das „Unmögliche". Sie lassen sich auch nicht durch die Meinung sogenannter Experten von ihrem Tun abhalten.

Haben Sie gewußt, daß:
- der für Probeaufnahmen zuständige Direktor der Filmgesellschaft MGM nach den ersten Tests mit Fred Astaire im Jahre 1933 auf einen Zettel schrieb: „Kann nicht schauspielern! Ist leicht glatzköpfig! Kann ein wenig tanzen!" Dieser Zettel nimmt in Astaires Haus in Beverly Hills einen Ehrenplatz über dem Kamin ein.
- jemand über Albert Einstein sagte: „Er trägt keine Socken und vergißt, seine Haare zu schneiden. Könnte geistig leicht behindert sein."
- Sokrates als „unmoralischer Verführer der Jugend" bezeichnet wurde.

Freiheit bedingt Entscheidungen

Es gibt so vieles, was man sehen, tun und sein könnte! Das Leben steckt voller Entscheidungen – es gleicht einem riesigen kalten Buffet. Und wir stehen davor mit unseren kleinen Tellern, auf denen nur so wenig Platz hat. Freiheit bedingt, daß wir uns entscheiden.

Im Zauberreich *Was wäre wenn* erwartet Sie ein Blankoscheck. Er lautet auf eine unbeschränkt zahlungsfähige Bank und ist von einem wohlwollenden Gönner unterzeichnet, der Ihnen alles geben kann, was Sie nur wollen. Sie brauchen nur Ihren Namen dort hinzuschreiben, wo steht: „Zahlbar an:" Worauf warten Sie denn noch? Setzen Sie einfach theoretisch Ihren Namen als Empfänger des Schecks ein.

Unter „Betrag" schreiben Sie hin, was Sie vor allen Dingen von ihrem Leben erwarten. Schreiben Sie nur! Lassen Sie sich nicht lang bitten! Greifen Sie nach den Sternen!

Oder möchten Sie lieber ziellos in Ihrem Leben herumpfuschen? Ziehen Sie es vor, daß Ihnen die Umstände oder andere Menschen diktieren, wie Sie den Rest Ihres Lebens verbringen sollen? Wollen Sie wirklich, daß Tausende von kleinen Entscheidungen die großen Entscheidungen überschatten, die Ihr Leben zu dem machen könnten, was Sie von ihm erwarten?

Wer bestimmt in Ihrem Leben?

Selbst ein kurzer Besuch im Zauberreich „Was wäre wenn" wirft eine große Frage auf: Wer bestimmt in Ihrem Leben? Als Sie noch ein Kind waren, bestimmten Ihre Eltern.

Sie sagten Ihnen:
Es ist Zeit, schlafen zu gehen
   Es ist Zeit, aufzustehen
      Diese Spielsachen darfst du haben
         Ja sogar: Iß das und das

Später waren es dann Ihre Lehrer und der Schuldirektor, die Ihnen sagten, was zu tun war.

Sie entschieden:
Das mußt du lesen
   Das mußt du lernen
      Jetzt ist Pause
         Jetzt darfst du auf die Toilette gehen
            Ja sogar: Das und das darfst du essen

Nach und nach begannen dann Ihre Altersgenossen, einen gewissen Einfluß auszuüben.

Sie bestimmten mit:
Wie Sie sich kleiden sollten
   Welche Lokale „in" waren
      Wie Sie sich ausdrückten
         Vielleicht sogar, was Sie trinken sollten

Kaum den Kinderschuhen entwachsen, wandten Sie sich wiederum an andere Menschen, um sich in Ihrem Tun leiten zu lassen.

Sie:
Diskutierten Ihre Pläne mit Freunden
   Baten den Pfarrer um Rat
      Besprachen Ihre Entscheidungen mit einem Berater
         Nahmen eine Stelle an und überliessen die Entscheidungen dem Chef

Das Leben war viel einfacher, als Sie noch klein waren. Wenn Sie Angst hatten, so kam Mama oder Papa zu Ihnen ins Zimmer. Wenn Sie darum baten, blieben sie bei Ihnen oder ließen das Licht brennen, bis Sie eingeschlafen waren. Sie trugen die Verantwortung für Sie.

Nun sind Sie erwachsen. Wenn früher die Dinge nicht so liefen, wie sie sollten, konnten Sie die Schuld auf Ihr Alter, Ihre soziale Stellung, Ihren Arbeitsplatz oder Ihre Verhältnisse schieben. Im Laufe der Zeit wurde Ihnen aber klar, daß Sie die Dinge beeinflussen konnten – sofern Sie bereit sind, den Preis dafür zu bezahlen. Sie waren lange genug im Zauberreich *Was wäre wenn* um zu glauben, daß das Leben mehr bieten könnte, als es bisher geboten hat. Sie kamen auf die Vermutung, das Leben werde nicht von den Menschen rund um Sie oder von den Umständen geprägt. Allmählich dämmerte es Ihnen, daß Sie selbst über Ihr Leben bestimmen. Natürlich können Sie mit anderen Leuten sprechen und sie um Rat fragen. Aber letzten Endes sind Sie es, der entscheiden muß. *Es ist Zeit, diese Tatsache zu akzeptieren – Sie bestimmen über Ihr Leben! Sie sind ein Produkt Ihrer Entscheidungen – und werden es immer sein.*

ÜBUNG 1: WIE SIND SIE BISHER ZUFRIEDEN?

Machen Sie einen Kreis um den Buchstaben zu jener Antwort, die am besten ausdrückt, wie Sie sich im Augenblick fühlen:
1. Ich bin gern so, wie ich bin: a) immer b) meistens c) manchmal d) nie
2. Mein Beruf macht mir Freude: a) immer b) meistens c) manchmal d) nie
3. Ich erreiche meine Ziele: a) immer b) meistens c) manchmal d) nie
4. Ich habe eine positive Einstellung zu: a) allem b) vielem c) manchem d) nichts
5. Meine engste Beziehung: a) ist ideal b) könnte besser sein c) müßte sehr viel besser werden d) ist fürchterlich
6. Mein Verhältnis zu meinen Arbeitskollegen: a) ist ideal b) könnte besser sein c) müßte sehr viel besser werden d) ist hoffnungslos

7. Wenn ich so weiterfahre wie bisher, werde ich:
a) meine Möglichkeiten voll ausschöpfen b) im Vergleich zu meinen Zielen recht gut abschneiden c) viel zu früh altern d) mich und andere enttäuschen
8. Meine finanziellen Verhältnissse: a) gleichen denen im Tresor der Nationalbank b) sind in Ordnung, könnten aber besser sein c) sind eben so recht und schlecht d) sind katastrophal
9. Die meisten Leute, die ich kenne: a) verdanken ihren Erfolg der Tatsache, daß sie mich kennen b) fühlen sich dadurch bereichert, daß sie mich kennen c) finden mich interessant d) finden mich schrecklich langweilig

Bewertung: Geben Sie sich für jede Antwort a) 10 Punkte, für jede Antwort b) 7 Punkte, für jede Antwort c) 5 Punkte, für jede Antwort d) 1 Punkt.

Erreichen Sie 85 bis 90 Punkte, lesen Sie nicht mehr weiter und schenken Sie das Buch einem Freund.

Erreichen Sie 70 bis 84 Punkte, spricht einiges zu Ihren Gunsten. Dieses Buch sollte Sie in ihrer positiven Einstellung und in Ihrem Tun bestärken.

Erreichen Sie 55 bis 69 Punkte, dann gibt es bei Ihnen – wie bei den meisten andern von uns auch – verschiedene Bereiche, die dringend einer Verbesserung bedürfen. Dieses Buch könnte Ihnen dabei helfen.

Erreichen Sie 40 bis 54 Punkte, könnten die Gedanken, die dieses Buch vermittelt, Ihre Lebenseinstellung radikal verändern.

Erreichen Sie nicht mehr als 39 Punkte, nun, was haben Sie zu verlieren? Lesen Sie weiter!

Diese erste Übung hilft Ihnen vielleicht zu beurteilen, wie gut oder schlecht Sie Ihre Freiheit nützen, auf Ihre ganz eigene

Art und Weise auf verschiedenste Gegebenheiten zu reagieren. Es handelt sich nicht um einen Test. Diese Übung soll Ihnen nur helfen zu überlegen, wie weit Sie Ihr eigenes Leben unter Kontrolle haben.

Sie und das Trägheitsgesetz

Sind Sie mit dem Ergebnis von Übung 1 zufrieden? Wenn nicht, dann rufen Sie sich das Trägheitsgesetz in Erinnerung, welches besagt:

> Jeder Körper verharrt im Zustand der Ruhe oder der geradlinig-gleichförmigen Bewegung, solange keine äußere Kraft auf ihn einwirkt.

Mit einer wesentlichen Änderung läßt sich dieses Gesetz auch ausgezeichnet auf unser Leben anwenden.

Menschen:
— Die erfolgreich sind, bleiben in der Regel erfolgreich
  — Die glücklich sind, bleiben in der Regel glücklich
    — Die respektiert werden, werden in der Regel auch weiterhin respektiert
      — Die ihre Ziele erreichen, erreichen sie in der Regel auch weiterhin

Worin besteht nun diese wesentliche Änderung? Die physische Trägheit wird durch äußere Kräfte bestimmt, echte Richtungsänderungen in unserem Leben aber durch Kräfte, die von innen heraus wirken. Wie der amerikanische Philosoph William James sagte: „Die größte Entdeckung meiner Generation besteht darin, daß ein Mensch sein Leben verändern kann, indem er seine Geisteshaltung ändert."

Sie können jeden Tag Ihres Lebens leben. Sie können mit jeder Faser Ihres Körpers leben. Und Sie können buchstäblich jedes lohnenswerte Ziel erreichen, das Sie sich selbst gesetzt haben.

Doch nun zurück in die Welt der Wirklichkeit

Das Problem mit dem Zauberreich *Was wäre wenn* liegt darin, daß man dort nicht leben kann. Wer es dennoch versucht, findet sich unversehens im Todesreich *Wenn nur* wieder.

Er hört sich selber sagen:
— „Wenn ich nur mehr Geld hätte, dann . . ."
— „Wenn ich nur in einer andern Lage wäre, dann . . ."
— „Wenn nur meine Hautfarbe anders wäre, dann . . ."
— „Wenn ich nur eine bessere Ausbildung hätte, dann . . ."
— „Wenn ich nur das nicht getan hätte, dann . . ."

Die Träume, die Sie im Zauberreich *Was wäre wenn* entdecken, können nur wahr werden, wenn Sie mit beiden Füßen fest auf dem Boden der Wirklichkeit stehen. Wenn Sie das Zauberreich *Was wäre wenn* oft besuchen und seine herrlichen Träume träumen, um danach in die Wirklichkeit zurückzukehren und sie zu verwirklichen, werden Sie staunen, was Sie alles aus Ihrem Leben machen können.

Versuchen Sie, ein praktischer Träumer zu sein

Wagen Sie doch zu träumen! Wagen Sie zu hoffen! Haben Sie den Mut, sich selber als ungeheuren Ausbund an Leistungsfähigkeit zu betrachten! Die Psychiater anerkennen mehr und mehr, wie wertvoll Tagträumereien sein können. Untersuchungen haben ergeben, daß Menschen mit sehr hohem IQ oft sehr ausgiebig ihren Tagträumereien nachhängen – sich vorstellen, wie die Dinge sein könnten. Viele der wirklich großen Erfindungen und Entwicklungen in der Geschichte der Menschheit hatten ihren Ursprung in Fantasievorstellungen von Träumern.

Aber vergessen Sie nicht, ein Traum ist und bleibt so lange ein Traum, bis Sie ihn wahr machen. Der amerikanische Philosoph und Dichter Ralph Waldo Emerson war einer der größten Phantasten aller Zeiten. Viele halten ihn sogar für den größten „Mystiker", den die Welt je gesehen hat. Und doch sagte Emerson einst zu einem ehrgeizigen Künstler: „In unserer Kunst gibt es nur einen einzigen Weg zum Erfolg: die Jacke ablegen, die Farben mischen und dann arbeiten wie ein Streckenarbeiter bei der Eisenbahn, den ganzen Tag, und Tag für Tag." Als ich selbst ein kleiner Junge war, pflegte meine Mutter zu sagen: *„Wenn es sein soll, liegt es an dir."*

Jede große Erfindung hätte wahrscheinlich mindestens hundertmal gemacht werden können; doch dies war nie der Fall. Weshalb? Dafür gibt es zwei wichtige Gründe: Viele potentielle Erfinder haben es versäumt zu träumen, und viele Träumer haben es versäumt, ihre Träume wahr werden zu lassen.

Träume:
— Heben unsere Augen vom Gewöhnlichen auf das Mögliche
  — Geben uns Hoffnung
    — Geben uns die Kraft, das Unmögliche zu versuchen
      — Rufen uns auf, mehr zu werden, als wir gewesen sind
        — Ermutigen andere, mehr zu erhoffen
          — Fordern uns heraus, damit wir wachsen

Entweder wir träumen von Größerem und Besserem, oder wir sinken in jene Tiefe, die der amerikanische Schriftsteller Henry David Thoreau beschrieben hat, als er sagte: „Die große Masse der Menschheit führt ein Leben in stiller Verzweiflung."

Die praktische Seite des Träumens bedeutet Bereitschaft, den Preis zu bezahlen, den es kostet, diese Träume wahr zu machen.

Praktisch sein:
— Verleiht unseren Träumen Form und Gestalt
  — Rückt unsere Hoffnungen in greifbare Nähe
    — Macht unsere Ideen sinnvoll
      — Läßt aus Ehrgeiz Taten werden
        — Verleiht unseren Idealen Substanz

Träume werden wahr, wenn man den Preis bezahlt

„Nido, ich würde alles dafür geben, wenn ich vor einem Publikum so sprechen könnte, wie du es kannst", sagte kürzlich ein junger Mann zu mir.

„Du wärest zehnmal besser als ich", antwortete ich ihm, „wenn du nur einen Zehntel von dem geben würdest, was ich gab."

Jeder Tag bietet uns eine bunte Palette von Aussichten und Möglichkeiten. Der Gelegenheiten sind mehr als Sterne an einem wolkenlosen Himmel. Und die Menschen um uns ergreifen sie – wie jener Mann, der mit Backsteinen ein Vermögen verdiente.

„Aber Leute wie er haben doch einfach Glück", seufzt jemand.

Wirklich? Auch Ihre Träume können wahr werden, wenn Sie bereit sind, den Preis dafür zu bezahlen.

Viele Menschen sind nicht willens, den Preis zu bezahlen, den Erfolg nun einmal kostet. Vielleicht ist dies der Grund, weshalb sich so viele in eine „Komfortzone" zurückziehen, wie dies mein Lehrerkollege Jim Newman formuliert. Sie sehnen sich nach einem Ort, an dem sie rasten können, an dem sie sicher sind, umhegt und umsorgt werden.

„Komfortzonen" sind aber wie Höhlen:
— Sie sind dunkel, daß man kaum sehen kann
   — Die Luft wird immer schlechter, bis man kaum mehr atmen kann
      — Die Wände engen uns ein
         — Die niedrigen Decken verhindern, daß wir uns ganz ausstrecken können

Daß Sie so weit gelesen haben, beweist, daß Sie nicht die Absicht haben, den Rest Ihres Lebens in einer solchen „Komfortzone" zu fristen. Vielleicht sind Sie es müde, stets Verlierer zu sein. Vielleicht sind Sie aber auch Sieger in einer unteren Liga und wollen nun im Spiel des Lebens in eine höhere Liga aufsteigen.

Und dies führt uns zum nächsten Kapitel: „Was macht einen Sieger aus?"

II. Kapitel

Was macht einen Sieger aus?

Das wichtigste, das Sie auf dem Weg zum Erfolg brauchen, ist die Einstellung eines Siegers.

In Literatur und Geschichte wimmelt es von Leuten, die:
— Unter schweren Nachteilen zu leiden hatten
  — Oft geringere Talente hatten als die Menschen um sie herum
    — Manchmal in schlimmsten Verhältnissen leben mußten
      — Häufig zahlreiche Rückschläge einstecken mußten

Und doch gehören viele von ihnen zu den Siegern und Berühmtheiten des Lebens.

Weshalb? Was trieb sie zu ihrer Leistung?
— Daß andere rund um sie versagten
  — Daß andere größere Talente hatten
    — Daß andere bessere Gelegenheiten hatten
      — Daß andere oft weit größere Mittel zur Verfügung hatten

Das Geheimnis ist folgendes: *Sie hatten die Einstellung eines Siegers!*

Im Spiel des Lebens ebenso wie im Sport gibt es stets weit mehr Verlierer als Sieger. Im Handball können nur zwei Mannschaften um den Europapokal spielen – und nur eine von ihnen kann gewinnen. Im Fußball können nur zwei Teams das Endspiel der Weltmeisterschaft bestreiten. Und das gleiche gilt eigentlich für jede Sportart: nur eine Mannschaft, nur ein Sportler kann das große Geld gewinnen!

Im Pferderennsport gibt es einen Begriff, der die Parallelen zum Spiel des Lebens noch deutlicher zeigt: „Ferner liefen:" Nach dem Sieger und den weiteren plazierten Pferden werden unter „Ferner liefen" jene aufgeführt, die ebenfalls am Rennen teilgenommen haben, aber nicht ganz oben auf der Rangliste figurieren. Das große Geld gehört dem Sieger, und kleinere Preise gehen an die Nächstplazierten. Doch die vielen unter „Ferner liefen" klassierten Pferde gehen beinahe oder ganz leer aus, und man spricht auch nicht von ihnen.

Im Berufsleben gibt es ebenfalls nur ein paar Sieger, aber unzählige auf den hinteren Plätzen. Nur einige wenige nehmen führende Stellungen ein und leisten Hervorragendes. Die meisten stehen aber leider nur auf der Lohnliste irgendeiner Firma oder Organisation.

Der winzige Vorsprung zum Sieg

Wenn man den Vergleich mit Pferderennen noch etwas weiterführt, fällt bald eine sehr interessante Tatsache auf. Die Sieger weisen in den meisten Fällen keinen sehr großen Vorsprung auf.

Ein Hengst namens Nashua gewann einst in seiner Laufbahn als Rennpferd über eine Million Dollar. Die gesamte Rennzeit zusammengerechnet betrug weniger als eine Stunde – die endlosen Stunden des Trainings und der Vorbereitung natürlich nicht mit eingeschlossen. Als Nashua verkauft wurde, brachte er seinem Besitzer an die hundertmal mehr ein als die meisten andern Pferde, gegen die er gelaufen war.

Was macht denn Nashua hundertmal wertvoller als andere Pferde? Ist er hundertmal schneller als die „Ferner liefen"? Nein. Um immer wieder zu siegen und damit viel wertvoller zu sein, brauchte er nur ein bißchen schneller zu laufen als die andern. In vielen Rennen konnte Nashua sogar erst als Sieger ausgerufen werden, nachdem die Zielfotos ausgewertet worden waren. Er gewann also oft nur um eine „Nasenlänge".

In sämtlichen Bereichen menschlicher Bestrebungen beträgt der Vorsprung des Siegers gegenüber denen, die „ferner liefen", in der Regel weniger als 2 Prozent; dies will der Autor eines Artikels in einem amerikanischen Magazin herausgefunden haben. Und in den meisten Fällen hat der geringe Vorsprung des Siegers nichts mit Talent, Möglichkeiten oder Köpfchen zu tun. *Der ausschlaggebende Faktor ist normalerweise die Einstellung des Siegers.*

Sieger erreichen ihre Ziele, Verlierer suchen nach Ausreden!

Mein Freund Zig Ziglar hat Tausenden von Menschen unter „Ferner liefen" mit seinen Seminarien und seinem Bestseller „See You at the Top" zum Sieg verholfen. In seinem Buch ist vom „Hinken des Verlierers" die Rede, und dies beschreibt er wie folgt:

In einem sehr wichtigen Football-Spiel liegt die Heimmannschaft mit einem Versuch im Rückstand, und die Zeit wird allmählich knapp. In einer kurzen Beratung wird beschlossen, den Ball dem vordersten Stürmer zuzuspielen. Dieser ist von seinen langen Einsätzen über das ganze Spielfeld hinweg schon sehr müde. Sein ganzer Körper schmerzt von den heftigen Abwehrversuchen der harten gegnerischen Verteidiger. Außerdem weiß er, daß sein Mannschaftskollege, der ihm den Ball zuspielen sollte, während des ganzen Nachmittags ebenfalls hart bedrängt worden war und daß die Aussichten auf einen solchen Spielzug, den die gegnerische Verteidigung ja erwartet, höchstens Tausend zu Eins stehen.

Er läuft deshalb in gemächlichem Tempo über das Feld. Dann blickt er zurück, um zu sehen, wo der Ball ist. Zu seiner großen Überraschung sieht er ihn kommen – genau dahin wo er kommen sollte! Mit einem heldenhaften Riesensatz versucht der Verlierer, den Ball noch zu fangen, doch dieser berührt den Boden im letzten Feld – knapp außerhalb seiner Reichweite. Die Zuschauer machen ihrer Enttäuschung lauthals Luft.

Langsam steht der Fänger wieder auf. Unfähig, sein Versagen zuzugeben, geht er hinkend auf die Seitenlinie zu. Er weiß als einziger im ganzen Stadion, daß er nicht verletzt ist. Da er aber weiß, daß er vom Publikum keinen Applaus zu erwarten hat, hofft er wenigstens auf sein Mitgefühl. Er entschuldigt seinen mißlungenen Versuch mit dem „Hinken des Verlierers".

Und die Moral von der Geschicht? *Sieger erreichen ihre Ziele, Verlierer suchen nach Ausreden!*

Sieger:
Haben immer Ideen.
Sagen immer: „Das schaffe ich!"
Finden für jedes Problem eine Lösung.
Sagen immer: „Das kann ich!"
Überlegen, wie sie es tun können.

Verlierer:
Haben immer Ausreden.
Sagen immer: „Das ist nicht meine Aufgabe!"
Finden bei jeder Lösung ein Problem.
Sagen immer: „Das kann ich nicht!"
Überlegen, wie sie da rauskommen könnten.

Fast immer macht die Einstellung den Unterschied aus. Ob Sie nun denken, „Das kann ich" oder „Das kann ich nicht", Sie werden in den meisten Fällen recht haben!

Verlierer geben sich mit dem zweiten Platz zufrieden

Sieger lassen sich noch auf eine andere Art von Verlierern unterscheiden: Sieger vergleichen ihre Leistungen mit ihren Zielen, Verlierer hingegen vergleichen ihre Leistungen mit denen anderer Leute.

Richard Petty hat mehr Preisgelder eingestrichen als jeder andere Stock-Car-Fahrer in der Geschichte dieser Sportart. Was er von seiner Mutter zu hören bekam, als er ihr von seinem ersten Rennen erzählte, klingt ziemlich verblüffend.

„Mama", rief er und stürmte ins Wohnzimmer, „da waren fünfunddreißig am Start und ich wurde Zweiter!"

„Du hast verloren", antwortete Mama.

„Aber hör doch!" protestierte er, „findest du das nicht gut, wenn ich in meinem ersten Rennen Zweiter werde? Und das erst noch mit so vielen Fahrern am Start!"

„Richard", sagte sie unerbittlich, „du brauchst nie hinter einem anderen Zweiter zu werden!"

Und von da an war Richard Petty während zwanzig Jahren die dominierende Figur auf allen Stock-Car-Rennplätzen. Viele seiner Rekorde stehen heute noch. Denn er vergaß nie die Herausforderung seiner Mutter: „Richard, du brauchst nie hinter einem anderen Zweiter zu werden!"

Sieger vergleichen ihre Leistungen mit ihren Zielen und Fähigkeiten. Verlierer vergleichen sich immer mit anderen.

Haben Sie die Einstellung eines Siegers?

Ob Sie in Ihrem Leben Erfolg haben oder versagen, hat nicht viel mit den Gegebenheiten zu tun; es hat vielmehr mit Ihrer Einstellung zu tun!

Kürzlich saß ich bei einem Nachtessen am gleichen Tisch wie Dr. Vincent Norman Peale, denn wir sprachen beide an einem Nationalen Kongreß in New Orleans. Dieser Mann hat mit seinen Büchern, Artikeln und Reden eine ganze Nation und viele andere Menschen auf der ganzen Welt inspiriert.*
Er sagt oft, eine der häufigsten Klagen, die er höre, laute ungefähr so: „Dr. Peale, ich möchte so gern ein Geschäft aufbauen oder etwas Gutes für die Menschheit tun, aber ich habe einfach kein Geld!" Dr. Peales Antwort ist stets die gleiche: „Leere Taschen haben noch nie jemanden zurückgehalten ... Es sind höchstens die leeren Köpfe und Herzen, die das tun."

Sehen Sie, Verlierer *schieben die Schuld* auf die Umstände; Sieger hingegen *stellen sich über* die Umstände. Verlierer konzentrieren sich auf die nackte Mauer, die sie einengt; Sieger suchen nach einem Weg, der sie untendurch oder darüber hinwegführt, der um sie herum oder durch sie hindurch führt.

Haben Sie die Einstellung eines Siegers? Prüfen Sie sich selbst anhand der Fragen von Übung 2.

---

* Die Bücher von Norman Vincent Peale sind in deutscher Sprache im Oesch Verlag erschienen.

ÜBUNG 2: DIE EINSTELLUNG EINES SIEGERS

Setzen Sie nach jeder Aussage ein „x" in die entsprechende Kolonne:

Immer   Normalerweise   Selten

1. Ich bereite mich auf jede Aufgabe entsprechend vor.
2. Ich stehe meinen Umständen positiv gegenüber.
3. Ich sehe in jedem Problem eine neue Gelegenheit.
4. Ich bin flexibel und toleriere die Meinungen anderer Leute.
5. Ich bin entschlußfreudig. Ich treffe meine Entscheidungen rasch und handle entschlossen.
6. Ich packe jede Aufgabe – und mag sie noch so routinemäßig sein – mit voller Aufmerksamkeit an.
7. Meine Taten beweisen, daß ich zu Gott, zu mir selbst und zu anderen Menschen Vertrauen habe.
8. Ich bin auf das Schlimmste vorbereitet, erwarte und erhoffe aber das Beste.
9. Ich bin begeisterungsfähig und stecke die anderen mit meiner Begeisterung an.
10. Ich gebe bei jeder Aufgabe mein Bestes.
11. Ich trete jedem Angstgefühl mit persönlichem Mut entgegen.
12. Ich anerkenne, daß mein Erfolg zum Teil auf der Unterstützung durch andere beruht.
13. Ich bin bei allem, was ich tue, ehrlich, sauber und aufrichtig.
14. Ich verhalte mich loyal gegenüber denen, die auf mich zählen.
15. Ich leiste bei allem, was ich tue, Hervorragendes, und ich bin stolz auf jede Aufgabe, die mir anvertraut wird.

16. Ich leiste stets mehr, als man von mir erwartet.
17. Ich lerne aus meinen Fehlern und lasse mich durch sie nicht entmutigen.
18. Ich halte meinen Körper topfit und sorge dafür, daß ich immer genügend Energiereserven habe, indem ich mich regelmäßig ausruhe, mich angemessen (aber nicht „zu" angemessen) ernähre und mich regelmäßig sportlich betätige.
19. Ich vermeide emotionalen Streß, wie ihn Sorgen, Kleinlichkeit und persönliche Querelen mit sich bringen.
20. Ich beurteile meine Leistungen nur nach meinen Fähigkeiten und ziehe nie Vergleiche mit anderen Leuten.
21. Ich übernehme gern Verantwortung.
22. Ich zeige mich neuen Ideen, Herausforderungen und Situationen gegenüber aufgeschlossen.
23. Ich bin mir bewußt, daß ich mein eigener Herr und Meister bin, egal für wen ich arbeite, und daß ich mir selbst nur das Beste abverlange.
24. Ich konzentriere mich nicht so sehr auf meine Aktivitäten, sondern vielmehr auf meine Ziele. Ich verschwende meine Zeit nicht mit „emsigem Treiben".
25. Ich bin ein „Mannschaftsspieler", dem es gleichgültig ist, wem die Ehre für die Leistungen der Mannschaft zukommt.

Bewertung: Geben Sie sich für jedes „Immer" 4, für jedes „Normalerweise" 2 und für jedes „Selten" 0 Punkte.

- 90 bis 100 Punkte: Sie sind auf dem besten Weg, Sieger zu werden.
- 80 bis 89 Punkte: Sie haben gewisse Aussichten, ein Sieger zu werden; Sie müssen aber unbedingt das nächste Kapitel lesen.

- 79 bis 80 Punkte: Ihre Einstellung ist „mittelmäßig". Wenn Sie ein Sieger werden wollen, sollten Sie den folgenden Abschnitt sorgfältig lesen und studieren.
- 78 oder weniger Punkte: Es wäre wahrscheinlich von großem Vorteil, wenn Sie den Rest dieses Kapitels auswendig lernen würden.

Sieger werden gemacht – nicht geboren

Earl Nightengale erzählte einmal von einem Professor, der eine Gruppe von College-Lehrern mit einer unerwarteten Frage überraschte. Er wollte nämlich von ihnen wissen, ob sie sämtliche Bücher, die jemals über das Thema „Motivierung von Menschen" geschrieben worden waren, zu einer einzigen, kurzen Aussage verdichten könnten. Nach eingehender Diskussion kam folgendes Ergebnis zustande: „Womit sich der Geist befaßt, überdenkt er; womit er sich nicht befaßt, schiebt er beiseite. Womit sich der Geist ständig befaßt, glaubt er; und woran der Geist glaubt, führt er schließlich aus." Wir können alle Sieger werden, indem wir den Input in unsere großen Computer – unsere Gehirne – kontrollieren. Wenn wir ihm genügend richtige Dinge eingeben, beginnt er unsere Gefühle zu kontrollieren – und nicht umgekehrt.

Kinder sind ausgezeichnete Beispiele für den umgekehrten Fall. Kinder wollen Tag für Tag irgend etwas anstellen, Spaß haben, sich unterhalten oder von anderen unterhalten werden. Die meisten von uns halten Kinder für „niedlich", weil sie noch klein sind. Wir erwarten von ihnen kein reifes Verhalten, weil sie eben noch Kinder sind. Menschen aber, die sich mit 35 noch wie Kinder benehmen, finden wir weder niedlich noch besonders attraktiv. Und weshalb nicht? Weil wir erwarten, daß ein Mensch mit dem Alter auch reifer wird.

Reife beinhaltet vieles, unter anderem bestimmt auch das, daß wir mit unserem Geist, durch eine Reihe rationaler Entscheidungen, unser Leben selbst in die Hand nehmen und es nicht von Gefühlen beherrschen lassen. Vielleicht erklärt dies, weshalb Langeweile in unserer Gesellschaft zu einem solchen Problem geworden ist. Menschen mit dem Körper und Geist von Erwachsenen, die sich noch durch ihre Gefühle leiten lassen, können nie genügend Spaß und Unterhaltung bekommen, um ihre diesbezüglichen Sehnsüchte zu stillen. Jesus aber, der weiseste aller Lehrer, sagte einst, der Mensch bestehe nicht aus den Dingen, die er besitze. Wenn Sie mit Ihrem bisherigen Leben unzufrieden sind, oder wenn es Sie langweilt, dann ist es vielleicht an der Zeit, sich mit der Tatsache vertraut zu machen, *daß Sie nicht als Sieger geboren worden sind, sondern an sich arbeiten müssen!*

Sie sind ein Tiger – nicht eine Ziege!

Aus dem Orient stammt ein uraltes Märchen, dem ich in meinem Leben sehr viel an Inspiration zu verdanken habe.

Es war einmal ein kleines Tigerkätzchen, das nach dem Tod seiner Mutter von einer Ziege adoptiert wurde. Viele Monate lang trank es Milch von der fürsorglichen Ziege, spielte mit den anderen jungen Ziegen in der Herde und gab sich alle Mühe, genauso zu meckern wie die anderen Ziegen es taten.

Nach geraumer Weile aber begannen sich die Dinge zu ändern. So sehr er sich auch bemühte, aus dem kleinen Tiger wurde einfach keine Ziege. Er sah nicht wie eine Ziege aus, er roch nicht wie eine Ziege, und er konnte nicht wie eine Ziege sprechen. Die andern Ziegen begannen sich allmählich vor ihm zu fürchten, weil er beim Spielen immer so ungestüm war und weil er immer größer und größer wurde. Der kleine, verwaiste Tigerjunge bagann sich von den anderen abzusondern; er fühlte sich ausgestoßen und minderwertig. Und er wunderte sich, was mit ihm wohl nicht stimme.

Eines Tages ertönte plötzlich ein brüllender, dröhnender Lärm. Die Ziegen meckerten aufgeregt und stoben in alle Winde davon. Der kleine Tiger aber blieb wie angewurzelt auf seinem Stein sitzen.

Und da trat majestätisch das herrlichste Tier, das er je gesehen hatte, auf seine Lichtung. Es war gelb und hatte schwarze Streifen, und seine Augen sprühten wie Feuer. Und es war riesengroß!

„Was tust du denn hier bei den Ziegen?" fragte der Eindringling den kleinen Tiger.

„Ich bin eine Ziege", antwortete der junge Tiger.

„Komm mit mir", sagte das große Tier voller Majestät und Autorität.

Der kleine Tiger gehorchte zitternd und folgte dem mächtigen Tier durch den Urwald. Nach langer Zeit kamen sie an einen großen Fluß, und das riesige Tier beugte sich vor, um zu trinken.

„Komm schon, trink auch", befahl das große Tier.

Als sich der kleine Tiger vorbeugte, um aus dem Fluß zu trinken, erblickte er noch zwei andere, gleiche Tiere. Eines von ihnen war etwas kleiner, aber beide waren gelb und hatten schwarze Streifen.

„Wer ist das?" fragte der kleine Tiger.

„Das bist du – wirklich du!" lautete die Antwort.

„Nein, ich bin eine Ziege", protestierte der kleine Tiger.

Plötzlich setzte sich das große Tier auf seine Hinterläufe und stieß das fürchterlichste Gebrüll aus, das der kleine Tiger je gehört hatte. Der ganze Urwald erbebte, und als es vorbei war, breitete sich ringsherum Totenstille aus.

„Jetzt bist du an der Reihe", forderte das große Tier den kleinen Tiger auf.

Zunächst war das sehr schwierig. Der kleine Tiger sperrte sein Maul weit auf – genauso weit, wie wenn er gähnte, nachdem er seinen Hunger mit Ziegenmilch gestillt hatte. Die Laute, die er hervorbrachte, klangen eher wie ein Meckern.

„Mach nur weiter!" sagte das große Tier, „du kannst es!"

Schließlich spürte der kleine Tiger, wie tief unten in seinem Magen etwas zu grollen begann. Es wurde immer stärker und stärker und stärker, und endlich schüttelte es ihn am ganzen Körper.

„Uaaaoooh!" brach es aus ihm hervor, als er sich nicht mehr zurückzuhalten vermochte.

„Siehst du", sagte der große Bengaltiger, „du bist ein Tiger, nicht eine Ziege!"

Der kleine Tiger begann zu verstehen, weshalb es ihm nicht mehr gefallen hatte, mit den anderen Ziegen zu spielen. In den nächsten drei Tagen stolzierte er nur durch den Urwald. Wenn ihm Zweifel kamen, ob er wirklich ein Tiger sei, setzte er sich auf seine Hinterläufe und stieß ein Brüllen aus. Es war nicht annähernd so mächtig oder laut wie das Brüllen des großen Bengaltigers – aber es reichte!

Gestatten Sie mir, daß ich Ihnen ein paar sehr persönliche Fragen stelle.

Sind Sie in zunehmendem Maße mit dem jetzigen Stand der Dinge unzufrieden? Glauben Sie, das zu besitzen, was es für einen Meister braucht? Fühlen Sie sich immer mehr wie ein Nationalligaspieler in einer Regionalliga?

Wenn ja, dann ist es vielleicht an der Zeit, der Tatsache ins Auge zu sehen, daß Sie ein Tiger sind – nicht eine Ziege! Vielleicht sollten Sie laut aufbrüllen und an der Einstellung eines Siegers weiterarbeiten!

Wie gelangen Sie zur Einstellung eines Siegers? Darüber werden wir uns im nächsten Kapitel unterhalten.

III. Kapitel

Drei Schritte auf dem Weg zur Einstellung eines Siegers

Es sind drei grundlegende Schritte, die zur Einstellung eines Siegers führen. Sie sind einfach zu beschreiben und leicht zu verstehen, aber sie werden Sie mehr Mühe kosten als alles, was Sie bisher versucht haben.

SCHRITT 1
Fassen Sie den strengen und dauerhaften Vorsatz,
Ihr Leben und Ihre Talente nur in jene Ziele zu investieren,
die Ihren vollen Einsatz verdienen!

Wenn es sich überhaupt lohnt, getan zu werden, dann lohnt es sich, Ihr Bestes zu geben. Ist es Ihres Besten nicht wert, dann ist es der Zeit des Siegers nicht wert.

Da ich häufig als motivierender Redner bezeichnet werde, versuche ich auch die Leute zu motivieren, indem ich sie in einige Dinge einweihe, die ich von einigen der herausragendsten Sieger aller Zeiten gelernt habe. Aber ich möchte Ihnen noch ein kleines Geheimnis verraten: Kein Mensch kann wirklich einen anderen motivieren. Das ist etwas, was jeder Mensch nur für sich selbst tun kann!

All das, was Sie nicht dazu herausfordert, Ihr Allerbestes zu geben, ist nicht wichtig genug, Sie zum Überwinden aller Hindernisse zu motivieren, die sich Ihnen auf Ihrem Weg zum Sieg entgegenstellen. Ist ein Ziel einem Menschen erstrebenswert genug, wird er einen Weg – und die Mittel – finden, das zu vollbringen, was zunächst unmöglich erscheint. So ist es zum Beispiel den verschiedenen Abstinenzverbänden gelungen, sehr viele Menschen von einem schweren Laster abzubringen. Doch jeder Mitarbeiter einer solchen Organisation wird Ihnen bestätigen, daß einem Alkoholiker nicht geholfen werden kann – sofern er selbst nicht absolut gewillt ist, das Ziel der Nüchternheit zu erreichen.

Erst wenn man sich einem wirklich lohnenden Ziel hundertprozentig verschrieben hat, wird man es schaffen, Entmutigung, Mißverständnisse und Rückschläge zu überwinden. Ein hervorragendes Beispiel dafür ist die so sehr holprige Laufbahn Abraham Lincolns. Er:

— wurde 1832 arbeitslos
— wurde 1832 nicht in die Volksvertretung von Illinois gewählt
— erlitt 1833 geschäftlich nur Mißerfolge
— wurde 1834 in die Volksvertretung gewählt
— verlor 1835 seine große Liebe an den Tod
— erlitt 1836 einen Nervenzusammenbruch
— wurde 1838 nicht zum Vorsitzenden der Volksvertretung von Illinois gewählt
— erlitt als Kandidat für den Kongreß 1843 eine Niederlage
— schaffte 1846 den Sprung als Kongreßabgeordneter nach Washington
— wurde 1848 nicht wieder für den Kongreß nominiert
— wurde 1849 als Grundbuchführer des Staates abgelehnt
— erlitt 1854 als Kandidat für den Senat eine Niederlage
— wurde 1856 nicht als amerikanischer Vizepräsident gewählt

39

- erlitt 1858 erneut eine Niederlage als Kandidat für den Senat
- wurde 1860 zum Präsidenten der Vereinigten Staaten gewählt

Nur Lincolns tiefe Überzeugung, er habe einen Auftrag Gottes zu erfüllen, ließ ihn auch dann nicht verzweifeln, als die meisten andern Leute schon längst aufgegeben hätten. Eine derartige Motivation mag vielleicht heute, in einer Zeit, in der das Selbst so verherrlicht wird, lächerlich erscheinen, aber in ihr steckt jener Stoff, aus dem Sieger gemacht werden.

Menschen mit der Einstellung eines Siegers wissen natürlich, daß Erfolg nicht nur an Ruhm und Reichtum gemessen wird. Anerkennung in der Öffentlichkeit und Geld sind nur oberflächliche Eintragungen auf dem Punktekonto. Was Sieger dazu treibt, Herkulesarbeit zu verrichten, Fehler und Rückschläge zu überwinden, Schwierigkeiten aus dem Weg zu räumen und gegen Mutlosigkeit und Angst anzukämpfen, ist das Wissen, daß sie an etwas beteiligt sind, das größer ist als sie selbst. Da es den Verlierern an jener inneren Ruhe und Kraft und an jener Motivation fehlt, die aus einem Zielbewußtsein entstehen,

leiden sie oft unter:
- GEIF-Schmerz (Gottseidank, es ist Freitag!)
    - den Folgen ihrer ständigen Verspätung oder ihres Fehlens am Arbeitsplatz
        - Weltschmerz, weil sie mit dem Tempo des Lebens schritthalten müssen
            - durch Leistungsschwäche bedingter Leere, Langeweile, Kummer und Depressionen

Albert Schweitzer, der eine gutgehende Arztpraxis aufgab, um sein Leben lang als Urwalddoktor den Schwarzen in Afrika zu helfen, meinte vielleicht eben diese innere Stärke, als er sagte: „Wir müssen alle miteinander zur Erkenntnis kommen, daß unsere Existenz nur dann ihren wahren Wert erreicht, wenn wir an uns selbst die Wahrheit des Wortes erfahren haben: ‚Wer sein Leben verliert, wird es erst finden.'"

Wenn Sie sich wirklich die Einstellung eines Siegers aneignen wollen, besteht der erste Schritt darin, den strengen und dauerhaften Vorsatz zu fassen, Ihr Leben und Ihre Talente nur in jene Ziele zu investieren, die Ihren vollen Einsatz verdienen. Wie wir diese Ziele bestimmen, werden wir in Kapitel 8 besprechen.

SCHRITT 2
Fassen Sie den strengen und unwiderruflichen Vorsatz, alles, was Sie haben und was Sie sind, einzusetzen, um Ihre Ziele zu erreichen!

Nach dem Geheimnis seines Erfolges gefragt, sagte Charles Dickens: „Was immer ich in meinem ganzen Leben zu tun versucht habe habe ich stets aus tiefstem Herzen versucht, gut zu tun."

Das ist der Unterschied zwischen Siegern und Verlierern. Verlierer tun nur, was man von ihnen verlangt, oder sogar noch etwas weniger; Sieger hingegen tun immer mehr, als von ihnen verlangt wird – und sie tun es mit vollem Einsatz. Verlierer sind stets auf der Suche nach einem leichten Ausweg. Sieger aber, die sich ja vorgenommen haben, auf die von ihnen selbst gesteckten Ziele hinzuarbeiten, rollen die Hemdärmel zurück und stellen sich den Herausforderungen, die ihrer harren. Der große amerikanische Philosoph und Autor Elbert Green Hubbard sagte einst: „Leute, die nie mehr tun als das, wofür sie bezahlt werden, werden nie für mehr bezahlt als für das, was sie tun." Der Dichter Edwin Markham drückte es auf seine eigene Weise aus:

> *Rüste dich für jeden Tag,*
> *nimm ihn, wie er kommen mag;*
> *bist du der Amboß, duldest du,*
> *bist du der Hammer, schlägst du zu.*

Verlierer erfüllen in ihren Augen einfach eine Aufgabe. Sieger hingegen betrachten sich als Teil der ganzen Menschheit und ihre Arbeit als Beitrag an eine bessere Welt. Der große englisch-irische Schriftsteller George Bernard Shaw faßte dies in folgende Worte:

„Ich bin überzeugt, daß mein Leben der Allgemeinheit gehört, und solange ich lebe, ist es mein Vorrecht, für sie zu tun, was immer in meiner Macht steht, denn je härter ich arbeite, desto mehr lebe ich. Ich freue mich des Lebens um seiner selbst willen. Das Leben ist für mich nicht nur eine kleine Kerze. Es ist so etwas wie eine prächtige Fackel, die ich einen Augenblick lang halten darf, und ich möchte sie möglichst hell leuchten lassen, bevor ich sie kommenden Generationen überlasse."

Das ist wahrlich eine Einstellung! Können Sie sich vorstellen, daß ein Mensch mit dieser Einstellung sein Leben je als langweilig, seine Arbeit je als eintönig empfindet?

Ein Sieger akzeptiert die Tatsache, daß Probleme nichts anderes als verkappte Gelegenheiten sind. Für einen Sieger bietet sich in allem eine Gelegenheit. Der britische Publizist und Politiker Edmund Burke sagte:

„Der Kampf des Lebens wird in den meisten Fällen in steil aufwärts führendem Gelände ausgefochten, und ihn ohne

Mühe zu gewinnen, bedeutet beinahe, ihn ohne Ehre zu gewinnen. Würde es keine Schwierigkeiten geben, gäbe es auch keinen Erfolg; gäbe es nichts, um das zu kämpfen sich lohnt, wäre nichts da, was erreicht werden könnte. Schwierigkeiten mögen den Schwachen beängstigen, für einen Mann von Entschlossenheit und Mut bilden sie jedoch nur einen Anreiz. Alle Erfahrungen des Lebens dienen in der Tat nur dem Beweis, daß die Hindernisse, die den Menschen in seinem Weg nach vorn behindern, größtenteils überwunden werden können, und zwar durch standhaftes Verhalten, aufrichtige Hingabe, Aktivität und Beharrlichkeit, vor allem aber durch eine unbändige Entschlossenheit, mit Schwierigkeiten fertigzuwerden und sich von Schicksalsschlägen nicht unterkriegen zu lassen."

Arbeit ist das einzige Mittel. Über LSD und andere Halluzinogene, diese „Wunderdrogen", die einem helfen, der Wirklichkeit zu entfliehen, ist schon mehr als genug gesagt worden. Ein anderes, und sehr viel gefährlicheres „Fluchtmittel" ist aber weit mehr verbreitet als diese Drogen: Etwas für Nichts! Viele Menschen können dieser Versuchung kaum widerstehen. Sie ist in hohem Maße suchtbildend. Sie zerstört Selbstvertrauen und Selbstrespekt und löst psychologisch die gleichen Schuldgefühle aus, wie wenn man von gestohlenen Dingen lebt.

Die Feststellung eines bekannten Psychiaters, Amerika lebe in einer einzigen, großen Identitätskrise, vermag deshalb nicht zu erstaunen. Für jeden normalen Menschen, der morgens aufwacht, ohne etwas Sinnvolles zu tun zu haben und ohne irgendwohin gehen zu können, wo er gebraucht wird, wird das Leben zu einem Alptraum, von dem er freikommen muß, bevor er wahnsinnig wird.

Es ist sehr interessant zu vernehmen, was einige der großen Seriensieger von der Arbeit halten:

Glauben Sie ja nicht, die Welt sei Ihnen in irgendeiner Weise Ihren Lebensunterhalt schuldig. Der Junge, der glaubt, seine Eltern, die Regierung oder jemand anders sei ihm seinen Lebensunterhalt schuldig und er könne nur seine Hand danach ausstrecken, ohne dafür zu arbeiten, wird eines Tages erwachen und feststellen, daß er für einen andern Jungen arbeitet, der nicht dieses Glaubens war und sich deshalb das Recht verdient hat, andere für ihn arbeiten zu lassen. *David Sarnoff*

Der gemeinsame Nenner für Erfolg heißt Arbeit. Ohne Arbeit verliert der Mensch seine Einsicht, sein Vertrauen und seine Entschlossenheit, etwas zu leisten.
John D. Rockefeller

Nach einer Erklärung für sein Genie gefragt, antwortete er: „Es ist 99% Transpiration und 1% Inspiration."
Thomas A. Edison

Wenn die Leute wüßten, wie hart ich arbeitete, um zu meinem Meistertum zu gelangen, würde es ihnen gar nicht mehr so wunderbar erscheinen. *Michelangelo*

Ein Genie? Vielleicht, aber bevor ich ein Genie war, habe ich gearbeitet wie ein Kuli. *Paderewski*

All mein Genie ist die Frucht meiner Arbeit.
Alexander Hamilton

Sie mögen die erstrebenswertesten Ziele, die höchsten Ideale, die edelsten Träume haben, doch vergessen Sie nicht: nichts wird klappen, wenn Sie nicht daran arbeiten!

Geben Sie nicht auf – egal was geschieht! Es ist bekannt, daß Verlierer oft viele Dinge anfangen; der Sieger erinnert man sich aber der Dinge wegen, die sie vollbracht haben. B. C. Forbes sagte dazu einst: „Eine lohnenswerte Aufgabe, die mit Erfolg abgeschlossen worden ist, zählt mehr als ein halbes Hundert nur halb vollbrachter Aufgaben."

Sehen Sie sich die folgenden Lebensläufe an:
— Henry Ford ging fünfmal bankrott, bevor er endlich Erfolg hatte.
— Winstons Churchill wurde erst mit 62 Jahren, nach einem langen Leben voller Niederlagen und Rückschläge, Premierminister von England. Seine größten Leistungen erbrachte er, als er bereits zu den „Senioren" zählte.
— Achtzehn Verleger lehnten Richard Bachs 10 000-Wörter-Story *Jonathan Livingston Seagull* („Die Möwe Jonathan") ab. Erst 1970 wurde sie dann von Macmillan herausgebracht, und innerhalb von nur fünf Jahren wurden allein in den Vereinigten Staaten mehr als 7 Millionen Exemplare verkauft.
— Richard Hooker arbeitete sieben Jahre lang an seinem humoristischen Kriegsroman M*A*S*H, um dann 21 Absagen einstecken zu müssen, bevor Morrow sich zur Herausgabe bereit erklärte. Das Buch eroberte sofort Spitzenplätze in der Bestsellerliste und wurde zur Vorlage für einen äußerst erfolgreichen Film und eine Fernseh-Serie.

Es gibt nichts, was in der Erfolgsformel des Lebens an die Stelle von Beharrlichkeit treten könnte. Talent nicht; es gibt Zehntausende von erfolglosen Leuten mit sehr ungewöhnlichen Begabungen. Gelegenheit nicht; viele vergeben ihre besten Chancen, indem sie vorzeitig das Rennen aufgeben. Begeisterung nicht; bei faulen und ungeduldigen Menschen kann sie über Nacht erlöschen. Beharrlichkeit und Entschlos-

senheit allein sind vonnöten, wenn es darum geht, eine Aufgabe zu erfüllen.
Wenn das, was Sie tun, sich wirklich lohnt, dann bleiben Sie am Ball, bis es getan ist!

Einige werden das nicht verstehen, aber das macht nichts! Es wird stets Kritiker und Skeptiker geben, die an einem Menschen herumnörgeln und ihn lächerlich machen, bloß weil er trotz widerlicher Umstände beharrlich weitermacht. Abraham Lincoln wurde als „Gorilla" und „Narr" bezeichnet. Einer seiner Gegner nannte ihn sogar ein „Hindernis für die Republik". Ich würde Ihnen gerne verrraten, wer diese Kritiker waren, doch scheint sich niemand an sie zu erinnern.

Wie steht es mit folgenden Bemerkungen?
— Wie bitte? Ein kleines „Krokodil" anstelle einer Brusttasche auf diesen Hemden? Das ist ja nicht zu glauben! Das werden Sie nie verkaufen können!
— Keine Sorge, Chef. Niemand wird diese kleinen Autos aus Japan kaufen.
— Wer will denn schon sechs Flaschen des gleichen Getränks in einer Packung samt Tragegriff?
— Mir scheint, diese Reifen haben zuwenig Luft. Was haben Sie gesagt, wie heißen die? Radialreifen?
— Uhren ohne Zeiger? Sie sind verrückt!
— Ach was! Sie wollen mir doch nicht erzählen, daß man Musik auf Scotch-Band aufnehmen kann?

Über Menschen, die ständig etwas zu kritisieren haben müssen, sagte Präsident Theodore Roosevelt einmal:

Es ist nicht der Kritiker, der zählt; nicht der Mann, der darauf hinweist, wie ein anderer zu Fall gekommen ist oder wo jemand etwas besser hätte machen können. Der ganze Kredit gehört dem Menschen, der selbst in der Arena steht; der tapfer kämpft; der einen Irrtum begeht und Mal um Mal knapp scheitert, weil es keine Anstrengung gibt, bei welcher man nicht irren oder scheitern kann; der sich wirklich bemüht, eine Tat zu vollbringen; der die große Begeisterung, die vollständige Hingabe und am Ende den Triumph kennt oder – wenn er im schlimmsten Fall versagt – wenigstens mit fliegenden Fahnen untergeht. Wieviel besser ist es doch, Großes zu wagen und herrliche Triumphe zu feiern, auch wenn sie hie und da durch Fehler überschattet werden, als zu den Reihen jener armseligen Geister zu zählen, die weder große Freude noch großes Leid kennen, weil sie in jener grauen Zone des Zwielichts leben, in der es weder Sieg noch Niederlage gibt.

Wenn Sie sich auf die Straße des Sieges begeben möchten, dann fassen Sie den strengen und unwiderruflichen Vorsatz, alles, was Sie haben und was Sie sind, einzusetzen, um Ihre Ziele zu erreichen.

SCHRITT 3

Entschließen Sie sich dazu, Ihre Fähigkeiten als Mensch voll auszuschöpfen!

Fassen Sie ein für allemal den Entschluß, daß Sie bei allem, was Sie auch immer tun und lassen wollen, der Beste sein werden. Vince Lombardi, der legendäre Coach der Green Bay Packers, hielt seiner Mannschaft einst die folgende kurze, aber sehr eindrückliche Rede:

Nachdem der Beifall verstummt ist und sich das Stadion geleert hat, nachdem die Schlagzeilen geschrieben worden sind und ihr wieder zu Hause seid, nachdem die Trophäe auf ihrem Platz steht und der Rummel allmählich verebbt ist, bleiben nur drei Dinge von Dauer: der Wille zu Höchstleistungen, die Entschlossenheit zu siegen und die felsenfeste Absicht, in unserem Leben das Beste zu geben, um aus der Welt, in der wir leben, das Beste zu machen.

Ich sehe in mir selbst und in allen anderen Menschen gern den Ausdruck eines Gottes der Liebe. In meinen Augen ist atheistischer Humanismus im günstigsten Fall unangebracht, im schlimmsten Fall anmaßend. In der Genesis steht geschrieben, daß Gott, der Herr der Welt, dem Menschen Leben eingehaucht habe. Mit andern Worten: in jedem von uns ist etwas Göttliches. Nur wenn wir nach dem Höchsten streben, können wir ermessen, zu was wir eigentlich geschaffen worden sind. Nur wenn wir die Menschheit als Schöpfung eines höchsten Wesens sehen, können wir all diese unzähligen täglichen Anstrengungen erklären, welche uns dazu herausfordern, etwas zu werden, was wir noch nicht gewesen sind – jenes Drängen, aus unserem Leben das Beste zu machen.

Der amerikanische Philosoph Emerson pflegte zu sagen, nur unser Schöpfer könne uns führen und uns lehren, was wir besser als alle andern machen können. Nur unser Schöpfer kennt das ganze Spektrum der Fähigkeiten, die er uns gegeben hat.

„Jedermann kann die Samen eines Apfels zählen, aber nur Gott kann die Äpfel einer Saat zählen", sagte Dr. Robert Schuller*.

Wenn Sie sich nach jener Zufriedenheit und tiefen persönlichen Befriedigung in Ihrem Leben sehnen, welche auch widerwärtigste Umstände nicht zerstören können, suchen Sie so

---

* Die Werke von Dr. Robert Schuller sind in deutscher Sprache im Oesch Verlag erschienen.

lange, bis Sie herausgefunden haben, was Sie am besten tun können, wovon niemand Sie mit allem Geld der Welt abbringen könnte, wofür Sie gerne noch bezahlen würden, wenn man Sie nur gewähren ließe. Und tun Sie es dann, mit allem, was in Ihnen steckt.

Überlegen Sie, wer Sie sind! Sie sind für Großes geboren, denn Sie sind aus Großem geboren worden. Erinnern Sie sich nur mal an einige der einzigartigen Fähigkeiten, die Ihnen als Mensch zu eigen sind.

Die Fähigkeit zu denken. Von allen Lebewesen auf Erden besitzen nur die Menschen eine so ungeheure Fähigkeit zu denken, logisch zu überlegen, gewaltiges Wissen zu speichern, zu Weisheit und Einsicht zu gelangen, abzuwägen und Informationen unter verschiedensten Gesichtspunkten auszuwerten. Und doch vertreten die Wissenschaftler die Ansicht, daß selbst Genies wie Einstein, Sokrates oder Edison weniger als zehn Prozent ihrer geistigen Kapazität ausgenützt haben. Wenn Sie danach trachten, Ihre vollen Fähigkeiten zu entwickeln, mögen Ihnen die folgenden Ratschläge vielleicht helfen, Ihre unvorstellbar großen geistigen Kräfte freizusetzen:

1. *Behalten Sie einen klaren Kopf.* Versuchen Sie, Ihren Geist von allen negativen und selbstzerstörerischen Gedanken freizumachen.
2. *Halten Sie Ihren Geist wach.* Ihr Gedächtnis wird durch Übung stärker. Versetzen Sie Ihr geistiges Radar in ständige Alarmbereitschaft.
3. *Pflegen Sie Ihr logisches Denkvermögen.* Machen Sie sich ein Spiel daraus, Ihr Wissen in ständig neuen Kombinationen durchzugehen.
4. *Füttern Sie Ihr Gedächtnis.* Lesen, hören und beobachten Sie alles, was Sie können. Achten Sie stets darauf, daß Sie alles verstehen, was Sie Ihrem Gehirn eingeben.

5. *Pflegen Sie eine gesunde Neugier.* Stellen Sie Fragen über Dinge, die Sie nicht verstehen. Geben Sie sich mit Ihrem Wissensstand nie zufrieden. Entwickeln Sie auch Ihre Fantasie.
6. *Ordnen Sie Ihre Gedanken.* Gehen Sie von dem aus, was Sie wissen, und entdecken Sie Neues, was Sie noch nicht wissen.
7. *Seien Sie offen.* Tun Sie nie eine Idee als sinnlos ab. Hören Sie sich Meinungen an, die von der Ihren abweichen. Sie können von jedem Menschen lernen, mit dem Sie zusammentreffen.
8. *Bemühen Sie sich um Objektivität.* Seien Sie immer dazu bereit, eine Idee oder eine Information von verschiedenen Gesichtspunkten aus zu betrachten.
9. *Lassen Sie Ihren Kopf für sich arbeiten.* Bringen Sie Ihren Kopf dazu, daß er das tut, was Sie von ihm möchten, und daß er es dann tut, wenn Sie es wollen.
10. *Pflegen Sie gesunden Verstand.* Wahre Weisheit besteht darin zu wissen, was man mit seinem Wissen anfangen kann. Lernen Sie, Ihr ganzes Wissen mit Werten zu vergleichen, die Ihnen etwas bedeuten.

Der amerikanische Schriftsteller Henry David Thoreau sagte einst: „Ich kenne nichts, was einem Menschen mehr Mut machen könnte als die Tatsache, daß das Denken einem Bildhauer gleicht, der aus jedem Menschen das formt, was er sein möchte."

Die Fähigkeit, schöpferisch zu sein. Der menschliche Geist kann – zusammen mit einem unbezähmbaren Willen und einem herrlichen Körper – in einer Weise schöpferisch sein, wie sie sonst im ganzen Universum unbekannt ist. Selbst wenn dem Körper in gewissen Bereichen Grenzen gesetzt sind, können sich Gehirn und Geist des Menschen darüber hinwegsetzen und Erstaunliches schaffen.

Denken wir zum Beispiel an die amerikanische Schriftstellerin Helen Keller, wohl einer der ungewöhnlichsten Menschen, die ich je das Glück hatte zu treffen. Von Geburt an blind und taubstumm, war sie sämtlicher wichtiger Kommunikationsarten mit anderen Menschen beraubt. Dennoch war sie dank ihres scharfen Verstandes und ihres unbesiegbaren Geistes in der Lage, 27 Bücher zu schreiben und vielen Menschen auf der ganzen Welt zu helfen, mehr aus sich selbst zu machen.

Wenn Sie Ihr volles Leistungsvermögen ausschöpfen wollen, geben Sie Ihrem schöpferischen Drang nach und reagieren Sie auf die Empfindungen, die nach Ausdruck verlangen. Entwickeln Sie Ihre besten und nützlichsten Fähigkeiten, so weit es nur möglich ist.

Der größte Feind Ihrer Schaffenskraft ist überhebliche Selbstgefälligkeit – Zufriedenheit mit Wenigem, wenn Sie doch noch wesentlich mehr leisten könnten. In San Pietro in Vincoli in Rom steht die so unglaublich lebensechte Statue des Moses von Michelangelo. An einem Knie fehlt ein Steinsplitter. Als ich mich nach dem Grund erkundigte, erklärte mir der Führer, dafür sei der Künstler selbst verantwortlich. Als er sein Werk vollendet habe, sei er mit Tränen in den Augen vor der Statue gestanden, habe seinen Hammer weggeworfen und ausgerufen: „Weshalb sprichst du nicht?"

Niemand ist vollkommen, aber jedermann kann sich verbessern. Dieser Drang zu schaffen und unsere schöpferischen Fähigkeiten zu verbessern gibt uns genügend Grund zu wachsen – und immer weiterzuwachsen.

Die Fähigkeit zu lieben. Der Mensch hat nicht nur eine ungeheuer große Fähigkeit zu lieben, sondern auch ein mächtiges Bedürfnis zu lieben und geliebt zu werden. Er muß mit anderen Menschen in Berührung kommen. Diese Macht zeigt sich

schon beim ersten Atemzug und bleibt bis zum letzten Atemzug bestehen.
Von allen Fähigkeiten des Menschen ist die Liebe die edelste und erhöhendste. Sie ist die weitaus stärkste Macht im Universum. Es ist die Liebe, welche den Geist zum Schaffen, den Verstand zum Denken und den Körper zu Leistungen anregt. Hass, Egoismus und Furcht mögen wohl auch starke Kräfte sein. Doch nichts vermag den Menschen in jene Höhen zu erheben, die er erreichen kann, wenn er liebt und von anderen geliebt wird. Nur die Liebe kann all Ihre Erfolge lohnenswert machen. Was immer sonst Sie auch pflegen, pflegen Sie die Liebe. Nur wenn Sie lieben und geliebt werden, können Sie Ihre Fähigkeiten als Mensch voll ausschöpfen.

Die Fähigkeit zu lachen und zu weinen. Soweit uns bekannt ist, ist der Mensch das einzige Lebewesen auf der Welt mit einer so feinen Gefühlsstruktur, die Lachen und Weinen ermöglicht. Um unsere Fähigkeiten voll auszuschöpfen, brauchen wir beides.

Streß-Experten weisen darauf hin, daß ein gesunder Humor weitgehend davor bewahrt, unter Spannungen zusammenzubrechen. Wer oft lachen kann und selbst schwierigsten Situationen eine humorvolle Seite abgewinnen kann, wird weitergehen können, wenn andere auf der Strecke bleiben. Menschen scharen sich gern um andere Menschen, die Humor haben.

Aber auch Weinen gehört zur Palette menschlicher Erfahrungen. Der Verlust eines geliebten Menschen, Niederlagen, schwere Enttäuschungen und viele andere Ereignisse bringen Leid über uns alle. Das Geheimnis eines ausgeglichenen, gesunden Gefühlslebens besteht darin, mit Leid fertigzuwerden. Wer auf Leid nur mit Ärger reagiert, wird verbittert, hart und zynisch. Jemand hat einmal gesagt, Tränen würden die Seele waschen. Harry Emerson Fosdick formulierte es auf seine Art: „Das Leben fragt nicht nur, was man tun kann; es fragt auch, wieviel man erträgt, ohne zu zerbrechen." Und eine alte Weisheit lautet: „Das Leben ist ein Schleifstein: ob er dich zermalmt oder poliert, hängt vom Material ab, aus dem du gemacht bist."

„Lache, und die Welt lacht mit dir!"

Die erste Zeile aus einem Gedicht von Elma Wilcox wird sehr häufig zitiert; die übrigen drei Zeilen aber erinnern uns daran, wie wir mit Sorge und Leid umgehen sollen:

„Weine, und du weinst allein;
die traurige alte Erde spendet Frohsinn
und hat doch der eigenen Probleme genug."

Lachen ist ein Geschenk, an dem alle teilhaben sollen; mit Tränen hingegen wird man am besten allein fertig – oder gemeinsam mit einem Freund, der bereit ist, sie mit einem zu teilen.

Die Fähigkeit, ethisch und moralisch zu urteilen. Andere Lebewesen reagieren instinktiv; der Mensch aber ist imstande, ethische und moralische Urteile zu fällen. Egal, ob Sie es Gewissen, Wertmaßstab oder anders nennen, irgendetwas in uns dringt manchmal an die Oberfläche und sagt uns „Das ist gut!" oder „Das ist schlecht!" Und wir überhören diese innere Stimme auf eigene Gefahr hin.

Der berühmte amerikanische Schriftsteller William Faulkner gab einem seiner Studenten einst den folgenden guten Ratschlag: „Ich habe festgestellt, daß – wenn es darum geht, mit Anstand, Selbstrespekt und allem notwendigen Mut an ein Problem heranzutreten – es am meisten hilft, wenn man weiß, wo man selber steht, das heißt in Worten präsent zu haben, woran man glaubt und wonach man handelt."

Die Moralvorstellungen sind einem ständigen Wandel unterworfen, und es ist in zahllosen Büchern diskutiert worden, wie man zu solchen Moralbegriffen kommt. Das Thema ist derart komplex, daß viele Menschen es vorziehen, sich gar nicht damit auseinanderzusetzen, was es für sie bedeutet. Doch auch bei dieser Wahl handelt es sich letztlich um eine moralische Entscheidung.

Die Fähigkeit, ein Erbe anzutreten und zu hinterlassen. Tiere müssen immer wieder von ganz vorne beginnen; sie haben nur das, was sie durch ihre Erbanlagen mitbekommen haben. Ein großartiger Teil des schöpferischen Genies des Menschen besteht aber darin, daß wir die Fähigkeit haben, Wissen und Weisheit von einer Generation an die andere weiterzugeben. Der Mensch hat die einzigartige Fähigkeit, ein besseres Leben zu führen, indem er auf das ungeheure Gut von Wissen und Weisheit aufbaut, das sich im Laufe unzähliger Generationen angesammelt hat. Ein paar Minuten in einer öffentlichen Bibliothek können Ihnen die Weisheit der Philosophen, die Romantik der Dichter oder das Wissen der Gelehrten über Hunderte von Jahren erschließen. Ist es nicht gut zu wissen, daß wir das Rad nicht nochmals erfinden, das Feuer nicht nochmals entdecken, die Sprache nicht nochmals entwickeln müssen? Und doch ist es demütigend zu realisieren, daß die meisten Errungenschaften unseres Lebens nur möglich geworden sind, weil sich andere Menschen vor uns mit ihrem Willen und ihrer Schaffenskraft eingesetzt haben.

Und es ist auch demütigend zu realisieren, daß das, was wir heute tun, das Leben in den Jahrhunderten nach uns beeinflussen wird. Dafür können wir unseren Kindern und anderen Menschen mitgeben, was wir gelernt haben.

Wenn Sie Ihre Fähigkeiten als Mensch vollumfänglich ausschöpfen wollen, nehmen Sie dankbar das Erbe der Vergangenheit an, bauen Sie die Gegenwart auf der Weisheit der Vorväter auf und nehmen Sie sich vor, die Welt in einem besseren Zustand zu hinterlassen, als in welchem Sie sie selbst vorgefunden haben.

TABELLE 1:

Drei Schritte auf dem Weg zur Einstellung eines Siegers

Wie gelangen Sie zur Einstellung eines Siegers? Fassen Sie diese drei wichtigen Vorsätze und bekräftigen Sie sie dann jeden neuen Tag aufs Neue!

1. Fassen Sie den strengen und dauerhaften Vorsatz, Ihr Leben und Ihre Talente nur in jene Ziele zu investieren, die Ihren vollen Einsatz verdienen!
2. Fassen Sie den strengen und unwiderruflichen Vorsatz, alles, was Sie haben und was Sie sind, einzusetzen, um Ihre Ziele zu erreichen!
3. Nehmen Sie sich strikte vor, Ihre Fähigkeiten als Mensch voll auszuschöpfen!

Denken Sie an die Worte von Adlai E. Stevenson: „Lebe also – anständig, furchtlos und froh – und vergiß nicht, daß zu guter Letzt nicht die Jahre deines Lebens, sondern das Leben deiner Jahre zählt."

IV. KAPITEL

Spieglein, Spieglein an der Wand . . .

Dr. Joyce Brothers, freie Journalistin und Fernsehmitarbeiterin, sagt oft: „Es ist keineswegs übertrieben, wenn man behauptet, ein starkes, positives Selbstbewußtsein sei die beste Vorbereitung auf Erfolg im Leben." Viele führende Psychologen Amerikas stimmen darin mit ihr überein; sie sind der Ansicht, untertriebene Selbstachtung bilde das Grundübel der meisten sozialen Probleme des Landes. Das Bild, das Sie in Ihrem Geiste von sich selber entwerfen, bestimmt den innersten Kern Ihrer Persönlichkeit, und zwar in weit stärkerem Maße als irgendein anderer einzelner Faktor in Ihrem Leben.

Weshalb ist Selbstachtung so entscheidend?

Weshalb ist Ihre Selbsteinschätzung ein derart wichtiger Faktor bei der Entscheidung, wie weit Sie es in Ihrem Leben bringen und wie glücklich Sie auf Ihrem Lebensweg sein werden?

Ihre Selbsteinschätzung bestimmt:
- Die Wahl Ihres Partners
  - Die Wahl Ihrer beruflichen Laufbahn
    - Die Wahl Ihrer Freunde
      - Die Wahl Ihrer Freizeitbeschäftigung

Ihr geistiges Selbstbildnis bestimmt:
- Ihre Einstellung gegenüber sich selbst und den Menschen in Ihrer Umgebung
  - Ihre Fähigkeiten zu wachsen und zu lernen
    - Ihre Handlungen und Reaktionen
      - Ob Sie glücklich oder unglücklich sind

Wie Sie sich selber sehen, beeinflußt stark:
- Die familiären Beziehungen
  - Die beruflichen Beziehungen
    - Alle Ihre Beziehungen im kirchlichen, gesellschaftlichen und öffentlichen Leben.

Die zwei wichtigsten Fragen

An jeder bedeutenden Station Ihres Lebens sollten Sie sich zu Ihrem eigenen Vorteil die folgenden zwei wichtigen Fragen stellen:

- Kann ich mich wirklich selber ausstehen?
- Erachte ich mich selbst als fähig und das, was ich tue, als lohnenswert?

Da sich die späteren Kapitel vorwiegend mit der zweiten Frage befassen, wollen wir uns zunächst der ersten zuwenden: „Kann ich mich wirklich selber ausstehen?"

Berufsberater verraten uns, daß:
- die meisten Leute sehr rasch antworten, sie würden sich selbst sehr gut leiden, um dann aber bei intensiverer Befragung bald festzustellen, daß sie sich eigentlich nicht ausstehen können
- viele Leute, die sich anfänglich sehr gut leiden mochten, allmählich ihre hohe Selbsteinschätzung einbüßen

- sich die meisten Leute in mindestens einem Lebensbereich nicht ausstehen können und daß sich dies auf ihr ganzes Leben auswirkt
- verschiedene Kräfte in unserer Gesellschaft gemeinsam an unserer Selbsteinschätzung rütteln
- zahlreiche Untersuchungen ergeben haben, daß Menschen mit hoher Selbstachtung es geschafft haben.

Immer mehr Indizien deuten darauf hin, daß es zwischen Menschen, die voll funktionstüchtig sind, und solchen, die einfach so durch ihr Leben taumeln, einen entscheidenden Unterschied gibt – hohe Selbstachtung. Und in der Tat, die innere Kraft der Selbstachtung treibt einen Menschen entweder zu Erfolg und Glück, oder sie läßt ihn versagen.

Denken Sie über folgende wichtige Punkte einmal nach:
1. Wenn Sie von sich eine hohe Selbstachtung haben, haben Sie nichts zu verlieren und viel zu gewinnen, wenn Sie Ihre Selbsteinschätzung noch höher schrauben.
2. Wenn Sie nur geringe Selbstachtung haben, können Sie Ihre Chancen auf Erfolg und persönliches Glück verbessern, indem Sie Ihren eigenen Wert in Ihren eigenen Augen erhöhen.

Was ist ein gutes, positives Selbstbildnis?

Es ist leicht, mit dem Finger auf Trunkenbolde in billigen städtischen Vergnügungsvierteln zu zeigen, auf chronisch depressive Patienten in psychiatrischen Kliniken, auf hoffnungslos verkommene Drogensüchtige und auf die zahllosen Menschen hinter Gefängnisgittern. Natürlich machen sich diese Leute ein schlechtes Bild von sich selbst. Weniger leicht ist es allerdings zu beurteilen, welche Menschen, denen Sie im

Alltag begegnen, von starken, eigenwertigen Gefühlen geleitet werden. Am schwierigsten aber ist es, in sich selbst hineinzusehen und festzustellen, was man von sich selbst hält.

Zu einem guten, positiven Selbstbildnis gehört nicht:

1. *Egoismus!* „Das kleinste Paket der Welt bildet ein Mensch, der vollkommen in sich selbst eingehüllt ist." In der Tat, wenn Sie nach einem Rezept suchen, wie Sie unglücklich werden können, dann heißt die wichtigste Zutat: *Denken Sie nur an sich selbst!* Menschen, die nur an sich selbst und an ihre Wünsche denken, werden es schwer haben, über irgendeine kleine Gabe glücklich zu sein. Für sie ist es beinahe unmöglich, die Zusammenarbeit der anderen Menschen zu gewinnen, die doch für ihren Erfolg so sehr wichtig sind. Ihre persönlichen Beziehungen verlaufen meist frustrierend und enttäuschend. Depressionen bilden das unausweichliche Los jener, die sich selbst für die bedeutendsten Persönlichkeiten auf Erden halten. Egoismus kommt letztlich in jener Einsamkeit und Verzweiflung zum Ausdruck, welche einen Menschen zum Selbstmord treiben. Zeigen Sie mir einen egoistischen Menschen, und ich werde Ihnen einen Menschen zeigen, der sich von sich selber ein schlechtes, negatives Selbstbildnis macht.

2. *Selbstgefälligkeit und überhebliche Selbstzufriedenheit!* Sie können Ihren letzten Heller darauf setzen, daß ein Mensch, der von Job zu Job und Beziehung zu Beziehung hetzt, nicht bereit ist, sein Selbstbildnis aufs Spiel zu setzen. Jede menschliche Beziehung birgt Risiken, und Menschen mit einem guten, starken Selbstbildnis gehen bereitwillig das Risiko ein, auf ihrem Weg, alles zu werden, was sie sein können, verletzt zu werden oder zu versagen.

3. *Verachtung für andere Menschen!* Menschen mit einem starken, positiven Selbstbildnis haben nicht Verachtung für

andere Menschen übrig, die nicht die gleichen Vorzüge aufweisen und nicht die gleiche Anerkennung genießen. Einer der ältesten Fehler von Menschen mit geringer Selbstschätzung besteht im Glauben, sich selber erhöhen zu können, indem sie andere erniedrigen.

Zu einem guten, positiven Selbstbildnis gehört:

1. *Sich selber so akzeptieren, wie man ist.* Sich selber vollständig und bedingungslos akzeptieren bedeutet den ersten Schritt auf dem Weg zu einem guten, positiven Selbstbildnis. Wir alle haben Eigenschaften, die wir an uns selbst nicht besonders mögen – gegen die wir machtlos sind. So meinen wir vielleicht, unsere Nase sei zu lang, unsere Augenstellung sei unschön oder wir seien zu klein oder zu groß geraten.

Weshalb nur dieses Gefühl zweitklassig zu sein, nur weil Sie nicht perfekt sind? Niemand ist absolut vollkommen, warum sollten Sie also versuchen, es zu sein? „Niemand ist vollkommen – aber Teile von mir sind hervorragend", lautet die Aufschrift auf dem T-Shirt einer wohlgeformten jungen Dame. Der Gedanke, der hinter diesem scherzhaften Spruch steckt, bildet eine ausgezeichnete Grundlage, sich selbst zu akzeptieren, wie man eben ist. Ich wette, daß Teile von Ihnen wirklich hervorragend *sind!* Wenn Sie sich auf die Stärken Ihrer Persönlichkeit, Ihres Körpers und Ihrer Fähigkeiten konzentrieren, haben Sie eine Grundlage, auf der Sie ein gutes, positives Selbstbildnis aufbauen können. Akzeptieren Sie sich als der einmalige, wunderbare Mensch, der Sie sind – und arbeiten Sie von hier aus weiter.

2. *Halten Sie andere Menschen in hoher und vorurteilsfreier Achtung!* Menschen, die von sich selber ein gutes Gefühl haben, stellen fest, daß Vergleiche mit anderen Menschen sinn-

los sind. Einzusehen, daß die Orginalität Gottes nicht nur einem selbst vorbehalten bleibt, ist ein Zeichen von Reife. Wenn Sie sich selber vollständig akzeptieren, sind Sie auch frei, andere Menschen zu akzeptieren. Eines der sichersten Anzeichen für eine innerlich unsichere Persönlichkeit ist ein Mißtrauen oder eine allgemeine Abneigung anderen Menschen gegenüber.

3. *Risikobereitschaft!* Der Hummer muß seine Schale abstoßen und eine neue wachsen lassen, wenn er größer werden will. Größer werden und Lernen bergen immer Risiken. Ein Mensch, der sich um eine neue Beziehung bemüht oder bereits bestehende Beziehungen vertiefen will, läuft Gefahr, verletzt zu werden. Eine neue Stelle, ein neuer Wohnort, eine neue Situation – überall lauern Gefahren, welche das Glück und die Erfüllung eines Menschen bedrohen. Ein Mensch mit positiver Einstellung wird aber die möglichen Gewinne gern als gewichtiger einstufen. Menschen mit einer starken Selbsteinschätzung sind sich bewußt, daß es nur eine Möglichkeit gibt, keine Fehler zu begehen – nämlich die, nichts zu tun; und das ist der größte Fehler von allen!

4. *Positive Wege finden, Ihre Individualität zum Ausdruck zu bringen!* Ich sah einmal ein Schild mit folgender Aufschrift: „Seien Sie der, der Sie sind; denn wenn Sie nicht der sind, der Sie sind, sind Sie der, der Sie nicht sind." Als ich kürzlich beruflich in Griechenland war, erzählte mir ein Professor vom Gott Prometheus, der jede beliebige Gestalt annehmen konnte. Er verwandelte sich in so viele verschiedene Gestalten, daß er schließlich vergaß, wer er eigentlich war. Menschen, die sich selbst akzeptieren, kümmern sich nicht darum, was andere über sie denken. Sie sind bereit, jene Eigenschaften und Gefühle zum Ausdruck zu bringen, denen sie ihre Einmaligkeit

verdanken, ohne sich darum zu sorgen, was andere von ihnen halten. Menschen mit einem starken, positiven Selbstbildnis sind zufrieden, sich selbst zu sein, vollkommen unabhängig davon, was andere über sie denken.

5. *Selbstvertrauen und Selbstbestimmung!* Menschen, die mit sich selber zufrieden sind, wissen, daß sie die Schuld für ihre Schwierigkeiten oder Fehlleistungen keinem andern Menschen, keinen Umständen und keinem System zuschieben können. Sie suchen in sich selbst nach Antworten auf die Fragen, weshalb denn die Dinge so gelaufen sind und wie eine Wendung zum Besseren herbeigeführt werden könnte. Sie versuchen mit ihren eigenen Mitteln Lösungen zu finden. Sie werden Hilfe dankbar annehmen, aber sie werden viel mehr darum besorgt sein, Hilfe zu leisten. Ebenso wird man sie kaum über Freiheit sprechen hören, denn sie selber sind ja frei.

Selbstschätzung macht das Leben lebenswert

„Die meisten Menschen sind ungefähr so glücklich, wie sie zu sein beschlossen haben." Meinen eigenen Beobachtungen zufolge ist diese Aussage von Abraham Lincoln wahr. Allerdings möchte ich noch einen Schritt weiter gehen und beifügen: „Die meisten Menschen haben so viel Erfolg, wie sie sich vorgenommen haben."

Lösen Sie den klassischen Konflikt

Das Ringen zwischen Erfolg und Glück ist ein so bekannter Vorgang, daß er zum klassischen Thema zahlreicher Geschichten, Bühnenstücke und Filme geworden ist. Ich bin überzeugt, auch Sie haben welche gesehen!

Zu den beliebtesten Themen gehören:
- Der harte Geschäftsmann, der in seinem Streben nach Erfolg seine Familie verliert
  - Der Schauspieler oder Tänzer, dem seine Karriere mehr bedeutet als die Liebe
    - Die Mutter, die zwischen Karriere und Kindern hin- und hergerissen ist
    - Der Rentner, der seinen Lebensinhalt verliert

In diesem klassischen Ringen gibt es nur entweder/oder – Erfolg/oder persönliches Glück.
Es gibt aber eine Möglichkeit, den klassischen Konflikt zu lösen! Und sie ist sehr einfach: *Kalkulieren Sie in all Ihren Erfolgsplänen persönliches Glück mit ein!* Vielleicht verstehen Sie besser, was ich meine, wenn Sie meine eigene Definition von Erfolg überdenken:

Erfolg heißt herausfinden und in jedem Augenblick Ihres Lebens nach Ihren besten Kräften tun, was Sie am liebsten tun, was Sie am besten tun können und was Ihnen die größten Möglichkeiten bietet, Ihr Leben so zu leben, wie Sie es in Bezug auf sich selbst und alle anderen Menschen, die Ihnen etwas bedeuten, leben möchten.

Das Leben ist viel zu kurz, als daß Sie sich in Ihrer Laufbahn, in Ihrem persönlichen Leben oder in irgendeiner anderen bedeutsamen Beziehung mit dem zweiten Platz zufrieden geben könnten. Jedes Ziel, welches nicht all diese drei Bereiche abdeckt, ist es nicht wert, von Ihnen verfolgt zu werden.
Wie jemand gesagt hat, gehören zu einem guten Leben drei Zutaten: Lernen, Verdienen und Sehnen. Ich gelange immer mehr zur Überzeugung, daß Reife diese drei Elemente erfolgreich auszugleichen vermag.

Strafen Sie die klassischen Mythen Lügen

Ein klassischer Mythos verheißt dem Menschen, er werde irgendwann in der Zukunft, in einem „magischen Augenblick" irgendwo in der Ferne sein Glück „finden". Der bekannte Psychiater Victor Frankl hingegen sagte: „Die Suche nach Glück bedeutet Selbstzerstörung." Wer sein Leben lang nach dem Glück sucht, wird es nie finden; wer aber nach Sinn, Zweck und engen persönlichen Beziehungen sucht, wird feststellen, daß das Glück sozusagen als Nebenprodukt dieser drei Dinge zu ihnen findet.

Glück ist ein Geistes- und Seelenzustand, der von innen nach außen wächst, nicht umgekehrt. Sie können nur Umständen begegnen und Beziehungen aufbauen, die Sie glücklich machen, wenn Sie sich selbst vornehmen, glücklich zu sein – was immer Sie auch für Umstände oder Probleme in Ihren Beziehungen vorfinden werden.

Wer an diesen Mythos glaubt, ist von den Erfahrungen der Vergangenheit so enttäuscht und der Zukunft gegenüber so voller Angst, daß nichts in der Gegenwart sein Leben lebenswert macht. Jemand hat dieses Gefühl einmal in folgenden Worten ausgedrückt: „Ganz egal wo ich bin, ich habe stets das Gefühl, ich sei nur dort, um anderswohin zu gehen." Die allgemein übliche Bezeichnung für dieses Gefühl heißt *Langeweile,* und sie ist so weitverbreitet, daß sie in amerikanischen Fachkreisen bereits als *Seuche* abgestempelt worden ist.

Die Langeweile der Gegenwart ist zwar weitverbreitet, aber keineswegs neu. Schon Goethe schrieb von einem Mann, der bereit war, seine Seele zu verkaufen für einen einzigen kurzen Augenblick, der so schön wäre, daß er ihn zum „Verweilen" einladen möchte. Was war er doch für ein Narr! Er verlor nicht nur seine Seele, sondern ließ sich auch auf einen Handel ein, der für niemanden von uns notwendig ist.

Sie können diesen Mythos vom „magischen Augenblick in der Zukunft" auf ganz einfache Art Lügen strafen. Lernen Sie, jeden Augenblick, wie er sich Ihnen bietet, als besondere und einzigartige Gabe Gottes zu empfangen. Feiern und genießen Sie diesen Augenblick und nutzen Sie ihn, um die Zukunft zu gestalten. Denken Sie daran: die Vergangenheit ist für immer vorbei, und die Zukunft kann nur durch Ihr Handeln in der Gegenwart beeinflußt werden. Lernen Sie also, jeden Augenblick zu würdigen, wie er sich Ihnen bietet, und legen Sie Vergangenheit und Zukunft in die Hände eines Gottes der Liebe.

Ein anderer klassischer Mythos besagt, der Erfolg eines Menschen hänge davon ab, daß er eine bestimmte Stellung erreicht, eine Entdeckung macht, eine Tat vollbringt oder etwas Besonderes erhält. Wie Willy Loman in Arthur Millers Bühnenstück „Der Tod des Handlungsreisenden" führen auch andere Menschen, die an diesen Mythos glauben, ihn zu lächerlichen und tragischen Längen. Der unglückselige Willy glaubte stets, nun endlich das große Geschäft abzuschließen, ein Vermögen nach Hause zu bringen und die wohlverdiente Anerkennung zu finden. Zuletzt blieb ihm nur noch die Hoffnung, seine Familie würde erkennen, wie erfolgreich er gewesen war, wenn die Leute scharenweise zu seinem Begräbnis kamen. Die einzigen, die dann aber erschienen, um Willy die letzte Ehre zu erweisen, waren jene, die ihn geliebt und akzeptiert hatten, wie er eben gewesen war.

Die einzige Art, diesen Mythos vom „Großen Gewinn" zu überwinden, besteht darin, aus jedem verfügbaren Augenblick, wie er sich Ihnen bietet, das Bestmögliche herauszuholen. Das große Geschäft ist stets dasjenige, das Sie gerade erledigen! Der große Durchbruch, nach dem Sie sich sehnen, ist die Gelegenheit, die sich Ihnen jetzt bietet! Die beste Aussicht auf eine gute Stelle bietet sich Ihnen, wenn Sie das Beste aus Ihrer jetzigen herausholen! Jesus verhieß, wer mit seinen

Gaben umzugehen wisse, würde noch mehr erhalten. Die meisten wirklich erfolgreichen Menschen gelangen nicht durch eine einzige, große Gelegenheit, sondern durch eine Vielzahl kleiner Erfolge zum wahren Erfolg. Niemand wird Ihnen Erfolg oder Glück auf einem silbernen Teller präsentieren. Erfolg kommt nur selten über Nacht, und er kommt fast nie ohne entsprechende Anstrengung. Die meisten von uns verpassen die besten Gelegenheiten im Leben, weil sie sich hinter harter Arbeit verbergen.

V. Kapitel

Wie man ein starkes, positives Bild von sich selbst entwickeln kann

Ihre Eltern, Ihre Umwelt, andere Leute und die Ereignisse in Ihrem Leben beeinflussen in hohem Maße das Bild, das Sie von sich selbst machen. In letzter Konsequenz vermag jedoch keine Kombination von Geschehnissen und Umständen dieses Bild eindeutig zu prägen. Nicht was *mit* uns geschieht, sondern was *in* uns vorgeht, gestaltet unser Selbstbildnis. In diesem Kapitel wollen wir darüber sprechen, wie Sie ein starkes, positives Bild von sich selbst entwickeln können.

Ein starkes, positives Bild von sich selbst kann Ihnen dazu verhelfen, jedes Hindernis, das sich Ihnen in den Weg stellt, zu überwinden. Mit hoher Selbstachtung sind Sie in der Lage, enttäuschendsten und entmutigendsten Situationen voller Zuversicht, Hoffnung und Mut entgegenzutreten.

So einfach ist das! Wenn Sie sich selber mögen, an sich selber glauben und auf Ihre eigenen Erfahrungen vertrauen, können Sie Erfolg haben *und* glücklich sein. Sie können unbeschwert durchs Leben gehen und all das werden, wozu Sie geschaffen worden sind.

Wie entwickelt man nun also eine gesunde, positive Selbstachtung? Ich möchte Ihnen ein paar Hinweise geben, die mir selber sehr nützlich gewesen sind. Sie stammen nicht von mir, sondern von einigen der größten Denker, die die Welt jemals gekannt hat.

HINWEIS 1
*Gehen Sie von der absoluten Gewißheit aus,
daß Gott Sie liebt!*

Wessen Leben auf dem Glauben beruht, daß ein Gott der Liebe hinter ihm steht, sieht in Problemen nur Gelegenheiten, an denen er wachsen kann. Ein Psychiater hat einmal gesagt, Jesus habe „das bestorganisierte Ego der ganzen Weltgeschichte", weil es auf einer innigen, persönlichen Beziehung zu seinem Vater aufgebaut sei. Deshalb brachen in jener schicksalhaften Nacht in Gethsemane die Wachen zusammen, nicht ihr Gefangener.

„Jeder von uns trägt in sich ein von Gott geschaffenes Vakuum", sagte der französische Philosoph Blaise Pascal. Wie wir es ausfüllen, ist unsere Angelegenheit, doch sind mir in diesem Zusammenhang zwei wichtige Dinge aufgefallen. Erstens: Wer seine tiefen, inneren Sehnsüchte mit Aufregungen, eigenen Leistungen und Anerkennung zu befriedigen sucht, scheint mit dem Leben zu kämpfen, als ob es ein Feind wäre, der besiegt werden muß. Zweitens: Wer Gott zum Mittelpunkt seines Lebens macht, scheint jene innere Freude, Hoffnung und Ruhe zu finden, die es ihm ermöglicht, mit dem Leben zu gehen und es als Freund willkommenzuheißen. Kurz, ein tiefes Bewußtsein, daß Gott Sie liebt, verleiht eine äußerst solide Grundlage zum Aufbau einer hohen Selbstachtung.

HINWEIS 2
*Akzeptieren Sie sich vollständig und bedingungslos,
von diesem Augenblick an!*

Was zählt, ist nicht so sehr, wie Sie zu dem geworden sind,

was Sie jetzt sind, sondern was Sie nun aus sich machen. Es hat keinen Sinn, die Schuld für Dinge, die Sie an sich selbst stören, Ihren Eltern, dem gesellschaftlichen Umgang, Ihren physischen oder geistigen Grenzen oder irgendeinem anderen Faktor zuzuschieben.

Die entscheidenden Fragen sind:
Wer sind Sie?
Was machen Sie aus sich?

Der Zeitpunkt, eine hohe Selbstachtung aufzubauen, ist jetzt gekommen! Akzeptieren Sie sich selbst, und gehen Sie dann von da aus weiter! Wenn Sie Übung 5-1 gemacht haben, sind Sie bereit, den nächsten Schritt zu tun.

ÜBUNG 5-1: SICH SELBST AKZEPTIEREN

Wenn Sie sich wirklich darum bemühen wollen, erfolgreich und glücklich zu werden, halten Sie einen Augenblick inne und machen Sie die folgende Übung:

1. Stellen Sie eine Liste mit mindestens zehn positiven Eigenschaften zusammen. Seien Sie großzügig, aber ehrlich, wenn Sie Punkte aufzählen, die Sie an sich selbst mögen. Wenn Ihre Liste vollständig ist, richten Sie ein kurzes Dankschreiben an Gott, an Menschen, die Ihnen geholfen haben, und an sich selbst für all das Gute, das Sie in sich selbst sehen.

2. Stellen Sie eine beliebig lange Liste von Dingen zusammen, die Ihnen an sich selbst nicht gefallen. Seien Sie auch hier ehrlich. Kreuzen Sie jene Punkte an, welche Sie glau-

ben ändern zu können. Schreiben Sie dann zwei kurze Textabschnitte: im einen bestätigen Sie die Dinge, die Ihnen an sich selbst mißfallen, die Sie aber nicht ändern können; im andern versprechen Sie, all das zu ändern, was Sie ändern können.

3. Skizzieren Sie ein kurzes Persönlichkeitsprofil, in welchem Sie jenen Menschen beschreiben, als den Sie sich identifiziert haben. Achten Sie dabei auf all Ihre Stärken und Schwächen.

4. Verfassen Sie eine kurze Rede, in welcher Sie das Geschenk Ihrer selbst akzeptieren.

HINWEIS 3
*Hören Sie auf, all diese häßlichen Dinge
über sich selbst zu sagen!*

Sie mögen es nicht besonders, wenn jemand an Ihnen herumnörgelt, nicht wahr? Und Sie mögen vor allem negative Bemerkungen nicht, wenn sie falsch oder nur halbrichtig sind, stimmt es? Und dabei schadet ein einziges Wort destruktiver *Selbst*kritik Ihrer Selbstachtung zehnmal mehr als ein Wort der Kritik von *jemand anderem!* Wer unablässig schlecht über sich selbst spricht, glaubt am Ende, was er da sagt. Und wer sich selbst glaubt, handelt nach seinem Glauben. Er wird zu jenem Niemand, der zu sein er sich selbst eingeredet hat.

Dieses Phänomen hat aber auch eine Kehrseite! Wer über sich selbst positiv denkt, beginnt daran zu glauben. Er wird zu jenem interessanten Menschen, der zu sein er sich eingeredet hat. Positive Beurteilungen – Komplimente von Ihnen selbst – sind etwas, an dem Ihre Selbstachtung wachsen kann.

Natürlich können Sie nicht jede Kritik ignorieren, die Sie selbst oder andere Leute machen. Wenn Sie eine ganze Woche lang kein Bad genommen haben und Ihre eigene Körperausdünstung riechen, ist es dumm, Ihre eigene Nase und die Wäscheklammern auf den Nasen Ihrer Freunde zu ignorieren! Lernen Sie, Kritik als destruktiv oder konstruktiv einzuordnen. Wenn Sie oder jemand anders eine negative Kritik äußert, überlegen Sie sich, ob Sie etwas dagegen tun können und/oder sollen.

Entscheidend ist: machen Sie es sich nicht zur Gewohnheit, sich durch unangebrachte Kritik abzuwerten. Gewöhnen Sie sich an, sich nette Dinge über sich selbst zu sagen. Sie werden feststellen, daß Sie sich selber besser leiden können.

HINWEIS 4

Beginnen Sie an den Dingen zu arbeiten, die Sie ändern müssen und können!

Erinnern Sie sich an die Liste mit negativen Punkten und an diejenigen, die Sie angekreuzt haben? Beginnen Sie nun, an diesen Dingen zu arbeiten.

Außerdem folgt hier eine Liste von Eigenschaften, ohne die Sie sich bestimmt viel besser leiden können:

● *Entledigen Sie sich aller Kleinlichkeit und Rachegefühle!* Diese Eigenschaften gleichen Unkraut in einem Garten: überlegen Sie sich nicht, woher sie kommen und wie sie gedeihen – reißen Sie sie einfach samt ihren Wurzeln aus und werfen Sie sie weg. Machen Sie es sich zur Gewohnheit, in jedem Fall zu überlegen, ob es die Sache wert ist, sich darüber aufzuregen. Disraeli wurde einmal gefragt, weshalb er gerade einem seiner heftigsten Kritiker eine so hohe Stellung habe verschaffen können. Er gab zur Antwort: „Ich gebe mir nie die Mühe, mich zu rächen!" Und Lincolns Philosophie war ähnlich: „Ich werde es nie zulassen, daß ein Mensch meine Seele in die Tiefen des Hasses reißt." Groll ist wie ein Tumor: er kann nur dann leben und wachsen, wenn er an Ihnen Nahrung findet!

- *Erteilen Sie Unehrlichkeit eine klare Absage!* Menschen mit geringer Selbstachtung nehmen zu Lügen Zuflucht, um damit ihr Image aufzupolieren. Lügen haber aber die gegenteilige Wirkung: sie schwächen die Selbstachtung, egal ob sie aufgedeckt werden oder nicht! Lügen und Betrügen sind Unarten, die unseren Selbstrespekt erniedrigen. Sie sind zu gar nichts nütze und sollten – bildlich gesprochen – als vogelfrei erklärt werden!

Interessanterweise trifft das Gegenteil zu. Integrität fördert die Selbstachtung – und hilft Ihnen obendrein, Freunde zu gewinnen.

- *Lassen Sie Gewohnheiten für, nicht gegen Sie arbeiten!* Eine Gewohnheit ist nichts anderes als eine Handlung, die zum Automatismus geworden ist. Tun Sie irgendetwas oft genug, und es wird zur Gewohnheit. Wir können unsere Gewohnheiten ebenso wählen wie unser Essen – und mit ähnlichen Ergebnissen. Wie unser Körper sich mit unserem Essen verändert, werden unser Verstand und unsere Emotionen zu Produkten der Gewohnheiten, die wir entwickeln.

HINWEIS 5

Lernen Sie andere Leute zu akzeptieren, wie sie sind, und halten Sie sie in Hochachtung!

Earl Nightengale hatte mit seiner Behauptung hundertprozentig recht, wonach 85 Prozent der Leute, die entlassen werden, nur deshalb rausgeworfen werden, weil sie mit anderen Menschen nicht auskommen. „Mit jemandem auskommen" hängt weitgehend damit zusammen, daß man andere Leute so akzeptiert, wie sie eben sind. Die häufigste einzelne Konfliktursache besteht darin, daß einem oder mehreren Menschen von einem oder mehreren anderen Menschen Wertmaßstäbe und Erwartungen aufgezwungen werden. Helen Keller faßte diese Tatsache in folgende weise Worte: „Toleranz ist das oberste Prinzip der Gemeinschaft; es ist die Haltung, die am besten ausdrückt, daß jeder Mensch denkt." Es ist ein klarer Beweis von Reife, die Fehler anderer zu verzeihen und sich mit ihnen über ihre Erfolge und Stärken zu freuen.

Der Schlüssel zu Ihrem Erfolg auf fast jedem Gebiet liegt darin, empfindsam genug zu sein, um zu verstehen, was andere Menschen wollen, und großzügig genug, ihnen zu helfen, das auch zu erreichen. Wenn Sie anderen Menschen behilflich sind, ihre Träume erfolgreich zu verwirklichen, können Sie Ihre eigenen Träume erfüllen. Und Sie werden viele Freunde gewinnen. Wenn Sie aber nach einer Formel für Versagen und persönliche Unzufriedenheit suchen, bitte, hier ist sie: versuchen Sie, es jedermann recht zu machen, und erwarten Sie, daß jedermann versucht, es Ihnen recht zu machen.

Die Schuldfrage ist nie wichtig, eine Beziehung hingegen ist nie unwichtig. Nehmen Sie die Tatsache als gegeben hin, daß jeder Mensch in jeder Situation Stärken und Schwächen hat, genau wie Sie selbst; von diesem Punkt aus können Sie dann weiterarbeiten. „Was du nicht willst, daß man dir tu', das füg auch keinem andern zu", dies ist immer noch die beste Grundlage, auf der gute Beziehungen aufgebaut werden können.

HINWEIS 6

Nehmen Sie eine positive Geisteshaltung ein und suchen Sie positive Menschen!

Auf der Welt gibt es zwei Arten von Menschen – positive und negative. Optimistische, positive Menschen springen morgens fröhlich aus dem Bett und rufen: „Guten Morgen, Herr!" Pessimistische, negative Menschen hingegen ziehen die Decke über den Kopf und stöhnen: „Mein Gott, es ist Morgen!" Zu welcher Art gehören Sie?

Ob Sie nun Optimist oder Pessimist sind, die Entscheidung, was Sie in Zukunft sein werden, liegt bei Ihnen, und allein bei Ihnen. Wenn Sie zu den Menschen gehören, die erst zufrieden sind, wenn sie unglücklich sind, dann bleiben Sie so. Wenn Sie aber fröhlich und begeistert durchs Leben gehen wollen, können Sie das auch, vollkommen unabhängig von den Umständen.

Die erste Regel auf dem Weg zu einer positiven geistigen Einstellung lautet: *Handeln Sie positiv, und Sie werden positiv werden!* Sie können sich nicht in positives *Handeln* hinein*denken*, aber sie können so *handeln*, daß Sie *positiv* denken.

Die zweite Regel, eine positive Einstellung zu entwickeln und zu behalten, lautet wie folgt: *Suchen Sie Menschen mit einer positiven Einstellung und verbringen Sie möglichst viel Zeit mit ihnen!* Menschen beeinflussen unsere Anschauungen. So wollte zum Beispiel ein Mann in selbstmörderischer Absicht von einer hohen Brücke herunterspringen. Ein anderer Mann kam dazu und begann mit ihm zu reden. Nach einer guten Stunde sprangen beide in den Tod.

Im Grunde arbeiten eine Menge Leute daraufhin, uns eine negative Lebensanschauung zu vermitteln. Nachrichtensendungen beispielsweise sind so gestaltet, daß man viel mehr Schlechtes als Gutes hört. Es wird stets von jenem Flugzeug berichtet, das abgestürzt ist, nicht von Abertausenden, die sicher landen. Sogar der Wetterbericht spricht von einer 10%igen Chance, daß es regnen wird, nicht von einer 90%igen Aussicht, daß die Sonne scheinen könnte!

Wenn Sie viel mit positiven, erfolgreichen Menschen zusammen sind, wird Ihre positive Lebenseinstellung gestärkt. Leute, die sich selbst und ihre Fähigkeiten respektieren, tragen dazu bei, daß auch Sie von sich selbst und von Ihren Fähigkeiten ein gutes Gefühl haben. Wenn also „Elend nicht gern unter sich bleibt", lassen Sie dies ruhig zu! Verbringen Sie Ihre Zeit mit Menschen, von denen Sie Kraft empfangen und denen Sie selbst Kraft spenden können.

HINWEIS 7

Bereinigen Sie Ihre Wertmaßstäbe und halten Sie sie im Brennpunkt!

Glückliche und erfolgreiche Menschen lernen Menschen zu schätzen und Dinge zu verwenden. Menschen, die nach irgendetwas suchen, was sie glücklich machen könnte, scheinen nie etwas zu finden. Menschen aber, die einen Weg finden, glücklich zu sein, während sie etwas suchen, profitieren auf zwei Arten. Erstens sind sie in der Regel während ihres Suchens glücklich, und zweitens finden sie meist auch, was sie gesucht haben. Der britische Schriftsteller John Ruskin meinte: „Nur der kommt im Leben voran, dessen Herz weicher, dessen Blut wärmer, dessen Verstand schneller wird und dessen Geist lebendigen Frieden findet."

Das jüdische Verständnis von Abgöttern und Götzenanbetung mag Ihnen helfen, Ihre eigene Perspektive zu bereinigen. Die alten Juden bezeichneten mit den Begriffen „Abgott" und „Götzenanbetung" fehlgeleitete Wertschätzungen. Für sie war ein Abgott, ein Idol, eben ein Schwindler – jemand, der der „Richtige" zu sein vorgab. Und Götzenanbetung bedeutete also, auf den Schwindel hereinzufallen. Wenn wir nun ein unrealistisches Bild von uns „idolisieren", können wir wahrscheinlich nicht den wirklichen Menschen, der wir sind, lieben und mit ihm glücklich sein. Und wenn wir uns in Zukunft, wie wir sie uns vorstellen, ein Plätzchen aussuchen und davon überzeugt sind, daß wir erst glücklich sind, wenn wir dort eingetroffen sind, werden wir uns von allem, was sich uns in den Weg stellt, bedroht fühlen.

Wenn Sie ein positives Selbstbild von sich bewahren wollen, sollten Sie an folgende Regel denken: *Sie selbst und die Menschen, die Sie gern haben, sind wichtig. In Ihren Zielen und Handlungen kommen nur Ihre Wertvorstellungen zum Ausdruck, und was sich daneben auf Ihrem Weg einfindet, sind nur die Besonderheiten, die das Leben für Sie bereithält.*

HINWEIS 8

Vertrauen Sie auf sich selbst, aber helfen Sie andern!

Das stärkste Selbstbewußtsein haben jene Menschen, die gelernt haben, auf eigenen Füßen zu stehen. Sie sind bereit, auf die Freuden des Augenblicks zu verzichten und einen Kurs einzuschlagen, der sich erst auf lange Sicht auszahlen wird. Alle von uns streben nach Freiheit, und Selbstvertrauen bietet uns die beste Gelegenheit, frei zu bleiben. Nur wenn wir auf uns selbst vertrauen, können wir unseren Selbstrespekt behaupten und uns die vielfältigsten Möglichkeiten offenhalten. Niemand hat diesen Gedanken besser ausgedrückt als Ralph Waldo Emerson:

> Es kommt in der Ausbildung eines jeden Menschen ein Augenblick, in welchem er zur Überzeugung gelangt, daß

Mißgunst Unwissenheit ist; daß Nachahmung Selbstmord ist; daß er sich selbst wohl oder übel als Teil seiner selbst annehmen muß; daß, obwohl die Welt voll des Guten ist, er kein Körnchen Nahrung erhält, wenn er nicht in mühseliger Arbeit das ihm zustehende Fleckchen Erde bebaut. Die in ihm wohnenden Kräfte sind neu in der Natur, und niemand außer ihm weiß, was er mit ihnen ausrichten kann, und auch er selbst kann es erst wissen, wenn er sie ausprobiert hat.

Menschen, die ein positives Bild von sich selbst haben, sind auch andern gegenüber sehr hilfreich. Diese beiden Eigenschaften sind so eng miteinander verbunden, daß es sehr schwierig ist zu sagen, welche nun aus welcher hervorgeht. Wahrscheinlich bedingen sie sich gegenseitig bis zu einem gewissen Maße. Wer mit sich selbst zufrieden ist, möchte andern helfen, sich ebenfalls zufrieden zu fühlen, und je mehr Sie anderen helfen, desto zufriedener werden Sie mit sich selbst. Nur unsichere, ängstliche Menschen mit geringer Selbstachtung glauben, im Leben sei jeder auf sich selbst angewiesen. Leider werden sie dadurch noch unsicherer und büßen noch mehr Selbstachtung ein.

Im Heiligen Land gibt es zwei stehende Gewässer. Der See von Genezareth wird von einem Bach mit frischem Wasser gespiesen, bildet die Grundlage für ein vielfältiges Wasserleben und ergießt sich dann in den Jordan. Der Jordan trägt das Leben weiter in die Wüste und verwandelt sie in fruchtbares Gebiet. Während der See von Genezareth von Leben wimmelt, ist das Tote Meer genau das – ein totes Meer. Das Wasser ist so sehr salzhaltig, daß kein Leben möglich ist. Weshalb? Es wird von den Wassern des Jordan gespiesen und muß sie dann behalten, denn es hat keinen Abfluß.

Welch vollkommenes Gleichnis für die Unterschiede zwischen den Menschen. Wer „alles bekommt, was er haben kann, und alles kann, womit er konfrontiert wird", neigt zu Ichbezogenheit und Angst, daß jemand ihm etwas wegnehmen könnte. Wer aber großzügig gibt, wird in der Regel am Ende mehr haben, als er weggeben kann. Robert Louis Stevenson faßte dies in folgende Worte:

> Reich an Bewunderung und frei von Mißgunst sein; sich ehrlich über das Gute anderer freuen; mit so offenem Herzen lieben, daß diese Liebe selbst bei Abwesenheit oder Unfreundlichkeit noch ein teurer Besitz bleibt – dies sind die Gaben des Schicksals, die kein Geld der Welt kaufen kann und ohne die mit allem Geld der Welt nichts gekauft werden kann. Wer einen solchen Schatz an Reichtümern besitzt, wer so glücklich und tapfer ist, wird sich an der Welt erfreuen, als ob sie ihm gehören würde; und er wird dem Mitmenschen helfen, ihm die Hand reichen und sie gemeinsam mit ihm genießen.

HINWEIS 9

Pflegen Sie ein tiefes Gefühl der Dankbarkeit!

Jemand hat einmal gesagt, der größte Witz der Welt sei ein Mensch, der von sich behaupte, er sei von ganz allein emporgekommen. Einen solchen Menschen gibt es einfach nicht. Anderseits ist es die größte Tragödie der Welt, wenn jemand arrogant behauptet, er habe nie von jemandem etwas bekommen. Ob dieser Mensch mit materiellen Gütern gesegnet ist oder nicht, er leidet jedenfalls an Seelenarmut.

Ganz am Anfang meiner Laufbahn als Redner, als ich einmal ganz besonders stolz auf meine Leistung war, erlebte ich eine der größten Demütigungen meines Lebens. Ich war in Albany, Georgia, und sollte zu einer Gruppe sehr erfolgreicher Menschen sprechen. Das war schon etwas für einen jungen Mann, der nur ein paar Jahre zuvor nicht einmal ein Wort Englisch gesprochen hatte! An jenem Tage, an welchem ich meine Rede halten sollte, stand ich früh auf und ging freudig erregt zum Fenster, um den Morgen zu begrüßen. Ich machte den Mund auf, um wie üblich zu sagen: „Guten Morgen, Herr." Aber kein Ton kam heraus! Ich versuchte es nochmals, aber ich konnte nicht sprechen! Nun, ein Redner mit Kehlkopfentzündung ist ungefähr so hilflos wie ein Tausendfüßler mit wunden Füßen. Voller Panik fragte ich mich, was nun geschehen sollte.

Ich setzte mich auf die Bettkante und bemühte mich, etwas mehr als ein Flüstern hervorzubringen. Und plötzlich begann mir etwas klar zu werden. Ich hatte so vieles für selbstverständlich genommen! Unversehens sank ich auf die Knie, um flüsternd in einem Gebet Gott für all die Dinge zu danken, die er mir gegeben hatte! Ich hatte gelernt, daß man manchmal etwas verlieren muß, bevor man begreift, woher es gekommen ist. Bald darauf war ich wieder im Besitz meiner Stimme, und mit ihr kam ein neues Bewußtsein, wieviel ich eigentlich vom Gott der Liebe empfangen habe.

Menschen mit einer starken, positiven Selbstachtung werden oft tief gedemütigt, wenn ihnen klar wird, wieviel Gott ihnen gegeben hat. Sie erschrecken angesichts der vielen Dinge, die andere Menschen zu ihrem Leben beigetragen haben. Bischof Gerald Kennedy sagte:

> Je größer ein Mensch ist, desto demütiger wird er bei der Erinnerung an den Glauben, die Träume und die Hoffnung, die sein Leben ermöglicht haben. Gerät ein Mensch in Versuchung, allzu stolz auf seine Leistungen zu werden, erinnert ihn einfach daran, wieviel er den Menschen der Ver-

gangenheit zu verdanken hat. Es war ihr Glaube, welcher seinen Lebensweg gezeichnet hat, und das Beste, wonach er streben kann, ist, die Erfüllung dieses Glaubens zu werden.

Und doch kommt Dankbarkeit nicht von allein. Sie will geübt werden. Viele Menschen sind nicht imstande, Dankbarkeit zu empfinden oder auszudrücken. Als das Schiff, *Lady Elgin* in einer stürmischen Nacht des Jahres 1860 mit einem Holzleichter zusammenstieß und sank, gerieten 393 Menschen im Lake Michigan in Seenot. Nicht weniger als 279 von ihnen ertranken. Edward Spencer, ein Universitätsstudent, tauchte immer und immer wieder in die Fluten, um Menschen zu retten. Nachdem er 17 Schiffbrüchige gerettet hatte, brach er zusammen und blieb für den Rest seines Lebens an einen Rollstuhl gefesselt. Jahre danach fragte ihn jemand nach den eindrücklichsten Erinnerungen an jene Schicksalsnacht. Laut einer Chicagoer Zeitung soll er geantwortet haben: „Die Tatsache, daß nicht einer von jenen 17 mir je dafür gedankt hat." Es ist kaum zu glauben, daß sich keiner dieser Menschen bemüßigt fühlte, für seine Lebensrettung zu danken.

Vielleicht ist es für viele Leute nicht einfach, sich zu Dankbarkeit durchzuringen, denn es ist zweifellos leichter, sich auf seine Wünsche und Bedürfnisse zu konzentrieren als auf das Dankesagen für das, was man bekommen hat. Wenn Sie ein starkes, positives Selbstbild aufbauen und erhalten wollen, entwickeln Sie ein aktives, tiefes Gefühl der Dankbarkeit.

HINWEIS 10
Pflegen Sie enge Beziehungen!

Natürlich wäre es sehr schön, wenn jedermann mit allen anderen Menschen angenehmen und leichten Umgang pflegen könnte. Ein gutes Ansehen genießen rührt in der Regel daher, daß man andere Leute mit Anstand, Respekt und Rücksicht behandelt. Doch das ist nicht alles. Erfolgreiche Leute können oft Tausende von Bekannten haben, aber nur eine Handvoll Freunde.

Echte Freunde können für Ihre Selbstachtung wahre Wunder wirken! „Ein Freund ist jemand, der alles von dir weiß und dich trotzdem liebt", lautet eine alte Weisheit. Freunde sind jene Menschen, die Dr. Paul Tournier „die bedeutenden anderen" nennt. Sie freuen sich mit Ihnen, wenn Sie glücklich sind, und sie halten zu Ihnen, wenn es einmal nicht so gut geht.

Das Leben kann uns manchmal auf sehr brutale Weise mitspielen, und in solchen Zeiten hält uns oft nur das Wissen aufrecht, daß sich jemand um uns sorgt. Solche Freunde können Familienmitglieder oder andere, sorgfältig ausgewählte Mitmenschen sein; in Zeiten der Not gleichen sie stets barmherzigen Engeln.

Freundschaften sind ebenso wenig wie Dankbarkeit Selbstverständlichkeiten. Sie gehen daraus hervor, daß wir für jene da sind, die wir gern haben. Ein altes Sprichwort sagt: „Wer Freunde haben will, muß selbst ein Freund sein." Keine Investition zahlt über längere Fristen höhere Dividenden als jene, die Sie in der Pflege von unbezahlbaren Freundschaften anlegen. Ebenso sind letztlich all Ihre Anstrengungen, zu Ruhm und Reichtum zu kommen, fruchtlos, wenn nicht jemand da ist, mit dem Sie Ihre Siege teilen können. Was immer Sie sonst für Ihre Selbstachtung tun, pflegen Sie Freundschaften.

Ein kurzer Rückblick

■ Sieger werden gemacht, nicht geboren. Der entscheidende Unterschied zwischen Siegern und Verlierern besteht in ihrer Einstellung: Sieger setzen sich Ziele, Verlierer suchen nach Ausreden.

■ Eines der wichtigsten Elemente einer Siegereinstellung ist ein starkes, positives Selbstbild, der feste Glauben daran, daß Sie als Mensch von Wert sind, und zwar einfach deshalb, weil Sie existieren. So hat einmal jemand gesagt: „Ich bin, also bin ich von Bedeutung!"

■ Im Bild, das wir von uns selbst machen, widerspiegelt sich, wie wir uns selber erfahren. Wenn wir uns selbst positiv sehen, haben wir eine hohe Selbstachtung. Wer erfolgreich sein und seinen Erfolg genießen will, muß sich selber mögen. Man muß zutiefst davon überzeugt sein, daß man geliebt wird und liebenswert ist. Und man muß das Risiko eingehen, andere Menschen zu lieben.

VI. KAPITEL

Ich glaube, ich kann es; ich weiß, ich kann es ... Ich habe es geschafft!

Eines schönen Tages kam eine Frau in mein Büro und sagte: „Nido, jemand hat mir gesagt, Sie können mir helfen. Ich habe schon mit vielen andern Leuten über mein Problem gesprochen, aber niemand hat mir helfen können."

„Nun", sagte ich vorsichtig, „was ist denn das für ein Problem, bei dem ich Ihnen helfen kann?"

„Alle hassen mich", beklagte sie sich, „mein Mann haßt mich, meine Kinder hassen mich, meine Arbeitskollegen hassen mich ... sogar unser Pfarrer haßt mich!"

Nachdem ich dieser Frau 1 Stunde, 22 Minuten und 17 Sekunden lang zugehört hatte, *haßte ich sie!*

Natürlich, ich „haßte" sie nicht wirklich, aber ich verstand es sehr gut, weshalb es den Leuten schwerfiel, sie zu mögen. Sie gab ihnen nicht viel zu mögen! Ihre geringe Selbstachtung widerspiegelte sich in der Art, wie sie sich ständig selbst heruntermachte. Sie litt unter einem praktisch vollständigen Mangel an Selbstbewußtsein. Wenn Sie wollen, daß das Leben für Sie läuft, müssen Sie zwei Dinge tun:

■ Erstens: Sie müssen sich selbst als wertvollen Menschen akzeptieren, den Gott nach seinem Vorbild geschaffen hat. Sie müssen sich selber mögen!

■ Zweitens: Sie müssen sich selbst andern Leuten „verkaufen" können! Und das beginnt damit, daß Sie an sich selbst und an Ihre Fähigkeiten glauben – *daß Sie Selbstvertrauen haben!*

Selbstvertrauen

Ihre Persönlichkeit hängt von zwei Dingen ab: wie andere auf Sie wirken, und wie Sie auf andere wirken. Wie weit Sie andere Menschen auf sich wirken lassen, beeinflußt in hohem Maße Ihre Seelenruhe, Ihr persönliches Glück und Ihre Fähigkeit, bedeutende Angelegenheiten zu erledigen. Wir haben im Kapitel „Selbstachtung" viel darüber gesprochen. Aber ist Ihnen bewußt geworden, daß Ihr Erfolg im Leben weitgehend davon abhängt, wie Sie auf andere Leute wirken? Eine alte Weisheit sagt: „Kein Mensch hat je großen Erfolg gehabt, wenn nicht viele andere Leute wollten, daß er Erfolg habe."

Was meinen wir eigentlich, wenn wir sagen, jemand sei „tüchtig"? In der Regel meinen wir damit, daß jemand fähig ist, andere Leute zu etwas zu veranlassen. Ein tüchtiger Verkäufer bringt einen Kunden dazu, etwas zu kaufen. Ein tüchtiger Pfarrer kann darauf hinwirken, daß jemand durch eine Beziehung zu Gott Sinn in seinem Leben findet. Ein tüchtiger Vorarbeiter bringt seine Arbeiter dazu, die Ziele zu erreichen, welche die Geschäftsleitung abgesteckt hat.

Persönliche Tüchtigkeit bedeutet aber mehr, als von andern geliebt zu werden – obwohl dies normalerweise auch dazugehört. Es bedeutet mehr als die Fähigkeit, Leute herumzubefehlen, und es bedeutet sogar mehr als die Macht, Leute dazuzubringen, etwas zu tun, was sie gar nicht wollen. Als Tüchtigkeit bezeichne ich Ihre „Überzeugungskraft", mit der Sie Leute dazu überreden, etwas zu tun. Es ist Ihre Fähigkeit, sich selber, Ihre Ideen und Ihre Ziele so wirkungsvoll zu verkaufen, daß andere Ihnen helfen wollen, sie zu verwirklichen und zu erreichen. Wie Sie das schaffen? Nun, der erste Schritt heißt: Glauben Sie an sich selbst und an Ihre Fähigkeiten!

Amerikas größter Sportler

Als rund vierzig der kompetentesten Sportfachleute gebeten wurden, den größten Athleten in der Geschichte des amerikanischen Sports zu bezeichnen, wählten sie fast einstimmig den Baseball-Spieler Babe Ruth. Sie waren der Meinung, er habe seine Talente am besten ausgenützt, und er hatte sehr großen Einfluß auf das sportliche Geschehen seiner Zeit. Nach der Eigenschaft gefragt, die ihn zu einer solchen Größe haben werden lassen, nannten die Experten beinahe alle sein Selbstvertrauen.

Nirgends kommt dieser Glaube an sich selbst besser zum Ausdruck als in dem wohl berühmtesten „home run" (im Baseball: Lauf um sämtliche Male auf einen Schlag). Im entscheidenden Spiel der World Series lagen die Yankees im Rückstand. Ruhig betrat „The Babe" als letzter das Schlagmal. Ein „home run" würde doch noch den Sieg bedeuten. Die wild tobenden Zuschauer erinnerten ihn daran, daß die Weltmeisterschaft auf seinen Schultern lastete.

„Schlag eins", rief der Schiedsrichter. Die Menge heulte auf und verstummte.

„Schlag zwei!" Babe trat aus dem Schlagmal zurück, schnallte sich den Gürtel enger, rückte seine Mütze zurecht und sah auf den Schläger in seiner Hand. Langsam betrat der Veteran wieder das Mal. Ganz beiläufig hob er seinen linken Arm und deutete auf die linke Feldumrandung. Der Werfer grinste. Die Menge zerbarst beinahe vor Spannung!

Ein Wurf, ein Ausholen, der satte Knall des Schlages, und langsam stieg der Ball empor, höher und höher, genau in die Richtung, die Babe angezeigt hatte. „The Babe" hatte gepunktet – über die linke Feldbegrenzung hinaus! Die Zuschauer tobten!

Später, in der Kabine, fragte ein Mitspieler den „Home Run King", wie es ihm nun wohl zumute wäre, wenn er den Ball verfehlt hätte, nachdem er auf die linke Seite gezeigt hatte.

„Nun, hm ... das habe ich mir gar nie überlegt", antwortete der alte Held.

Das ist Selbstverstrauen – *der Glaube, das tun zu können, was man sich vorgenommen hat!* Ein starkes, positives Selbstbild sagt: „Ich bin als Mensch wertvoll. Ich bin jemand. Ich bin in dieser Welt von Bedeutung!" Selbstvertrauen sagt: „Ich bin fähig. Ich komme mit meiner Umwelt zurecht. Mehr als das: mit Gottes Hilfe kann ich im Spiel des Lebens gewinnen."

Selbstvertrauen heißt nicht . . .

Möglicherweise scheuen manche Leute davor zurück, ein allzu starkes Selbstbewußtsein zu entwickeln, weil sie zu viele Angeber gesehen haben.

Selbstvertrauen heißt nicht:
- Mit seinen Fähigkeiten und Leistungen prahlen
  - Die Fähigkeiten und Leistungen anderer verächtlich belächeln
    - Seine eigenen Fähigkeiten oder Taten übertreiben
      - Andere in Grund und Boden reden, um seine eigene Meinung durchzusetzen.

Für ein solches Verhalten wäre Arroganz eine bessere Bezeichnung. Auch Betrug, Ichbezogenheit und Egoismus gehören in diesen Bereich. Sie können Ihren letzten Pfennig darauf verwetten, daß Menschen, die immer prahlen, andere verächtlich behandeln, übertreiben und ihre Gesprächspartner in Grund und Boden reden, dies nur tun, um auf diese Weise ihr angeschlagenes Selbstvertrauen ein wenig aufzupolieren.

„Selig sind die Sanftmütigen . . ."

Echtes Selbstvertrauen äußert sich in sanften und leisen Worten. Leider wird Sanftmut oft mit Schwäche verwechselt. Und immer wenn von der Sanftmut Jesu die Rede ist, geschieht es im Zusammenhang mit einer Zeit, in der er noch als Kind in einer Wiege lag. Auf irgendeine Weise bringen wir heute Sanftmut stets mit Verwundbarkeit in Zusammenhang, mit Weichheit und Charakterschwäche.

Die richtige Definition von Sanftmut ist *beherrschte Stärke*. Wie das Menschsein Jesu bewies, bemühen sich Menschen, die an sich selber glauben, mehr darum, ihre Ziele zu erreichen, als jedermann zu zeigen, daß sie großartig sind.

Menschen mit großem Selbstvertrauen:
- Verwenden ihre eigene Kraft auf sinnvolle Ziele
  - Lassen andere über ihre Fähigkeiten und Taten reden
    - Konzentrieren sich auf Ziele, nicht auf Taten des Augenblicks
    - Drücken anderen gegenüber ihre Bewunderung und Wertschätzung frei aus.

Ihnen genügt es, den Wert ihrer Ziele zu kennen und an ihre Fähigkeiten zu glauben, diese auch zu erreichen. Sie sorgen sich mehr darum, daß ihre Taten eine deutlichere Sprache sprechen als ihre Worte.

Vielleicht sind Sie ein Vollblut

„Nach dem Vorbild Gottes geschaffen", das klingt doch beinahe anmaßend! All diesen Ansprüchen gerecht zu werden, wird von Ihnen Ihren ganzen Einsatz mit allen Kräften abverlangen. Aber vielleicht meinen Sie, in Ihnen einen Hauch von Größe zu verspüren. Vielleicht haben Sie sich sogar der Hoffnung hingegeben, Sie seien ein Vollblut, in Ihren Adern fließe das Blut eines Champions.

Jemand hat einmal gesagt, in jedem von uns würden zwei Persönlichkeiten wohnen: eine große, die nach Größe strebt, und eine kleine, die sich immer wieder in den Weg stellt und ruft: „Das kannst du nicht!"

Der weltberühmte Tenor Enrico Caruso zum Beispiel wartete einst vor einer Premiere in den Seitenkulissen auf seinen Auftritt. Das Haus war bis auf den letzten Platz ausverkauft. Plötzlich knirschte der großartige Sänger deutlich vernehmbar: „Geh mir aus dem Weg! Raus! Raus!" Die Bühnenarbeiter sahen sich verdutzt an, denn keiner von ihnen war auch nur in seine Nähe gekommen. Sie dachten, Caruso sei mit seinen Nerven am Ende.

Später erklärte er: „Ich fühlte in meinem Innern das große Ich, das singen will und weiß, daß ich singen kann, aber ich wurde vom kleinen Ich zurückgehalten, das es mit der Angst zu tun kriegt und mir sagt, ich könne nicht singen. Und diesem kleinen Ich befahl ich einfach, von mir zu weichen."

Zweifel an sich selbst und die Angst zu versagen, sind die zwei größten Feinde jener echten Persönlichkeit, die sich in jedem von uns durchzusetzen versucht. Wenn wir nichts dagegen unternehmen, schnippeln sie an jenem Menschen herum, zu dem wir werden möchten, bis wir ängstlich werden und es nicht mehr weiter versuchen. Sie unterhöhlen unsere Begabungen, so daß wir nur noch einen kleinen Teil unserer geistigen Fähigkeiten nutzen können.

„Die Musik ist weg"

Selbstvertrauen stößt auf mancherlei Widerstand, doch ist es jederzeit jeder Herausforderung gewachsen. Ken Helser ist ein ausgezeichneter Musiker, der sein Talent sehr wirkungsvoll in Begegnungen mit Gefangenen im Südosten der USA einsetzt. Seinen Zuhörern erzählt er oft folgende Geschichte: „Als ich ein kleiner Junge war, brachte mir der Weihnachtsmann ein kleines Xylophon, samt Noten und einer kurzen Spielanleitung. Ich konnte schon einigermaßen spielen, als dieses Büchlein verloren ging." Nachdem er zusammen mit seinen Eltern in Haus und Garten, ja sogar im Auto vergeblich danach gesucht hatte, begann er zu weinen.
„Mutter", schluchzte er, „die Musik ist weg!"
„Nein, mein Sohn", antwortete sie, „die Anleitung ist weg. Aber die Musik ist in dir drin. Hör nur genau hin, dann kannst du sie spielen."
„Hier im Gefängnis", pflegt er weiterzufahren, „hier drin mag es euch vorkommen, als ob ihr von allem abgeschnitten wäret, als ob das Leben über euch hereinbrechen würde – als ob die Musik aus eurem Leben verschwunden wäre. Aber die Musik steckt in euch drin; wenn ihr zuhört, könnt ihr sie spielen!"
Wo immer Sie sind, welche Umstände auch immer herrschen und welche Schicksalsschläge Sie auch immer erlitten haben mögen, die Musik ist nicht aus Ihrem Leben verschwunden. Sie ist in Ihnen drin – wenn Sie genau hinhören, können Sie sie spielen. „Kleine Geister ducken sich unter Schicksalsschlägen; große hingegen erheben sich über sie",

sagte Washington Irving. Und Emerson drückte es auf seine Weise aus: „Groß ist, wer von Natur aus groß ist und uns an niemand anders erinnert."

Menschen mit Selbstvertrauen sind fröhlich, wenn Fröhlichsein schwerfällt, geduldig, wenn Geduldhaben schwerfällt. Sie drängen nach vorn, wenn sie stillstehn wollen. Sie machen beharrlich weiter, noch lange nachdem die Umstände – und vielleicht auch andere Menschen – ihnen verraten haben, sie seien schon längst geschlagen.

Selbstvertrauen und Bemühen bilden Charakter

Ein kleines Mädchen beobachtete einst einen Nachtfalter, der sich bemühte, aus seinem Kokon freizukommen. Liebevoll darauf bedacht, dem hübschen Geschöpf zu helfen, griff das Mädchen nach einem Messer. Mit äußerster Behutsamkeit schnitt es den Kokon weg und befreite den Falter. Lange Zeit sah es zu, wie der Falter seine Flügel bewegte und vergeblich versuchte, zu fliegen. Endlich klappten die Flügel ein letztes Mal zusammen, der Falter war tot. „Schwesterchen", erklärte die ältere Schwester später, „diese Anstrengung stärkt die Flügel des Falters. Als du den Kokon wegschnittest, nahmst du dem Falter die Gelegenheit zu dieser Übung, die ihm das Fliegen ermöglicht hätte."

Natürlich kämpft niemand von uns gern gegen Schwierigkeiten und Schicksalsschläge; weise Menschen erkennen darin aber Gelegenheiten, an denen sie wachsen können. Kluge Menschen mit Selbstvertrauen begrüßen den Kampf, den Widerstand, weil sie wissen, daß dies die beste Möglichkeit ist, Charakter zu entwickeln. Solche Menschen wissen, daß Probleme persönlichen Mut und Großherzigkeit fördern. Wenn Lernen leicht wäre, würden sich unsere geistigen Fähigkeiten nie entwickeln. Wenn Arbeit unnötig wäre und wir unseren Körper nicht stählen würden, könnte er nie kräftig werden. Wenn wir in unserem Leben stets auf Rosen gebettet wären, würde sich unser Charakter nie über eine kindliche Stufe hinaus entwickeln.

Selbstdisziplin, ein Passepartout

Der Hauptschlüssel zum Selbstvertrauen ist Selbstdisziplin. Selbstvertrauen bedeutet die Fähigkeit, sämtliche Möglichkeiten unseres Gehirns, unseres Körpers und unseres Verstandes voll zum Tragen zu bringen, um jede Herausforderung annehmen zu können. Dies kann aber nur dann geschehen, wenn wir uns vollkommen unter Kontrolle haben. Der britische Anatom und Physiologe Thomas Henry Huxley schrieb:

> In meinen Augen hat jener Mensch eine liberale Erziehung genossen, dessen Körper in der Jugend so trainiert worden ist, daß er seinem Willen gern gehorcht und mit Leichtigkeit und Freude beinahe mechanisch alles tut, wozu er fähig ist; dessen Gehirn einer klaren, kalten, logischen Maschine gleicht, deren Einzelteile alle gleich stark sind und reibungslos funktionieren und die jederzeit wie eine Dampfmaschine bereit ist, Arbeit zu verrichten, egal ob es darum geht, ein feines Gewebe zu spinnen oder die Anker des Gehirns in Bewegung zu versetzen; der um die elementarsten Wahrheiten der Natur und ihre Gesetzmäßigkeiten Bescheid weiß; der voller Leben und Feuer ist; dessen Leidenschaften sich gefügig einem starken Willen unterordnen; der ein empfindsames Gewissen hat; der gelernt hat, alles Schöne in der Natur und in der Kunst zu lieben, alles Schlechte zu hassen und andere ebenso zu schätzen wie sich selbst.

Genau so wie Caruso seinem kleinen Ich befehlen konnte, zu verschwinden, so können auch wir mit den Selbstzweifeln verfahren, die uns davon abhalten wollen, unsere ganze Leistungsfähigkeit auszuschöpfen. Wir brauchen nicht auf die Zustimmung unseres negativen Egos zu warten, das sich um unsere Aufmerksamkeit bemüht. Wir können unsern Weg weitergehen und in Selbstvertrauen handeln. „Wenn es dir Freude macht, dann tu es!" lautet das Glaubensbekenntnis vieler Jugendlicher von heute. Ein Mensch, der sich ein starkes Selbstvertrauen aufbauen will, hält sich aber an folgenden Leitsatz: „Wenn du stets tust, was recht ist, wird es dir mit der Zeit Freude bereiten."

Sie können, wenn Sie nur daran glauben

Forscher an einer führenden amerikanischen Universität suchten sich für ein Experiment eine große Gruppe von Sportlern aus. Sie sollten ein paar Übungen machen, die zuvor noch niemand hatte ausführen können. Die Forscher erklärten ihnen, sie, die ja zu den besten Sportlern des Landes zählten, könnten diese Übungen bestimmt spielend leicht machen.

Die Sportler wurden in zwei Gruppen aufgeteilt. Und die erste sollte sogleich an die gestellten Aufgaben herangehen. So sehr man sich aber auch bemühte, die Übungen wollten einfach nicht gelingen.

Als die zweite Gruppe an die Reihe kam, berichteten die Forscher zunächst vom Mißerfolg der ersten Gruppe. „Aber bei Ihnen wird das anders sein. Schlucken Sie diese kleine Pille. Dieses neue Präparat wird Ihnen übermenschliche Kräfte verleihen."

Und in der Tat, die zweite Gruppe fand es verhältnismäßig einfach, die geforderten Übungen auszuführen.

„Was war denn das für eine Pille?" erkundigte sich einer von ihnen danach.

„Nichts Besonderes, nur Kalk", lautete die Antwort.

Die zweite Gruppe machte das Unmögliche möglich, weil ihre Mitglieder daran geglaubt hatten! Wenn Sie auch fest dran glauben, dann werden Sie staunen, was Sie alles leisten können.

Selbstvertrauen kann den Unterschied ausmachen

Wenn Sie sich irgendeinem lohnenden Ziel zuwenden, werden Ihnen viele kleinliche Menschen sagen, das sei unmöglich. Manchmal werden Sie den Eindruck haben, Sie seien der einzige Mensch auf Erden, der an Ihre Möglichkeiten glaubt. Aber lassen Sie sich durch Ihre und anderer Zweifel nicht abhalten! Ihr Selbstvertrauen kann den Unterschied zwischen Erfolg und Mißerfolg ausmachen.

Das folgende Kapitel beschreibt in zehn geprüften und bewährten Schritten, wie Sie ein starkes Selbstbewußtsein aufbauen können. Sie haben mir selbst viel geholfen, und ich glaube, sie werden auch Ihnen helfen.

VII. Kapitel

Zehn Schritte zum Selbstvertrauen

„Was hinter uns liegt und was vor uns liegt sind Kleinigkeiten im Vergleich zu dem, was in uns liegt", sagt Emerson.
Gelegentlich verbreiten die Massenmedien Geschichten von Menschen, die in Notsituationen übermenschliche Fähigkeiten entwickelt haben. Einmal berichteten sie von der erstaunlichen Tat eines Zwölfjährigen. Sein Vater lag unter einem rund 1,5 Tonnen schweren Lieferwagen und arbeitete, als der Wagenheber plötzlich nachgab. Als der Junge sah, daß sein Vater unter dem Gewicht beinahe erdrückt wurde, faßte er den Wagen an der Stoßstange und hob ihn so weit an, daß sein Vater darunter hervorkriechen konnte. Am nächsten Tag konnte der Junge den schweren Wagen nicht einmal mehr von der Stelle schieben.
Nur wenige von uns haben derart dramatische Augenblicke erlebt. Und doch erinnern sich die meisten von uns an Momente, in denen wir unter besonderen Umständen absolut Erstaunliches geleistet haben.
Wäre es nicht wunderbar, wenn wir zu jeder Zeit solche Spitzenleistungen vollbringen könnten? Vielleicht ist das etwas zu viel verlangt, besonders da auch Wissenschaftler darauf hinweisen, daß selbst die größten Genies nur ungefähr 10 Prozent ihrer Gehirnkapazität ausnützen können. Eines aber scheint

klar zu sein: *Wir alle könnten permanent wesentlich mehr leisten, als wir normalerweise tun, wenn wir nur mehr Selbstvertrauen kätten.*

Die folgenden zehn Schritte sollen Ihnen helfen, ein starkes Selbstbewußtsein aufzubauen. Und sie werden wirksam sein, egal wie stark Ihr Selbstbewußtsein im Augenblick ist. Wenn diese Schritte mit der Zeit zu festen täglichen Gewohnheiten geworden sind, werden Sie imstande sein, jede Herausforderung mit größerem Vertrauen in sich selbst und in Ihre Fähigkeiten anzunehmen.

SCHRITT 1
Entscheiden Sie, welche Grenzen Sie akzeptieren wollen

Zwei häufige Fehler können Ihr Selbstbewußtsein vollständig zerstören.
- Erstens: Es ist falsch anzunehmen, daß alle Grenzen selbstauferlegt sind.
- Zweitens: Es ist absolut falsch und sinnlos, sich selbstauferlegten Grenzen zu unterwerfen.

Selbstvertrauen aufbauen heißt auch wählen, welche Grenzen Sie akzeptieren wollen und welche nicht.

Gott schenke mir die Gelassenheit, Dinge zu akzeptieren, die ich nicht ändern kann; den Mut, die Dinge zu ändern, die ich ändern kann; und die Weisheit, die einen von den andern zu unterscheiden.

Dieses alte Gebet hat schon unzähligen Menschen geholfen, darüber ins Reine zu kommen, worauf sie ihre Bemühungen und Anstrengungen konzentrieren sollen.

Bestimmte Grenzen sind echt. Neal Austin ist ein hervorragender Bibliothekar und Fachmann auf diesem Gebiet. Als anerkannter Autor hat er mehrere Biographien über literarische Persönlichkeiten verfaßt, obwohl er mit schwer deformierten Händen zur Welt gekommen ist.

„Mein Sohn", meinte sein Vater, als Neal noch ein kleiner Junge war, „du wirst nie von deiner Hände Arbeit leben können. Es wäre also von Vorteil, wenn du deine geistigen Fähigkeiten entwickeln würdest." Neal befolgte den Rat seines Vaters und beklagte sich nie über sein Schicksal. Er akzeptierte die ihm gesetzten Grenzen und konzentrierte seine ganze Kraft auf die Weiterentwicklung seiner Stärken.

Menschen, die voller Zorn gegen ihre natürlichen Grenzen anrennen, werden verbittert und frustriert. Sie hängen unwirklichen Idealen nach und versuchen ihnen nachzueifern. So werden sie oft zu „viereckigen Nägeln in runden Löchern". Sie haben der Welt das vorenthalten, was sie am besten tun können, weil sie ihr ganzes Leben lang bestrebt sind zu tun, was sie nur schlecht oder gar nicht können. Die ständigen Fehlschläge bedrücken sie, und sie verlieren auch noch den letzten Rest ihres Selbstbewußtseins. Solche Menschen verwenden ihre ganze Energie auf die Jagd nach dem „Unmöglichen Traum".

Dieser „Unmögliche Traum" eignet sich vielleicht als Titel für ein Lied, aber nie als Überschrift über ein armseliges Leben. Ich persönlich ziehe dann schon „praktische Träumereien" vor, d. h. Träume über das, was man am besten kann. Wenn Sie herausfinden wollen, was sie am besten tun können, werden Sie in der Regel zunächst all das ausschließen, was Sie nur schlecht oder überhaupt nicht können. Dann sind Sie in der Lage, all Ihre schöpferische Kraft auf Ihre Fähigkeiten und Stärken zu konzentrieren.

Die meisten Grenzen sind selbstauferlegt. Ein Bischof in Dayton, Ohio, hatte es sich zur Gewohnheit gemacht, einmal im

Jahr ein kleines religiöses College zu besuchen. Anläßlich eines solchen Besuches geriet er nach dem Mittagessen in eine angeregte Diskussion mit dem Leiter des Kollegiums. Der Bischof vertrat dabei die Ansicht, das zukünftige Zeitalter des Weltfriedens und des allgemeinen Wohlstandes werde wohl bald anbrechen, denn alle Geheimnisse der Natur seien entdeckt und alle möglichen Erfindungen seien gemacht worden. Der Schulleiter war allerdings anderer Meinung und meinte, die folgenden fünfzig Jahre würden noch viele erstaunliche Entdeckungen und Erfindungen mit sich bringen. So würden schon bald Menschen den Vögeln ähnlich durch die Luft fliegen.

„Unsinn", rief der Bischof. „Fliegen ist den Engeln vorbehalten!"

Der Name des Bischofs war Wright. Und er hatte zwei Söhne – Orville und Wilbur, die Erfinder des Motorflugzeugs!

Die Geschichte der meisten wahrhaft großen Errungenschaften der Menschheit könnte fast immer mit den gleichen Worten beginnen: „Die Leute haben gesagt, das sei unmöglich!" So waren zum Beispiel Sportler, Trainer, Ärzte und andere Fachleute jahrelang einhellig der Auffassung, kein Mensch könne je eine Meile in weniger als vier Minuten laufen. Das war allerdings, bevor ein junger Mann namens Roger Bannister im Jahr 1954 genau das tat. Und seither sind viele Läufer unter dieser Zeit geblieben.

Die Ansichten anderer und Ihre eigenen Selbstzweifel können oft Ihren Glauben an Ihre Fähigkeiten und an die Möglichkeit eines Vorhabens erschüttern. Selbstvertrauen ist oft kaum mehr als ein Gefühl in der Magengrube, das Ihnen sagt, Sie könnten etwas vollbringen, was die Vernunft als unmöglich bezeichnet. Wenn Sie aber positiv auf dieses leise Gefühl reagieren, wird es stärker und stärker, bis es in einer konkreten Tat seine volle Blüte erreicht.

Das Geheimnis liegt in der Wahl. Das Geheimnis dieses Schrittes liegt darin, daß Sie die richtige Wahl treffen, welche Grenzen Sie akzeptieren und welche Sie als unannehmbar ablehnen wollen. Zunächst mag die Wahl schwer zu treffen sein. Manchmal gelingt es Ihnen vielleicht nicht herauszufinden, wie Sie besser entscheiden könnten. Das ist aber nicht weiter schlimm! Es ist immerhin besser, Sie versuchen etwas zu tun und versagen, als nichts zu versuchen und Erfolg zu haben! Je mehr und je öfter Sie versuchen, desto mehr können Sie über Ihre Stärken und Grenzen lernen. Und die Wahl fällt Ihnen immer leichter und selbstverständlicher.

Denken sie daran: das „große Ich" in Ihrem Innern weiß stets besser, was Sie tun können und was nicht. Wenn Sie positiv auf diesen inneren Menschen reagieren, der Ihr Leben in die Hand nehmen möchte, werden Sie feststellen, daß Ihr Selbstvertrauen automatisch stärker wird.

SCHRITT 2
Konzentrieren Sie sich auf Ihre größten Stärken

Menschen, die große Leistungen vollbrachten, haben das Geheimnis konzentrierter Energie ergründet. Sie haben Verbindung mit ihren inneren Fähigkeiten aufgenommen und entdeckt, was sie am besten leisten können – was ihren vollen Einsatz am besten lohnt. Und sie haben gelernt, ihre ganze Energie auf einen einzigen Zweck auszurichten. „Spielen Sie immer Ihre stärkste Karte zuerst aus", ist ein guter Rat.

Sieger gleichen Flüssen. Sie finden – oder schaffen sich – eine Rinne und folgen ihr, von dort, wo sie sind, dorthin, wo sie wollen. Gehen Sie einmal an einen großen Fluß und überlegen Sie sich, wie mächtig er ist. Er kann elektrischen Strom erzeugen, Land verändern und Quelle unermeßlichen Reichtums sein. Und weshalb? Weil er all seine Bewegung in eine Richtung konzentriert!

Verlierer hingegen gleichen eher Sümpfen. Sie breiten sich über weite Gebiete aus. Sie versuchen sich an allem ein wenig und haben nirgends Erfolg. Wenn Sie eines Tages an einem Sumpf stehen, beobachten Sie, was daraus hervorgeht. Überall sind gefährliche Stellen, in denen ein Mensch untergehen kann, Mücken, die nur Blut saugen und Krankheiten verbreiten, Alligatoren und verschiedene Giftschlangen, die dem Menschen Schaden zufügen können.

Wenn Sie lernen, sich auf Ihre Stärken und Begabungen zu konzentrieren, werden Sie spüren, wie Ihr Selbstvertrauen gedeiht. Sportfachleute zum Beispiel sind sich im allgemeinen darüber einig, daß Muhammed Ali in seinen Glanzzeiten vor allem deshalb kaum zu besiegen war, weil er seine Gegner dazu zwang, „seinen Kampf zu kämpfen". Er „schwebte wie ein Schmetterling und stach wie eine Biene". Hinter diesen Sprüchen und dieser Selbstbewunderung verbarg sich ein großer Kämpfer, der wußte, was er am besten tun konnte, und sich daran hielt. Kein Wunder also, daß viele stärkere Boxer glaubten, er sei „der Größte".

Ein Problem, mit dem sich die meisten von uns auseinanderzusetzen haben, liegt in der Tatsache, daß wir so viele Dinge einigermaßen gut können. Abraham Lincoln zum Beispiel hätte ein ausgezeichneter Rechtsanwalt sein können, doch er zog es vor, Staatsmann zu sein. Er war in seinem tiefsten Innern davon überzeugt, auf die Welt gekommen zu sein, um an einem kritischen Punkt in der Geschichte Amerikas etwas ganz Besonderes zu leisten. Und folglich setzte er alles daran, seine Verabredung mit dem Schicksal einzuhalten.

J. B. Phillips, der große Gelehrte und Bibelübersetzer, lieferte eine sehr interessante Übertragung des Gedankens im Römerbrief. Er sagt: „Laß nicht zu, daß die Welt dich in ihre eigene Form preßt, sondern laß Gott deine Seele von innen heraus formen . . ." Ist das nicht eine bildliche Darstellung dessen, was einigen der talentiertesten und fähigsten Menschen der Welt widerfährt? Sie werden in eine Form gepreßt, die ihr Leben so gestaltet, daß es ihren Umständen oder den Vorstellungen anderer Leute entspricht. Leider wird die Welt auf diese Weise all der positiven Beiträge beraubt, die diese Menschen machen könnten.

Wenn Sie an Selbstvertrauen gewinnen wollen, sorgen Sie dafür, daß die Welt Ihren Kampf kämpft – spüren Sie heraus, was Sie am besten tun können und am liebsten tun würden. Und verbringen Sie dann Ihr Leben damit, das zu tun. Je besser Ihnen dies gelingt, desto stärker wird Ihr Selbstbewußtsein gedeihen.

SCHRITT 3
Stärken Sie Ihren inneren Glauben

Lernen Sie, nett zu sich selbst zu sein. Führen Sie eine Liste mit all Ihren Triumphen und Erfolgen. Angesichts Ihrer Leistungen werden Sie mehr Vertrauen in Ihre Fähigkeiten haben. Nur die Mentalität eines Verlierers bringt einen dazu, sich auf eigene Schwächen und Fehler zu konzentrieren.

Die meisten von uns haben mehr Selbstvertrauen bewiesen, als uns bewußt ist. Der Glaube an sich selbst war schon vorhanden, als Sie noch klein waren. Sie glaubten gehen zu können, noch bevor Sie Ihre ersten Schritte taten. Sie glaubten sprechen zu können, noch bevor Sie Ihre ersten Wörter plauderten. Und sie glaubten, sinnvolle Arbeit verrichten zu können, noch bevor Sie Ihre erste Stelle antraten. Wie Sie geglaubt haben, so haben Sie getan.

Meine bevorzugte Definition von „Glauben" lautet: „Als wahr akzeptieren." Die positive Folge davon ist, daß wir handeln, als ob etwas wahr wäre. Wenn wir handeln, als ob wir unsere Fähigkeiten akzeptierten, stellen wir fest, daß sie echt sind.

Das funktioniert wirklich! So war zum Beispiel der spätere amerikanische General Douglas MacArthur am Abend vor seiner Eintrittsprüfung in die Militärakademie West Point ein einziges Nervenbündel. „Doug", sprach ihm seine Mutter gut zu, „du wirst es schaffen, wenn du die Nerven behältst. Du mußt an dich glauben, mein Sohn, sonst wird keiner an dich glauben. Hab Selbstvertrauen, und solltest du es nicht schaffen, weißt du doch, daß du dein Bestes gegeben hast." Als die Prüfungsergebnisse bekanntgegeben wurden, führte Douglas MacArthur die Rangliste an.

Machen Sie es sich zur Gewohnheit, so zu handeln, als ob die größten Hoffnungen in Bezug auf Ihre Fähigkeiten wahr wären. Sie werden nicht nur feststellen, daß Sie mehr Selbstvertrauen haben, sondern auch bemerken, daß Ihr Selbstvertrauen durch Ihre Leistungen gerechtfertigt ist. Kennen Sie das kleine Lied aus dem Musical „The King and I"?

„Wenn immer Angst ich hab', erheb ich stolz mein Haupt,
und pfeif' ein fröhlich Lied, damit niemand durchschaut,
wie ich mich fürcht'.

Die Folgen dieses Tricks sind sehr rasch aufgezählt:
denn täusch' ich nämlich andere,
täusche ich auch mich."

Stärken Sie den Glauben an sich selbst jeden Tag, jede Stunde, und Ihr Selbstvertrauen wird gestärkt.

SCHRITT 4
Bereiten Sie sich darauf vor, der Beste zu sein

Als ein junger Mann namens Demosthenes gebeten wurde, zu den führenden Männern im alten Athen zu sprechen, nahm er einen Platz ein, der einigen der größten Redner der Geschichte gehört hatte. Seine Stimme war schwach und zitterte, seine Art war schüchtern, seine Gedanken unklar. Überdies stotterte er. Nachdem er gesprochen hatte, wurde er von der Menge ausgepfiffen und vom Rednerpult gejagt.

Aber Demosthenes ließ sich nicht unterkriegen. „Nie wieder werde ich unvorbereitet eine Rede halten!" schwor er sich. Und wie er sich vorbereitete! Er trainierte seine Stimme, indem er aus Leibeskräften in die Brandung der Ägäis schrie. Er übte seine Reden unter einem hängenden Schwert ein, um seinen Mut zu stärken. Er übte endlose Stunden lang mit Kieselsteinen im Mund, um sein Stottern zu überwinden. Er bereitete seine Reden so gut vor, daß man ihm sogar vorwarf, er habe sie zu gut vorbereitet.

Als er das nächste Mal vor der Versammlung sprach, war er ein anderer Mensch. In beredten Worten, mit kraftvoller Stimme und staatsmännischem Gehabe entlockte er seinen Zuhörern tosenden Beifall. Als er geendet hatte, erhob sich die Menge wie ein Mann und schrie: „Auf, auf! Wir wollen gegen Philip kämpfen!"

Wie konnte es geschehen, daß ein schüchterner, stotternder junger Mann vom Versager zum größten Rhetor der griechischen Geschichte aufstieg? Die Antwort gibt ein einziges Wort: Vorbereitung! Demosthenes wußte, daß seine erste Rede nicht das Beste war, was er zu geben hatte. Er konnte seine Selbstzweifel und seine Bühnenangst nur überwinden, indem er sich darauf vorbereitete, der Beste zu sein bei dem, was er sich vorgenommen hatte.

Wenn Sie jenes Selbstvertrauen aufbauen möchten, welches es Ihnen erlaubt, Leistungen an der oberen Grenze Ihrer Fähigkeiten zu erbringen, müssen Sie sich entsprechend vorbereiten. Dann, und nur dann, können Sie zuversichtlich die Arena Ihres Lebens betreten und sich voller Mut und Vertrauen Ihren Gegnern stellen.

Selbst wenn Sie die Grundlagen Ihres Berufes beherrschen und die elementarsten Vorgänge in- und auswendig kennen, müssen Sie sich den mühevollen Vorbereitungen unterziehen, ohne die Sie nicht Meister werden können. Die folgende Episode erzählt von einer alten Pianistin, welche ihre Zuhörer mit ihrer Musik zu Tränen rühren konnte. „Wie oft üben Sie?" wurde sie von einer jungen, hoffnungsvollen Musikerin gefragt.

„Jeden Tag sechs Stunden lang!" antwortete die Meisterpianistin.

„Aber Sie spielen doch schon so lang, und Sie sind so gut!"

„Ich will hervorragend spielen", antwortete die kluge alte Dame.

Selbstvertrauen ist es, was normalerweise dem Sieger den kleinen Vorteil gegenüber seinen Konkurrenten verschafft. Nur Vorbereitung schenkt Ihnen den Glauben an Ihre Fähigkeiten.

SCHRITT 5
Pflegen Sie Umgang mit Freunden, die an Sie glauben

Was Sie zu sich selbst sagen, ist von größter Bedeutung; wir neigen dazu, nach den Erwartungen zu leben, die wir in uns selbst setzen. Was aber Menschen in Ihrer Nähe über Ihre Fähigkeiten sagen, kann Ihr Selbstvertrauen in hohem Maße beeinflussen; denn wir versuchen auch, nach den Erwartungen unserer Umwelt zu leben. Sagen Sie einem Kind sein Leben lang, es sei dumm; wenn es größer wird, wird es das auch glauben. Setzen Sie große Erwartungen in ein Kind, und es wird wahrscheinlich Großes leisten.

Haben sie bemerkt, daß gewisse Leute an Ihrem Selbstbewußtsein rütteln und in Ihnen Selbstzweifel auslösen? Und dabei holen Sie Kraft von anderen, die Ihr Selbstvertrauen stärken. Manchmal überrascht die Feststellung, daß jene Menschen, die Ihr Selbstvertrauen erschüttern, nicht die wirklich großen Menschen in Ihrem Bekanntenkreis sind. Es sind oft engstirnige Menschen, die sich ständig beklagen. Diejenigen hingegen, die am meisten Grund hätten, über Ihre Fähigkeiten zu lächeln, werden Ihnen in der Regel Mut zusprechen. Einer meiner Freunde, der Humorist Joe Larson, erzählte mir einst: „Meine Freunde glaubten nicht, daß ich ein erfolgreicher Redner werden könne. Also unternahm ich etwas dagegen. Ich ging hin und suchte mir ein paar neue Freunde!"

Oft sind es ermutigende Worte oder Vertrauensbeweise von einem geliebten Menschen oder einem wahren Freund, die Anstoß zu den größten Erfolgen gegeben haben. Wäre nicht seine vertrauensvolle Gattin Sophia gewesen, zählte Nathaniel Hawthorne vielleicht nicht zu den großen Schriftstellern. Als er nämlich am Boden zerstört nach Hause kam und seiner Frau gestand, er sei als Zollbeamter entlassen worden und habe vollkommen versagt, überraschte sie ihn mit einem Freudenschrei.

„Jetzt kannst du endlich dein Buch schreiben", rief sie triumphierend.

„Ja", erwiderte er, ziemlich entmutigt, „und wovon sollen wir leben, bis ich es geschrieben habe?"

Zu seiner nicht geringen Verblüffung öffnete Sophia eine Schublade und entnahm ihr eine hübsche Summe Geld.

„Woher um alles in der Welt hast du das?" fragte Nathaniel.

„Ich habe schon immer gewußt, daß du ein Mann mit Geistesgaben bist", antwortete sie. „Ich wußte, daß du eines Tages ein Meisterwerk schreiben würdest. Und so habe ich jede Woche etwas von dem Haushaltsgeld, das du mir gegeben hast, gespart. Es ist genug, daß wir ein Jahr lang davon leben können."

Aus dieser Hoffnung und diesem Vertrauen heraus entstand einer der größten Romane der amerikanischen Literatur, „Der scharlachrote Buchstabe".

Pflegen Sie Umgang mit Menschen, welche Ihr Selbstbewußtsein stärken, die das Beste von Ihnen erwarten und die Sie dazu drängen, alles zu werden, was Sie sein können. Manchmal findet man solche Menschen auch in guten Büchern. Präsident John F. Kennedy zum Beispiel interessierte sich regelmäßig dafür, was große historische Persönlichkeiten getan hatten, und gestaltete sein Leben nach „Gewohnheiten von Führern und Größen".

Selbstvertrauen aufbauen gehört zu den wenigen Spielen des Lebens, die jedermann gewinnen kann. Oder anders ausgedrückt: Sie können den Prozeß umkehren, indem Sie das Selbstvertrauen anderer Leute aufbauen und sie dazu anspornen, ihre wahre Größe zu erreichen. Ihr Selbstvertrauen gewinnt sehr viel aus diesen gegenseitigen Ermutigungen unter wirklichen Freunden.

SCHRITT 6
Lernen Sie aus Ihren Fehlern:
Lassen Sie sich nicht von ihnen unterkriegen

Sie können nur dann keine Fehler machen, wenn Sie den größten aller Fehler machen – nämlich nichts. Gewisse Fehler haben wirklich schwere Folgen – die manchmal in keinem Verhältnis zur „Leichtigkeit" stehen, mit der sie begangen werden. Kein Versagen und kein Fehler kann aber je so groß sein, daß ihm nicht auch Positives abzugewinnen wäre.

Wer klug ist, sucht aus jedem Fehler etwas Sinnvolles zu lernen. Der Verlierer gewinnt nichts, wenn er versucht und dann aufgibt.

„Seit zwanzig Jahren bin ich hier", beklagte sich ein Angestellter, der eben wieder bei den Beförderungen übergangen worden war. „Ich habe zwanzig Jahre mehr Erfahrung als der, den Sie eben befördert haben!"

„Nein, Charlie", gab der Chef zurück, „Sie haben zwanzigmal ein Jahr Erfahrung. Sie machen immer noch die gleichen Fehler wie in Ihrem ersten Jahr."

Eine traurige Geschichte. Selbst wenn ein Fehler trivial erscheint, erschweren Sie ihn nicht dadurch, daß Sie versäumen, etwas Wertvolles aus ihm zu lernen.

„Wir haben so viel Zeit verschwendet!" rief ein junger Assistent von Thomas Edison. „Wir haben zwanzigtausend Tests durchgeführt, und wir haben immer noch kein Material gefunden, das sich als Glühfaden eignet!"

„Ach!" antwortete das Genie. „Aber wir kennen jetzt zwanzigtausend Varianten, die nicht funktionieren!"

Dieser unbezähmbare Geist ermöglichte es Edison schließlich, einen Glühfaden zu finden, der wirklich Licht gab – und den Lauf der Geschichte beeinflußt hat.

Wenn Sie Ihr Selbstvertrauen aufbauen, ist es sehr wichtig, daß Sie lernen, Ihre Fehler und Irrtümer in der richtigen Perspektive zu sehen. Verankern Sie Ihr Gefühl persönlicher Sicherheit an etwas, was tiefer gründet als unmittelbarer Erfolg. Sie können Ihr Selbstbewußtsein aufbauen und erhalten, indem Sie Ihre Fehler gegen Ihre langfristigen Ziele, gegen den elementaren Zweck Ihres Lebens und gegen Ihren ureigenen Wert als Mensch abwägen, und nicht gegen die unmittelbaren Folgen. Kein Fehler, den Sie je begehen können, könnte Sie Ihres Wertes als menschliches Wesen berauben. Die meisten Fehler bedeuten nur eine kleine Umleitung auf dem Weg zur Erfüllung Ihres Lebensziels. Fehler sind selten fatal. Viel öfter ist die Einstellung dessen, der den Fehler begangen hat, fatal – oder zumindest schwer schädlich. Menschen, die nach jedem Fehler und Versagen gerüstet in die Zukunft blicken können, retten nicht nur ihr Selbstvertrauen, sondern können es sogar noch stärken.

SCHRITT 7

*Lernen Sie konstruktive Kritik anzunehmen
Nörgelei aber zu ignorieren*

„Meine Lehrerin mag mich nicht", sagte das kleine Mädchen zu seinem Vater.
„Wie kommst du darauf?" fragte dieser.
„Sie gab mir für diese Prüfung eine 2", kam blitzschnell die Antwort. „Und schau nur, all diese roten Striche!"
„Ich glaube, sie mag dich sehr gern!", meinte der Vater, nachdem er die Prüfung durchgelesen hatte. „Sie weiß, daß du viel mehr kannst, als du hier geboten hast. Und sie hat sich sogar die Mühe genommen, dir zu zeigen, wie du es besser machen kannst."

Niemand läßt sich gern kritisieren! Selbst wenn wir nicht unser Bestes gegeben haben – und uns dessen auch bewußt sind –, schmerzt es, von einem geliebten Menschen hören zu müssen, er sei sicher, wir hätten es besser machen können. Und doch sind jene unsere wirklichen Freunde, die sich mit qualitativ schlechter Arbeit und halbherzigen Anstrengungen von uns nicht zufriedengeben. Sehr, sehr taktvoll geben sie uns zu verstehen, daß sie mehr von uns erwartet hätten. Solche Kritiken sind in gewisser Weise sogar Komplimente. Wenn Sie lernen, konstruktive Kritik gefaßt anzunehmen, werden Sie nicht nur bessere Leistungen erbringen können, sondern Sie werden Ihr Selbstvertrauen stärken, indem Sie erkennen, was Sie hätten besser machen können.

Die billigen Giftpfeile von neidischen, unsicheren oder negativen Menschen sind allerdings etwas anderes. Je mehr Erfolg Sie haben und je bessere Leistungen Sie erbringen, desto intensiver werden Sie solchen Nörgeleien ausgesetzt sein. Diese Art von Kritik überhören Sie am besten! Sie trägt in der Regel nicht zu einer Leistungssteigerung bei und nagt fast stets an Ihrem Selbstbewußtsein. Lernen Sie etwas daraus, wenn das möglich ist. Andernfalls vergessen Sie sie und gehen Ihren Weg weiter.

SCHRITT 8
Feiern Sie Ihre Siege

Wenn Sie Ihr Bestes gegeben oder etwas sehr gut getan haben, ist es keineswegs egoistisch, sich selbst auf die Schulter zu klopfen. Im Gegenteil, dies kann sogar Ihr Selbstvertrauen erheblich steigern.

Selbst wenn jemand anders Ihre Lohntüte füllt, arbeiten Sie für sich selbst. Lernen Sie, zu Ihrem wertvollsten Angestellten nett zu sein – zu Ihnen selbst! Eine Frau meinte einmal, ihr Chef sei mit Urlaub, regelmäßigen Lohnerhöhungen und Sozialzulagen sehr großzügig, und er sorge stets für ein angenehmes Arbeitsklima. „Doch ich würde gern auf all das verzichten, wenn er einmal ganz schlicht und einfach sagen würde, ich hätte gute Arbeit geleistet", sagte sie.

Es ist gut für Ihr Selbstvertauen, wenn Sie sich für Ihre Leistungen und Anstrengungen belohnen und wenn Sie Ihre Siege feiern.

SCHRITT 9
Bleiben Sie bescheiden

Menschen, die arrogant und überheblich werden, fallen irgendwie früher oder später vom hohen Roß. Viele Menschen können Fehlschläge mühelos überwinden und weitergehen, doch lassen sie sich von Erfolg verderben. Sie neigen dazu, zu vergessen, woher sie gekommen sind, und schauen verächtlich auf jene hinab, die ihrer Meinung nach tief unter ihnen stehen.

Mit Menschen, die in eine solche Falle tappen, geschieht etwas Interessantes. Sie geraten angesichts der Absichten der Leute in ihrer Umgebung in einen paranoiden Zustand und sondern sich von denen ab, die sie so bitter nötig hätten. In einer nächsten Phase kommen ihnen schwere Zweifel an ihrer Fähigkeit, das Leistungsniveau, das sie sich vorgenommen hatten, beibehalten zu können. Sie versuchen unter Umständen, ihr Selbstvertrauen aufzupolieren, indem sie über ihre vermeintlichen Konkurrenten losziehen und versuchen, in ihrer luftigen Höhe zu verharren, indem sie andere hinunterstoßen.

Es ist ein Anzeichen von Unsicherheit, nicht von Selbstvertrauen, wenn Sie ununterbrochen über Ihre Fähigkeiten und Leistungen sprechen. Ihre Fähigkeiten und Taten in der richtigen Perspektive zu beurteilen, ist nicht nur wichtig, wenn Sie Ihre Freunde behalten wollen; es hat auch sehr viel mit dem Aufbau Ihres Selbstvertrauens zu tun. Sir Francis Bacon meinte dazu: „Je weniger ein Mensch über seine Größe spricht, desto mehr halten wir von ihr."

Neue Herausforderungen sind von Bedeutung, aber es sollten jene Herausforderungen sein, die wir uns ausgesucht haben, nicht diejenigen, die wir uns selbst auferlegt haben im Versuch, einem selbst aufgebauten Image nachzuleben. Ein gutes Beispiel dafür bilden die klassischen Rahmenhandlungen alter Western-Filme: ein Revolverheld hat sich einen solchen Ruf aufgebaut, daß sich alle andern danach sehnen, ihn herauszufordern und schneller zu ziehen, um ihren eigenen Ruf zu verbessern. Früher oder später wird der alte Held Opfer seines Ruhmes.

Echte Bescheidenheit bedeutet auch, freimütig Fehler eingestehen zu können. Wenn Sie offen zugeben, daß auch Sie Fehler machen können und auch wirklich machen, wirken sie sich nicht so verheerend auf Ihr Selbstbewußtsein aus, wenn sie tatsächlich gemacht werden. Eine bittere Pille schlucken zu müssen, ist nie angenehm, egal mit wieviel Zucker Sie sie versüßen. Aber je rascher Sie sie einnehmen, desto weniger unangenehm wird sie Ihnen in der Regel schmecken!

Wenn Sie ein starkes Selbstvertrauen aufbauen wollen, achten Sie auf wahre Bescheidenheit.

SCHRITT 10
Erweitern Sie unablässig Ihren Horizont

Ohne neue Herausforderungen werden wir bald feststellen, daß wir auf dem alten Gleis festgefahren sind. Sie sind nur dann alt, wenn Ihnen Ihre Erinnerungen mehr bedeuten als Ihre Ziele. So bewundere ich zum Beispiel seit langem den unbezähmbaren Geist von Georg Burns. Er ist nun ein Mann, der nach allen menschlichen Maßstäben gemessen äußerst erfolgreich ist. Er hat verschiedene Laufbahnen hinter sich und hat stets ein solches Tempo vorgelegt, daß andere ihm nur mit Mühe folgen konnten. Trotz fortgeschrittenen Alters weigert er sich heute noch, keine neuen Ziele mehr zu verfolgen.

Dr. Norman Vincent Peale zählt ebenso zu den großen Geistern, die sich durch das Alter nicht aufhalten lassen und sich weigern, in der Vergangenheit zu leben. Unverdrossen schreibt er weiterhin Bücher, hält mitreißende Reden und gibt den Leuten guten Rat, welche „Die Kraft positiven Denkens" noch entdecken müssen. Dr. Peale ist selbst der beste Beweis für seine Behauptung, wonach „Begeisterung den Unterschied ausmacht". Er ist ein Mann, dessen Selbstvertrauen immer stärker wird, weil er nie aufgehört hat, nach Neuem zu streben.

Menschen, die sich auf ihren Lorbeeren ausruhen und nichts für ihr Selbstbewußtsein tun, verlieren allmählich ihr altes Vertrauen in ihre Fähigkeiten. Immer öfter sprechen sie über „die gute alte Zeit", immer seltener über die wundervollen Jahre, die noch vor ihnen liegen. Ich bin sicher, auch Sie haben Filme gesehen, welche die Folgen eines Lebens in der Vergangenheit darstellen: Szenen, in denen ein alter Schauspieler Berichte früherer Aufführungen wieder und wieder durchliest, in denen ein von Schlägen betäubter Boxer einem kleinen Jungen erzählt, wie gut er einst war, in denen ein alternder Sportler seinen verschleierten Blick über Trophäen verflossener Siege schweifen läßt.

Dies kann Ihnen auch passieren, wenn Sie noch nicht im Pensionsalter stehen. Neulich erzählte mir ein junger, erst knapp über dreißigjähriger Mann, er habe nun das Ziel seines Lebens erreicht und beginne sich allmählich zu langweilen. Wenn wir untersuchen, woran denn unsere geistige Gesundheit landesweit leidet, stoßen wir immer häufiger auf Begriffe wie „ausgebrannt", „Midlife-crisis" und „vorzeitige Pensionierung". Eines der besten Rezepte zum Aufbau eines gesunden Selbstvertrauens lautet: „Hör nie auf zu lernen, zu verdienen und zu streben!"

Der Glaube an unsere Fähigkeiten wird durch ein Zielbewußtsein unterstützt, durch ein Bedeutungsbewußtsein und ein Gefühl, daß wir einen wertvollen Beitrag an unsere Umwelt leisten. Und all dies könen wir nur erreichen, wenn wir nach neuen Horizonten greifen.

Ein Blick zurück und nach vorn

Indem wir diese Schritte unermüdlich üben, können wir unser Leistungsvermögen in all unserem Tun steigern.

Um Ihnen eine etwas klarere Vorstellung davon zu vermitteln, wie man nach neuen Horizonten greift, wollen wir uns dem nächsten Kapitel zuwenden: „Ziele: Wie Sie Ihr Leben steuern."

VIII. KAPITEL

Ziele: Wie Sie Ihr Leben steuern

Sie können Ihr Leben nur auf eine Weise in die Hand nehmen: indem Sie es auf Ziele ausrichten und entsprechend leben. Wirklich erfolgreiche Menschen *scheinen stets zu wissen, wohin sie gehen.* Sie haben gelernt, sich Ziele zu setzen, und sie verwenden ihre gesamte schöpferische Kraft darauf, diese zu erreichen.

Erinnern Sie sich zum Beispiel an die Szene aus *Alice im Wunderland,* wo Alice mit der Cheshire-Katze zusammentrifft? Alice steht vor einer Weggabelung und weiß beim besten Willen nicht, welcher Straße sie folgen soll.

„Welchen Weg soll ich nehmen?" fragte sie die Katze.

„Wohin willst du denn gehen?" lautete die Gegenfrage.

„Oh! Das ist eigentlich gleichgültig", antwortete Alice.

„Nun, dann spielt es auch überhaupt keine Rolle, welchen Weg du einschlägst", grinste die Katze.

Zahlreiche erfolglose Menschen sind unheimlich beschäftigt – *sie tun immer irgendetwas.* Was sie tun, kann sie aber zu keinem Ziel führen, weil sie nicht wissen, wohin sie eigentlich gehen wollen. Sie fallen den Umständen zum Opfer. Sie haben den Eindruck, von andern Leuten zu Dingen gezwungen zu werden, die sie gar nicht tun wollen. Und sie sind frustriert, weil sie anscheinend immerzu im Kreis herumgehen.

Hören Sie zum Beispiel dem folgenden Gespräch zwischen einem Berufsberater und einer jungen Frau zu:

„Sie glauben also, um das zu erreichen, was Sie vom Leben wollen, müßten Sie eine Doktorarbeit schreiben?"

„Ja", antwortete die junge Frau, „aber bis ich so weit bin, werde ich dreißig sein! Ich kann es mir nicht leisten, so lange zu warten, bis ich in eine berufliche Karriere einsteigen kann."

„Aber werden Sie ohne Doktortitel nicht auch dreißig Jahre alt?" fragte der Berufsberater.

Und er sollte recht behalten. Mit 30 Jahren hatte die Frau keinen Doktortitel, eine Arbeit, die sie haßte, und nur geringe Aussichten, nochmals in die Schule zu gehen. Sie hatte ihre ganze Aufmerksamkeit auf die Umstände konzentriert statt auf ihre langfristigen Ziele. Diese Tendenz ist ein Anzeichen für die Unreife, welche für die heutige Jugend so typisch ist.

Schauen Sie sich einmal an, was sich ein junger Mann geleistet hat, mit dem ich vor kurzem gesprochen habe:

– Er kaufte ein Auto, damit er mobil war.
– Er suchte sich Arbeit, um den Wagen bezahlen zu können.
– Er ging von der Mittelschule, um eine bessere Stelle antreten und ein neueres Auto kaufen zu können.

Dies ist das „Sofort-Alles-Zeitalter". Clevere Drehbuchautoren und Produzenten können in einem Fernsehfilm das komplizierteste Dilemma in dreißig oder allerhöchstens sechzig Minuten lösen. Unsere Verdauungsbeschwerden lassen sich mit einem Schlag lindern, wenn wir nur ein bestimmtes Wort richtig buchstabieren können; wir können einen neuen Partner mit Hilfe einer bestimmten Zahnpasta vollkommen bezaubern; und wir können die schwierigste Aufgabe im Handumdrehen erledigen, wenn wir ein bestimmtes Deodorant verwenden.

Die meisten Dinge aber, die das Leben lebenswert machen, brauchen wesentlich mehr Zeit. Sie sind nicht einfach plötzlich da. Außerdem geschehen sie nicht vollkommen automatisch. Der praktische Träumer weiß: Je härter ich arbeite, desto mehr Glück werde ich haben!

Sie wissen daß:
- eine Karriere nur mit viel Zeit und Kraft aufgebaut werden kann.
  - dauerhafte Beziehungen unendlich großen persönlichen Einsatz erfordern.
    - finanzielle Sicherheit in der Regel über viele Jahre hinweg erarbeitet werden muß.

Wenn Sie lernen, sich für jeden Lebensbereich realistische und lohnenswerte Ziele zu setzen und diese mit vollem Einsatz zu verfolgen, können Sie zu einem der echten Sieger des Lebens werden.

Ziele setzen und überwachen

Wie können Sie Ihre Ziele setzen und überwachen? Die folgenden sieben Ratschläge umfassen die kollektive Erfahrung von einigen der erfolgreichsten Leute Amerikas. Sie sind im Laboratorium des Lebens geprüft und für gut befunden worden. Auch mir haben sie in meinem Leben viel geholfen.

RATSCHLAG 1
Legen Sie den Zweck Ihres Lebens fest

Schließen Sie für eine Weile Ihre Augen und versuchen Sie sich vorzustellen, wie Ihr Leben in zehn Jahren aussehen sollte. Vergessen Sie dabei nicht, daß Sie ein ganzer Mensch sind. Natürlich ist es wichtig, daß Sie sich finanzielle Ziele setzen, um die Bedürfnisse und Wünsche in Ihrem Leben erfüllen zu können. Jemand sagte einmal: „Egal, ob man reich oder arm ist, es ist immer schön, Geld zu haben." Doch Geld ist nicht alles im Leben. Einmal war in den Zeitungen von einem Mädchen in Kalifornien zu lesen, das an seinem 21. Geburtstag eine ganz besondere Überraschung erlebte: um jede der 21 Kerzen ihres Geburtstagskuchens war eine 1000-Dollar-Note gewickelt. Ein paar Tage später fanden die Eltern die Leiche des jungen Mädchens. Auf dem Abschiedsbrief in seiner Hand war zu lesen: „Ihr habt mir alles zum Leben gegeben, aber nichts, für das zu leben sich lohnt." Eine wirkliche Tragödie.

Wenn Sie den Zweck Ihres Lebens festlegen, müssen Sie drei entscheidende Fragen beantworten:

1. *Wer bin ich?* Eine einfache Aufgabe wird Ihnen helfen, sich auf diese Frage zu konzentrieren. Beschreiben Sie in einem kurzen Aufsatz, wer Sie sind – aber lassen Sie folgende Punkte aus: Namen, Alter, Schule und Ausbildung, Adresse, biographische Informationen und alles andere, was Sie üblicherweise in einem Lebenslauf erwähnen würden. Die einzige Frage, die wirklich zählt, lautet: „Wer sind Sie als Mensch?"
2. *Was tue ich hier?* Was möchten Sie mit Ihrem Leben dazu beitragen, das Sie selbst als Mensch bereichert und die Welt zu einem besseren Platz macht? Verfassen Sie Ihren eigenen Nachruf. Fassen Sie in ein paar wenigen Worten zusammen, was Sie nach Ihrem Ableben am liebsten von anderen Leuten über Sie selbst gesagt wissen möchten.
3. *Wohin gehe ich?* Fassen Sie im Hinblick auf die zwei vorhergehenden Übungen in einem einzigen Satz zusammen, welche Richtung sie in Ihrem Leben einschlagen möchten. Beurteilen Sie nun mit Hilfe einer Skala von 1 bis 10, wie weit Ihre Leistungen bis heute mit dem von Ihnen gesetzten Ziel übereinstimmen.

Tabelle 8-1: Zehn gute Gründe für
eine Zielsetzung

Es gibt zehn gute Gründe dafür, daß Sie Ihr Leben in die Hand nehmen und sich ein paar Ziele setzen, auf die Sie eifrig hinarbeiten:

1. Ziele geben Ihnen etwas, wofür Sie arbeiten können, sie geben Ihrem Leben Zweck und Richtung.
2. Ziele geben Ihnen den besten Grund der Welt, nichts aufzuschieben.
3. Ziele helfen Ihnen, all Ihre Kraft und Energie auf die von Ihnen selbst gewählte Richtung zu konzentrieren.
4. Ziele helfen Ihnen, sich zu begeistern.
5. Ziele helfen Ihnen, sich Leuten gegenüber, die Ihnen helfen wollen, klar auszudrücken.
6. Ziele helfen Ihnen, für sich selbst, für Ihre Arbeitgeber und für alle andern Menschen in Ihrem Leben Zeit zu gewinnen.
7. Ziele helfen Ihnen, Geld zu verdienen und zu sparen.
8. Ziele helfen Ihnen, das, was wirklich zählt, klar im Auge zu behalten.
9. Ziele geben Ihnen einen Maßstab, an welchem Sie Ihre Leistungsfähigkeit als Mensch messen können.
10. Ziele liefern Ihnen die Grundlage, auf welcher Sie neue Ziele aufbauen können.

Wenn Sie die Ziele Ihres Lebens festlegen, dürfen Sie nicht vergessen, daß Ihr Leben verschiedene Dimensionen hat. Es ist sehr wichtig:

1. eine berufliche Laufbahn zu wählen, die Ihnen nicht nur finanzielle Sicherheit garantiert, sondern Ihnen auch persönliche Befriedigung verschafft.

2. persönliche und familiäre Beziehungen zu pflegen, die Ihr Dasein mit Liebe erfüllen.
3. gemeinschaftliche und religiöse Ziele zu wählen, die Ihre geistigen und altruistischen Bedürfnisse befriedigen.
4. kulturelle und der Erholung dienende Ziele vor Augen zu haben, die Ihr Leben bereichern und mit Freude erfüllen.

RATSCHLAG 2

*Wählen Sie Ziele, die mit der
Betrachtungsweise Ihrer selbst übereinstimmen*

Setzen Sie sich Ziele, dank denen Sie jener Mensch werden können, der Sie sein wollen. Lassen Sie genügend Spielraum nach vorne und nach oben frei. Erinnern wir uns kurz an die drei Schritte auf dem Weg zur Einstellung eines Siegers, wie wir sie in Kapitel 3 beschrieben haben:

1. Fassen Sie den strengen und dauerhaften Vorsatz, Ihr Leben und Ihre Talente nur in jene Ziele zu investieren, die Ihren vollen Einsatz verdienen.
2. Fassen Sie den strengen und unwiderruflichen Vorsatz, alles, was Sie haben und was Sie sind, einzusetzen, um Ihre Ziele zu erreichen.
3. Entschließen Sie sich dazu, Ihre Fähigkeiten als Mensch voll auszuschöpfen.

Wählen sie eingedenk dieser drei Schritte Ihre Ziele aus, die Sie in die Reihen der Sieger aufrücken lassen.

Vielleicht sind die Leute mit Ihrer Wahl nicht einverstanden und begreifen sie nicht; aber schließlich muß sie Ihnen passen. „Sie können nicht ständig Leistungen vollbringen, die mit der Betrachtungsweise Ihrer selbst nicht vereinbar sind", lautet eine bekannte Weisheit. So gab beispielsweise Albert Schweitzer eine glänzende Laufbahn als Arzt auf und ging nach Afrika, um Spitäler für die armen und unwissenden Eingeborenen zu bauen. Viele seiner Freunde waren der Ansicht, er verschwende sein Talent und seine Ausbildung; sie entsandten sogar eine Delegation in den Urwald, die ihn überreden sollte, wieder in seine Heimat zurückzukehren.

„Weshalb sollte ein so begabter Mann so viel aufgeben, um unter Wilden derart hart zu arbeiten", fragten sie.,

„Sprecht nicht von einem Opfer", antwortete Schweitzer. „Spielt es denn eine Rolle, wohin man geht, wenn man dort nur gute und sinnvolle Arbeit leisten kann? Ich weiß eure lieben Worte und Gedanken zu schätzen, aber ich habe mich entschlossen, in Afrika zu bleiben und für meine afrikanischen Freunde da zu sein."

Und in Afrika blieb er, bis er 1965 im Alter von 90 Jahren starb. Er arbeitete bis an sein Ende und strahlte bis zuletzt eine ungebrochene Lebensfreude aus. Sein ganzes Leben war eine einzige, aussagekräftige Botschaft. Er lebte getreu seiner Philosophie: „Das einzig Wichtige im Leben ist, die Wahrheit zu suchen und sich an sie zu halten, soweit wir sie verstehen." Dieser großartige Mann hatte ein klares Bild von sich selbst. Er wußte, was für ihn wichtig war, und er setzte sein ganzes Leben dafür ein.

Der wichtigste Mensch ist der, der Ihnen aus dem Spiegel entgegenblickt. Wenn Ihre Ziele und die damit zusammenhängenden Verpflichtungen es Ihnen gestatten, sich mit Selbstrespekt zu betrachten und stets das Gefühl zu haben, das Leben sei lebenswert, was spielt es dann für eine Rolle, was andere Leute über Sie denken? Denn wenn Sie Ihr Leben in die Hand nehmen wollen, geht es schließlich darum, sich Ziele zu setzen, auf die Sie die Ihnen bescherten Tage verwenden wollen. In Literatur und Geschichte wimmelt es von Menschen, die zugelassen haben, daß die Meinungen anderer ihr Leben dominieren, und die letztlich von sich selber arg enttäuscht waren.

„Erkenne dich selbst", lautet eine Weisheit, die über Jahrhunderte hinweg auf uns gekommen ist. Wenn Sie sich ununterbrochen bemühen, mit den Grundwerten als Bestandteil Ihres Lebens in Berührung zu bleiben und ihnen gemäß zu handeln, werden Sie in Ihrem Leben Seelenruhe, Glück und Erfolg finden.

RATSCHLAG 3
Stellen Sie eine Liste mit Ihren Zielen und einen entsprechenden Zeitplan auf

All Ihre Ziele sollten glaubhaft unnd erreichbar sein. Realistische Ziele werden Ihnen Tag für Tag ein Gefühl der Selbstzufriedenheit und der Erfüllung verleihen. Sie werden sich besser und weniger müde fühlen, wenn Sie auf solche Ziele hinarbeiten.

Umreißen Sie Ihre Ziele sehr klar. Wenn Sie sich vage Ziele setzen, werden Sie sich auch auf sehr vage Art mit ihnen beschäftigen. Seien Sie sehr präzise und konkret. Was genau wollen Sie erreichen?

Drei Arten von Zielen sind erstrebenswert:

1. *Langfristige Ziele:* Dies sind die Dinge, die Sie in Ihrem ganzen Leben oder in einer Frist von fünf bis zehn Jahren erreichen wollen. Es ist sinnvoll zu wissen, wohin Sie letztlich gehen wollen.
2. *Mittelfristige Ziele:* Unterteilen Sie Ihre langfristigen Ziele in kürzerfristig zu erreichende Ziele. Dies sind die Ziele für die nächsten sechs bis zwölf Monate. Achten Sie darauf, daß Ihre mittelfristigen mit den langfristigen Zielen vereinbar sind.

3. *Kurzfristige Ziele:* Unterteilen Sie Ihre lang- und mittelfristigen Ziele nochmals in Wochen- und Monatsziele, die aber immer auf dem Weg zu Ihrem Endziel liegen.

„Die schwächste Tinte ist dauerhafter als das stärkste Gedächtnis", sagt ein altes orientalisches Sprichwort. In der Hektik des Alltagslebens verlieren Sie nur allzu leicht Ihre Ziele aus den Augen. Es ist deshalb von Vorteil, sie aufzuschreiben und jederzeit griffbereit zu haben. Vielen Leuten hat es geholfen, ihre Ziele in Form eines Vertrages mit sich selbst aufzusetzen, welcher für die einzelnen Teilziele feste Daten vorsieht. Ich halte dies für eine sehr gute Idee!

RATSCHLAG 4

Unterteilen Sie Ihre Ziele in einfache kleine Schritte

Dr. Robert Schuller erinnert uns immer wieder an folgendes: „Meter um Meter ist das Leben hart; Zentimeter um Zentimeter aber ist es ein Kinderspiel!" Ich finde das gut und habe selbst festgestellt, wie wahr das ist! „Eine Reise von tausend Meilen beginnt mit einem einzelnen Schritt", meint ein anderes orientalisches Sprichwort zum gleichen Thema. Solang Ihre Ziele nur in fernen Hoffnungen und Träumen bestehen, werden Sie ihnen kaum näherkommen. Wenn Sie sie aber in kleine, einfache Schritte unterteilen, werden Sie ihnen rasch näherkommen.

Nehmen wir zum Beispiel einmal an, Sie hätten sich vorgenommen, Ihre Leistungsfähigkeit zu erhöhen, indem Sie im nächsten Jahr 36 Bücher lesen. Dies klingt schon sehr nach einem „unmöglichen Traum". Wenn Sie dieses Ziel aber in eine Reihe kleinerer Schritte unterteilen, sieht die Sache schon ganz anders aus. Wenn Sie jeden Monat drei Bücher lesen, schaffen Sie in einem ganzen Jahr eben problemlos sechsunddreißig.

Das Prinzip ist für all Ihre Ziele das gleiche. Unterteilen Sie jedes in einfache kleine Schritte. Selbst eine an und für sich eher langweilige Arbeit kann eine neue Bedeutung erhalten, wenn Sie sie als Teil jener Arbeit betrachten, ohne die Sie Ihre langfristigen Ziele nicht erreichen können. Sie werden sogar äußerst banale Aufgaben plötzlich interessant finden, vorausgesetzt sie liegen auf dem Weg zu einem von Ihnen gewählten Ziel. Solang Sie jeden Tag etwas tun, was Sie Ihrem Ziel näherbringt, werden Sie die Unebenheiten und Kratzer des Lebens automatisch in der richtigen Perspektive besehen.

Ein alter Mann wurde einst gefragt, wie er inmitten all dieses Elends so frohgemut bleiben könne. „Ich habe die ganze Bibel gelesen, und ich habe bemerkt, daß es oft heißt ‚Es geschah'. Aber nirgends steht, daß das für immer ist."

Die zentrale Frage, die Sie sich im Zusammenhang mit all Ihren Tätigkeiten stellen müssen, lautet nicht: „Was wird mir das bringen?", sondern „Wird mich dies meinem Ziel näher bringen?" Wenn die meisten Dinge, die Sie tun, Sie nicht näher an Ihr Ziel heranführen, wird Ihnen Ihre Zeit Minute um Minute entrinnen.

Dringend oder wichtig?

Das große Spiel, das die meisten von uns mit ihrem Alltagsleben spielen, heißt: Was sollen wir mit unseren wertvollen Minuten und unserer schöpferischen Energie nur anfangen? Dringlichkeiten scheinen immer Stunden zu beanspruchen. Leider sind viele Dinge, die uns im Augenblick so dringlich erscheinen, im Gesamtbild unseres Lebens gar nicht so wichtig. So gestand mir letzthin einer meiner Freunde, er sei während der vergangenen zwanzig Jahre derart mit dringenden Angelegenheiten beschäftigt gewesen, daß er gar nicht bemerkt habe, wie seine Kinder erwachsen geworden wären. „Eines Tages schaute ich mich um, und sie waren aus dem Haus", meinte er. Interessanterweise konnte sich dieser Mann kaum an all die Dinge erinnern, die seine wertvolle Zeit beansprucht hatten, die er zum Aufbau einer innigen Beziehung zu seinen Kindern nötig gehabt hätte.

Wenn wir unser Leben in Dringlichkeiten investieren, lassen wir es zu, daß die Umstände und andere Leute für uns entscheiden, wie wir unser Leben verbringen. Wenn wir unser Leben nicht ans „Löschen von Strohfeuern" verschwenden wollen, gibt es nur einen Ausweg: wir müssen uns ein spezifisches und klares Ziel setzen, auf das wir zu jedem gegebenen Zeitpunkt hinarbeiten. Wenn wir wissen, welche Schritte uns unserem Ziel näherbringen, können wir Dringendes gegen langfristig wirklich Wichtiges abwägen.

RATSCHLAG 5
Verwirklichen Sie Ihre Träume

Wenn Sie sich einmal entschieden haben, was Sie aus Ihrem Leben machen wollen und welche Schritte dazu notwendig sind, dann *tun Sie sie!* Bringen Sie die Selbstdisziplin auf, auf die von Ihnen gesetzten Prioritäten hinzuarbeiten. Ihr Chef wird Ihnen Plansoll und Ziele vorschreiben. Ihre Familie wird Sie ständig an ihre Wünsche und Bedürfnisse erinnern. Und auch die Steuerbehörde wird regelmäßig bei Ihnen anklopfen. *Aber nur Sie können die Forderungen an sich selbst stellen, ohne die Sie Ihre Ziele nicht erreichen werden.*

Eine Entscheidung ist nur sinnvoll, wenn sie auch ausgeführt wird. Doch an diesem Punkt scheitern die meisten Ziele. Fragen Sie am 1. Juli einmal verschiedene Leute, wieviele ihrer guten Vorsätze zum Neuen Jahr sie eingehalten hätten; die meisten von ihnen werden zugeben, daß sie sich nicht einmal daran erinnern, welche Vorsätze sie damals gefaßt hätten. Sie können nicht Geld ausgeben, das Sie „eines Tages mal machen werden". Sie können nicht über Bücher sprechen, die Sie „einmal lesen wollten". Und Sie können nicht von Erinnerungen an Pläne leben, die Sie einst geschmiedet haben.

Natürlich ist es wichtig, flexibel zu sein, um Ihre Ziele an neue Gelegenheiten und Situationen anpassen zu können. Ein junger Mann in meiner Heimatstadt High Point, North Carolina, hatte sich zum Beispiel vorgenommen, eine Goldmedaille an Olympischen Spielen zu gewinnen. Jahrelang lief er jeden Morgen zehn Meilen, bevor er zur Schule ging; er verschlang alles, was es über Laufen nur zu lesen gab, und er suchte sich die besten Trainer aus, die ihn auf dem Weg zu seinem Ziel unterstützen konnten. Und bestimmt wäre ihm der Durchbruch in die Weltklasse gelungen. Doch dann erlitt er bei einem Autounfall schwere Verletzungen am rechten Bein. Als er erfuhr, daß er nie wieder würde laufen können, brach die Welt für ihn zusammen.

Es handelte sich aber um einen äußerst bemerkenswerten jungen Mann. Nachdem er ein paar Tage lang mit seinem Schicksal gehadert hatte, beschloß er andere Läufer zu trainieren. Natürlich war er enttäuscht, sein erstes Ziel nicht erreichen zu können, aber er hat das Geheimnis gelernt, sich auf neue Ziele einzurichten, und heute bereitet er drei Jungen und zwei Mädchen auf Wettkämpfe vor.

Ich habe beobachtet, daß Leute, die all ihre Energie auf ihre Ziele ausrichten, nicht nur bessere Aussichten haben, etwas Sinnvolles mit ihrem Leben anzufangen, sondern daß sie sich auch viel besser auf neue Prioritäten und Situationen einstellen können als Menschen, die ziellos durchs Leben wandern.

„Deine Einstellung, nicht dein Talent wird deine Höhe bestimmen", lautet eine alte Weisheit. Nirgendwo spielt Ihre Einstellung eine bedeutendere Rolle, als wenn Sie auf Ihre Ziele hinarbeiten.

Ihr Leben in die Hand zu nehmen bedeutet, daß Sie entscheiden, was Sie tun wollen, und das dann auch tun!

RATSCHLAG 6
Überprüfen Sie häufig Ihre Ziele und Ihre Fortschritte

Es ist ein guter Gedanke, Ihre Leistungsfähigkeit daran zu messen, wie nahe Sie an Ihre Ziele herankommen. Wie beschäftigt Sie gewesen sind, ist nicht annähernd so wichtig wie die Anzahl Ziele, die Sie erreicht haben. Viele sehr erfolgreiche Menschen nehmen sich regelmäßig Zeit, um Rückschau zu halten. Sie tragen diese Zeit in ihren Terminkalender ein und lassen es auf keinen Fall zu, daß irgendetwas sie von diesem Stelldichein mit sich selbst abhält.

Wenn Sie beim Überprüfen Ihrer Ziele feststellen, daß Sie einen Termin nicht eingehalten haben, finden Sie heraus, weshalb Sie ihn verpaßt haben. Überlegen Sie, wie Sie dieses Versäumnis zu einem späteren Zeitpunkt nachholen können und erneuern Sie Ihren festen Vorsatz, dieses Ziel zu erreichen. Belohnen Sie sich auch für jedes Ziel, das Sie erreicht haben. Das stärkt Ihr Selbstbewußtsein und spornt Sie zusätzlich an, mit unvermindertem Druck auf Ihre anderen Ziele hinzuarbeiten.

Lassen Sie diese wertvollen Augenblicke nicht unbemerkt verstreichen. Ziehen sie regelmäßig die Bilanz Ihres „Zielkontos", genauso wie Sie die Bilanz Ihres Lohnkontos nachführen. Sollten Sie feststellen, daß irgendein Mensch oder irgendeine Tätigkeit unerlaubterweise Zeit von Ihrem Konto abhebt, schieben Sie unverzüglich einen Riegel vor.

RATSCHLAG 7

Setzen Sie sich immer wieder neue Ziele

Ein Mann beklagte sich ständig, er könne einfach nie mit seiner Arbeit schritthalten. Zwanzig Jahre lang saß er Tag für Tag an seinem Schreibtisch, auf dem sich unerledigte Aufgaben stapelten. Da waren Rechnungen zu begleichen, Briefe zu schreiben, Verabredungen einzuhalten, Probleme zu lösen. Und wenn er nach Hause ging, um von all dem wegzukommen, galt es den Rasen zu mähen, die Hecke zu schneiden, Reparaturen auszuführen. Ein einziges Mal in meinem Leben möchte ich mit meiner Arbeit auf der Höhe sein, dachte er bei sich.

Mitten in diesem Kampf schlief er ein und hatte einen Traum. Er befand sich in einem großen Büro mit einem schönen, modernen Schreibtisch. Doch die Platte war leer: kein Terminkalender, keine Papiere, keine Rechnungen. Also ging er nach Hause. Der Rasen war gemäht, die Hecke geschnitten, alle Reparaturen ausgeführt. Welch große Erleichterung. Endlich hatte er es geschafft.

„Gott sei Dank!" seufzte er, als er sich entspannt zurücklehnte.

Doch als er so dasaß, begann ihn eine Frage zu quälen: „Was soll ich denn nun tun?"

Nach langer Zeit sah er den Postboten die Straße herunterkommen; doch er winkte ihm nur zu und ging vorbei. Er hatte keine Briefe für unseren Mann.

„Bitte", fragte der Mann, „wo bin ich denn hier eigentlich?"

„Was, das wissen Sie nicht?" antwortete der Postbote fröhlich. „Dies ist die Hölle!"

Etwas werden Sie ganz bestimmt finden: Am Ende jeder Erfolgsleiter befindet sich die erste Sprosse einer weiteren. Ich hoffe, Sie nehmen sich vor, sich mit jedem Erfolg wieder ein neues Ziel zu setzen.

Übung 8-1: Sieben Ratschläge

A. Wenn Sie sich schon eine Reihe von Zielen gesetzt haben und bereits darauf hinarbeiten, überprüfen Sie sie im Hinblick auf die sieben Ratschläge. Beurteilen Sie sie mit Hilfe einer Skala von 1 bis 10 in Bezug auf jeden Ratschlag.

B. Wenn Sie sich noch keine Ziele gesetzt haben, holen sie das jetzt nach und lassen Sie sich dabei von den sieben Ratschlägen leiten.

1. Legen Sie den Zweck Ihres Lebens fest.
2. Wählen Sie Ziele, die mit der Betrachtungsweise Ihrer selbst übereinstimmen.
3. Stellen Sie eine Liste mit Ihren Zielen und einen entsprechenden Zeitplan auf.
4. Unterteilen Sie Ihre Ziele in einfache kleine Schritte.
5. Verwirklichen Sie Ihre Träume.
6. Überprüfen Sie häufig Ihre Ziele und Ihre Fortschritte.
7. Setzen Sie sich immer wieder neue Ziele.

Behalten Sie Ihre Ziele in Sichtweite

Florence Chadwick beschloß, die erste Frau zu sein, die den Ärmelkanal durchquert. Jahrelang trainierte sie eisern und zwang sich dazu, auch dann weiterzumachen, wenn ihr Körper schon längst aufgeben wollte. Im Jahr 1952 kam dann der große Tag. Voller Hoffnung begab sie sich ins Wasser, umgeben von Reportern und begeisterten Menschen in kleinen Booten. Natürlich fehlte es auch nicht Skeptikern, die den Erfolg bezweifelten.

Als sie sich der Küste Englands näherte, begann sich dichter Nebel zu bilden, und das Wasser wurde immer kälter und rauher.

„Los jetzt, Florence", ermunterte sie ihre Mutter, als sie ihr etwas zu essen reichte. „Du schaffst es! Es sind nur noch wenige Meilen!"

Schließlich bat sie erschöpft, man solle sie an Bord holen – wenige hundert Meter vom ersehnten Ziel entfernt. Sie war vollkommen niedergeschlagen, vor allem, als sie entdeckte, wie nah sie ihrem Ziel gewesen war.

„Ich habe keine Entschuldigungen anzubieten", sagte sie später den Reportern, „aber ich glaube, ich hätte es geschafft, wenn ich das Ziel gesehen hätte!"

Florence Chadwick gab aber nicht so leicht auf. Sie beschloß, es noch einmal zu versuchen. Diesmal konzentrierte sie sich darauf, vor ihrem inneren Auge ein Bild der englischen Küste zu entwerfen. Sie prägte sich die fernen Gestade in allen Einzelheiten sorgfältig ein. Am Tag des zweiten Versuchs war das Wasser ebenso rauh und der Nebel ebenso dicht wie beim ersten Mal, aber sie schaffte es. Sie war die erste Frau der Geschichte, die den Ärmelkanal durchschwommen hatte. Und weshalb? Weil sie ihr Ziel deutlich sichtbar vor ihrem inneren Auge hatte.

Alles, was wir tun, erfordert seine Zeit. Wenn wir aber wissen, wohin wir gehen, und wenn wir uns ständig unserem Ziel nähern, können wir in unserem Leben Erstaunliches leisten.

Verfolgen Sie Ihre Ziele geduldig, aber beharrlich!

Was aber, wenn Sie Ihre Ziele nicht erreichen?

Viele große Leistungen wurden von Leuten erbracht, die eigentlich ein ganz anderes Ziel erreichen wollten. Technisch gesehen haben sie ihre Ziele im Grunde genommen nicht erreicht, und dennoch haben sie bedeutende Beiträge an unsere Welt geleistet, indem sie bestimmte Entdeckungen gemacht haben, während sie ihre Ziele verfolgten. Christoph Kolumbus zum Beispiel war aufgebrochen, um einen neuen Handelsweg nach Indien zu suchen. Eigentlich verfehlte er sein Ziel um eine halbe Erdkugel! Und doch würde ihm wohl kaum ein Amerikaner vorwerfen, er habe versagt.

Das einzige, was Sie wirklich wissen müssen, ist, daß sie Ihrem Leben Ihr Bestes gegeben haben. Der Wert eines Zieles besteht darin, daß man versucht, daß man etwas unternimmt, daß man sich bemüht, etwas zu erreichen und zu schaffen. Wenn Sie sich lohnende Ziele setzen und sie mit aller Kraft verfolgen, wird sich der Erfolg ganz von selbst einstellen.

IX. KAPITEL

Zeit: Ihr wertvollster Schatz

Die häufigste Klage, die man von Spitzenleuten in Verkauf und Management zu hören bekommt, lautet: „Ich habe einfach nicht genügend Zeit!" Ist Ihnen das auch schon so vorgekommen?

Offensichtlich passiert das vielen Menschen! Sie arbeiten so hart wie möglich, von morgen früh bis abends spät. Und doch scheinen sie nie genügend Zeit zu haben, um das zu tun, was sie tun wollen oder glauben, tun zu müssen.

Wenn es Ihnen auch so geht, habe ich eine gute und eine schlechte Nachricht für Sie! Die schlechte zuerst: Sie werden nicht mehr Zeit erhalten. Ein Tag wird immer nur 24 Stunden haben, eine Woche sieben Tage. Doch nun die gute Nachricht: *Sie brauchen eigentlich gar nicht mehr Zeit!*

Die Zeit geht weiter!

Zeit hat gewisse Ähnlichkeiten mit Geld auf einem Bankkonto. Allerdings besteht ein entscheidender Unterschied: Sie können Geld zusammenlegen und auf ein Sparkonto einzahlen, wo es Ihnen sogar Zinsen einbringt. Wenn Sie nicht investieren wollen, können Sie es einfach liegen lassen. Mit der Zeit ist es aber anders. Sie erhalten Ihr Leben nur Sekunde um

Sekunde. Natürlich können Sie Dinge tun, welche die Zeit Ihres Lebens verkürzen oder verlängern.

Aber Sie können die Zeit nicht anhalten! Sie können Ihre Armbanduhr abnehmen und auf die Straße werfen – die Zeit geht dennoch weiter! Sie können sich einen alten Traum erfüllen und Ihren Wecker mit einem Hammer zertrümmern – die Zeit geht dennoch weiter! Reißen Sie den Kalender von der Wand und werfen Sie ihn in den Papierkorb – die Tage verinnen dennoch! Für Sie hält die Zeit erst mit dem Tod an. Zeit kennt keine Pausen!

Nur eins steht noch in Ihrer Macht!

Wenn die Zeit auch nicht in Ihrer Macht steht, so gibt es doch eins im Zusammenhang mit der Zeit, das in Ihrer Macht steht: *die Art, wie Sie Ihre Zeit verbringen!* Die Zeit gehört Ihnen, Sie können sie investieren, wie Sie wollen. Sie können sie darauf verwenden, Ihre Ziele zu verfolgen; Sie können damit Ziele anderer verfolgen; oder Sie können sie auch einfach wegwerfen. Dies ist einzig und allein Ihre Angelegenheit.

Ihr Leben in die Hand nehmen bedeutet: wählen, was Sie mit jeder Sekunde Ihres Lebens anfangen wollen. Es ist sinnlos, die Schuld dafür, daß Sie nie genügend Zeit haben, Ihrer Arbeit, den Forderungen anderer Leute, Ihren Lebensumständen oder irgendeinem anderen Zeitdieb zuzuschieben. Die einzige Lösung besteht darin, mit dem Problem fertigzuwerden! Und dies ist wiederum nur auf eine Art möglich: *Nehmen Sie die Zeit, die Ihnen gegeben ist, vollkommen in Ihre Hand!*

Peter Drucker wurde schon als „Vater des amerikanischen Managements" bezeichnet, denn er hat sehr viel dazu beigetragen, daß wir verstehen, wie ein Geschäft oder eine Organisation geführt werden muß. Er sagt: „Zeit ist das knappste Mittel, das wir zur Verfügung haben, und wenn wir nicht mit ihr umgehen können, werden wir auch mit nichts anderem umgehen können." Und wenn dies auf das Geschäftsleben zutrifft, dann trifft es in gleicher Weise auch auf unser persönliches Leben zu.

Wenn Sie die Zeit in Ihre Hand nehmen wollen, müssen Sie Ihre Gewohnheiten unter Kontrolle bringen. Wir alle haben unsere Gewohnheiten. Wenn Sie das nicht glauben, beantworten Sie doch einmal die folgenden Fragen:

1. Wenn Sie Ihre Zähne putzen, was nehmen Sie dann zuerst in die Hand – die Zahnpaste oder die Zahnbürste?
2. Wenn Sie in Ihren Wagen einsteigen, stellen Sie Ihren Fuß zuerst auf das Brems- oder auf das Gaspedal?
3. Welchen Schuh ziehen Sie immer zuerst an?
4. Bürsten oder kämmen Sie Ihr Haar zuerst auf der linken oder auf der rechten Seite?
5. Mit welchem Arm steigen Sie zuerst in einen Mantel ein?

Unsere Gehirne sind wie Computer programmiert, damit wir Routinehandlungen ausführen können, ohne dabei viel zu denken. Wenn wir gewohnheitsmäßige Tätigkeiten nicht bewußt programmieren, dann programmieren sie sich sozusagen selbst. Wir können im Zusammenhang mit Gewohnheiten nur eines selbst entscheiden: welche wir in unserem Gehirn programmieren möchten und welche nicht. Und dies ist nirgends von größerer Bedeutung als im Bereich unserer Zeiteinteilung.

Planen ist der Schlüssel zu einer wirkungsvollen Zeiteinteilung

Die beste Art, wie Sie Ihre Gewohnheiten – und damit Ihr Leben – unter Kontrolle bringen können, besteht in einer *sy-*

stematischen Strategie angewandter Beharrlichkeit. Oder einfacher ausgedrückt: Planen Sie Ihr Leben und leben Sie nach Ihrem Plan.

„Aber ich will doch mein Leben nicht vollständig verplanen!" protestierte eine Frau in einem meiner Seminarien über Zeitmanagement. „Ich möchte nicht den Eindruck haben, ich müsse jede Minute meines Lebens nach einem festen Plan leben."

„Sehen Sie manchmal fern?" fragte ich.

„Ja, fast jeden Abend", antwortete sie.

„Sehen Sie sich manchmal Programme an, die Sie eigentlich nicht sehen wollten, als Sie Ihr Gerät einstellten?" fragte ich weiter.

„Nun, ja, das gibt es schon."

„In diesem Fall", fuhr ich weiter, „haben Sie nicht den Eindruck, daß das Fernsehen Ihr Leben irgendwie in ein Schema zwingt?"

„Doch, vielleicht schon", meinte sie. „Darüber habe ich eigentlich noch nie nachgedacht."

„Ich kann Ihnen versichern, daß die Programmverantwortlichen Sie mit einer raffinierten Strategie dazu bringen, mit angewandter Beharrlichkeit fernzusehen. Egal, ob Sie deren Plan oder Ihrem eigenen folgen, Sie folgen auf jeden Fall irgendeinem Plan."

Gestatten Sie, daß ich Ihnen eine sehr wichtige Frage stelle: Sind Sie ein ‚Schollen-" oder ein „Forellen-Mensch"? Schauen wir uns doch kurz die Eigenschaften dieser beiden Fische an, dann wird Ihnen die Antwort leichter fallen.

Die Scholle
- Liegt auf dem Meeresboden und wartet auf ihre Nahrung.
  - Läßt sich in ihren Bewegungen von den Gezeiten beeinflussen.

- Setzt den Kräften der Natur keinen Widerstand entgegen.
- Läßt sich leicht fangen.

Die Forelle
- Schwimmt gegen den Strom.
- Wählt sich ihr Futter sorgfältig aus.
- Wählt selbst, wann sie schwimmen und wann sie ausruhen will.
- Ist sehr schwer zu fangen.

Das heißt also:
- Der „Schollen-Mensch" reagiert nur auf das, was ihm entgegentreibt, während der „Forellen-Mensch" mit Weitblick und Selbstdisziplin handelt.
- Der „Schollen-Mensch" wartet darauf, daß etwas geschieht, während der „Forellen-Mensch" dafür sorgt, daß etwas geschieht.
- Der „Schollen-Mensch" konzentriert sich auf einzelne Aktivitäten, der „Forellen-Mensch" hingegen auf seine Ziele.

Tips für eine wirkungsvolle Zeiteinteilung

Wenn Sie zum Entschluß gekommen sind, Sie möchten Ihr Leben in die Hand nehmen, indem sie Ihre Gewohnheiten unter Kontrolle bringen – und sich nicht von ihnen beherrschen lassen –, werden Ihnen die folgenden Hinweise helfen können.

TIP 1

Bereinigen Sie Ihre Teilziele

Sie müssen zwischen End- und Teilzielen unterscheiden. *Endziele* sind so etwas wie Zielscheiben, die Sie treffen möchten. *Teilziele* hingegen sind einzelne Schritte auf dem Weg zu einem Endziel. Wenn Sie sich zum Beispiel als Endziel vorgenommen haben, Ihre Zeit besser einteilen zu lernen, besteht Ihr erstes Teilziel darin, dieses Kapitel zu lesen.

Ihre Teilziele ins Auge fassen bedeutet also: Festlegen, welche Schritte notwendig sind, um Ihre Endziele zu erreichen; abschätzen, wieviel Zeit jeder Schritt erfordert; jedem Schritt die zu seiner Ausführung notwendige Zeit zuordnen. Zu diesem Zweck benötigen Sie einen *sorgfältigen ausgearbeiteten Tätigkeitsplan*.

Vorteile eines Tätigkeitsplans. Wenn Sie Ihre Tätigkeiten sorgfältig planen, können Sie kontrollieren, wie Sie Ihre Zeit verbringen – mit Spaß oder mit produktiver Arbeit:

1. Sie können die Zeit Ihren Prioritäten gemäß einteilen.
2. Sie können Ihre Zeit mit Dingen verbringen, die Ihnen lohnend erscheinen.
3. Sie können mehr Zeit zum Entspannen haben.
4. Sie können wichtige Termine einhalten.
5. Sie können unablässig auf Ihre Ziele hinarbeiten.
6. Sie können Kraftverschendungen vermeiden.
7. Sie sind flexibler.
8. Sie können Aufgaben eliminieren, die andere erledigen müßten.
9. Sie können innere Ruhe finden, weil Sie wissen, daß die wirklich wichtigen Dinge getan werden.
10. Sie können sich Freizeitvergnügen leisten, weil Sie wissen, daß Sie für alle notwendigen Aufgaben die entsprechende Zeit reserviert haben.
11. Sie können auf einmal ruhiger und wirkungsvoller an einer Aufgabe arbeiten, weil Sie wissen, daß alle andern Aufgaben in der Reihenfolge ihrer Priorität erledigt werden.

12. Sie können alles in Ihrem bequemsten und produktivsten Arbeitstempo erledigen.

Stellen Sie einen Zeitplan auf. Halten Sie sich an einen Zeitplan, und Sie werden sich frei wie noch nie zuvor fühlen. Wenn Sie Ihre persönlichen Finanzen budgetieren, werden gewisse Punkte von Ihren monatlichen festen Ausgaben abhängen. Wenn Sie diese festen Ausgaben im Verhältnis zu Ihrem Einkommen als zu hoch erachten, werden Sie nach Möglichkeiten suchen, diese zu senken. In der Regel wird etwas Geld übrigbleiben, das Sie nach Belieben ausgeben können. Ein kluger Mensch wird einen Teil davon für die Zukunft investieren und sich dann Dinge leisten, die ihm Freude bereiten.

Aufgrund eines klaren Zeitplans können Sie alles erledigen, was Ihrer Meinung nach erledigt werden muß, und Sie werden immer noch Zeit zu Ihrer freien Verfügung haben. Mit anderen Worten: Sie können Pausen einlegen, wenn Sie ein Bedürfnis dazu verspüren, nicht wenn es sich zufällig so ergibt. Und Sie können sich in der dafür reservierten Zeit besser entspannen.

Natürlich müssen Sie in Ihrem Zeitplan auch für einen gewissen Spielraum sorgen. Überlegen Sie sich zum Beispiel schon im voraus, wo es möglich sein wird, Verspätungen aufzuholen. Wenn Sie also beispielsweise für eine bestimmte Aufgabe eine Stunde eingesetzt haben und dann eine Stunde und fünfzehn Minuten dafür brauchen, können Sie fünf Minuten bei der nächsten planmäßigen Pause und je fünf Minuten bei den nächsten beiden Aufgaben einholen. Wenn Sie von vornherein solche Möglichkeiten einplanen, werden Sie im entscheidenden Augenblick viel weniger der Versuchung erliegen, alles hinzuschmeißen. Sie werden auf diese Weise mit der Zeit auch abschätzen können, in welchem Maße Unterbrechungen Sie davon abhalten, Ihr Ziel zu erreichen, und Sie werden nach Möglichkeiten Ausschau halten, um solche Zwangspausen auf ein Minimum zu reduzieren.

Zunächst mag der Gedanke, nach einem Tätigkeits- und Zeitplan zu leben, Ihnen etwas roboterhaft vorkommen; doch je länger Sie damit arbeiten, desto weniger unnatürlich werden Sie dies empfinden. Schließlich werden Sie davon richtig begeistert sein, besonders wenn Sie feststellen, daß Sie in kürzerer Zeit mehr erledigen und in Ihrer Freizeit besser entspannen können.

TIP 2

Analysieren Sie Ihre Zeitgewohnheiten

Wie verbringen Sie Ihre Zeit? Um jede Ecke unseres Lebens lauern Räuber, die nur darauf aus sind, uns wertvolle Minuten zu stehlen. Wenn wir etwas leisten und genügend Zeit zum Entspannen haben wollen, müssen wir diese Räuber erwischen und ihrem Treiben ein Ende setzen.

Führen Sie ein Zeit-Tagebuch. Führen Sie während zwei oder drei Wochen Buch darüber, wie Sie Ihre Zeit verbringen, wieviel Zeit die einzelnen Aufgaben, Pausen und Unterbrechungen in Anspruch nehmen.

Möglicherweise stehen Ihnen ein paar interessante Entdeckungen bevor. So stellen Sie vielleicht fest, daß Sie tagelang stets an der gleichen Stelle Ihres Rahmenplans auf gleiche Weise Zeit verschwendet haben. Sie können diesen Fehler nun beheben und gewinnen Zeit, um Ihre Ziele zu verfolgen oder sich zu entspannen.

Viele Leute entdecken plötzlich auch, daß sie nicht zu allen Tageszeiten gleich produktiv sind. Dann können sie ihren Zeitplan entsprechend korrigieren und anspruchsvollere Arbeiten auf produktivere Phasen verlegen.

Achten Sie auf Ihre Tätigkeiten – nicht auf die Uhr! Berücksichtigen Sie beim Setzen Ihrer Stunden- und Tagesziele nicht die Tätigkeiten, sondern die Ergebnisse! Finden Sie heraus, wo diese kleinen, unnötigen Zeitverluste herrühren und beseitigen Sie die Ursachen. Hier ist eine Liste der häufigsten Zeiträuber:
 1. Verzögerungen – Dinge so lange aufschieben, bis sie mehr Zeit benötigen oder sich so anhäufen, daß Ihr Zeitplan durcheinandergerät.
 2. Versuche, Aufgaben zu lösen, für welche Ihnen zu wenig Informationen vorliegen.
 3. Unnötige Routinearbeiten – nur weil Sie sie eben immer erledigt haben.
 4. Unnötige Ablenkungen und Unterbrechungen.
 5. Unnötige und allzu lange Telefongespräche.
 6. Unnötige Besprechungen oder Sitzungen, die zu lang dauern.
 7. Versäumnis, Aufgaben an kompetente Leute zu delegieren.
 8. Mangel an Selbstdisziplin, was die Zeit anbetrifft.
 9. Versäumnis, Prioritäten zu setzen.
 10. Unnötiges Durchblättern von Post und Papieren.
 11. Unnötiges Teilnehmen an gesellschaftlichen Anlässen.
 12. Mangel an geistiger Kontrolle oder Konzentration – Tagträumereien im falschen Augenblick.
 13. Ungenügende Kenntnisse über Ihren Beruf.
 14. Allzu lange Pausen.
 15. Nicht „nein" sagen zu Dingen, die Ihre Prioritäten durcheinanderbringen.
 16. Flüchtigkeitsfehler, die Sie dazu zwingen, eine Arbeit nochmals zu machen.
 17. Saloppe oder ungenügende Kommunikation.
 18. Versäumnis, Hilfseinrichtungen zu Ihrem vollen Vorteil auszunützen (z. B. Diktaphone, Vermittlungsagenturen, etc.).

19. Aufgeblähte, schlecht durchdachte Systeme oder Verfahren.
20. Versäumnis darauf zu beharren, daß Ihre Mitarbeiter ihren Teil der Arbeit erledigen.

Bei einer Analyse Ihrer Zeitgewohnheiten stellen Sie vielleicht fest, daß es viele dieser wohl häufigsten Zeiträuber sind, die Ihnen kostbare Zeit stehlen. Möglicherweise entdecken Sie auch andere, die nicht in dieser Liste enthalten sind. Wie dem auch sei: identifizieren Sie sie als Ihre Feinde und sagen Sie ihnen den Kampf an. Denn schließlich *ist es Ihr Leben, das da gestohlen wird!*

TIP 3

Führen Sie Tages- und Wochenlisten mit Dingen, die „Zu erledigen" sind

Charles Schwab, der berühmte ehemalige Präsident der Bethlehem Steel Company, hatte es sich zur Gewohnheit gemacht, sich am Ende jedes Tages fünf Minuten lang mit den Problemen auseinanderzusetzen, mit denen er am folgenden Tag konfrontiert sein würde. Er stellte sämtliche Punkte in der Reihenfolge ihrer Priorität auf einer Liste zusammen. Am nächsten Morgen betrat er sein Büro und nahm sich sofort Aufgabe Nr. 1 vor. Anschließend widmete er sich der Reihe nach den weiteren Aufgaben.

„Dies ist die praktischste Lektion, die ich je gelernt habe", pflegte der Multimillionär zu sagen. Und um dies zu beweisen, führte er ein Beispiel an: „Ich hatte ein Telefongespräch über neun Monate hinweg immer wieder hinausgeschoben, und so beschloß ich, es als Nr. 1 zuoberst auf die Tagesordnung für den nächsten Morgen zu setzen. Dieser Anruf brachte uns eine neue Bestellung für Stahlträger und einen Nettogewinn von 2 Millionen Dollar ein." Von jenem Augenblick an glaubte er felsenfest an dieses System.

Vorteile einer solcher Liste:
1. Sie befreit Sie von der nagenden Sorge, Sie hätten etwas Wichtiges übersehen oder vergessen.
2. Sie hilft Ihnen, sich zu entspannen, indem sie Ihnen für alle wichtigen Dinge einen genauen Zeitplan bereithält.
3. Sie sorgt dafür, daß wichtige Termine eingehalten werden.
4. Sie bewahrt Sie davor, Zeit auf Nebensächlichkeiten zu verschwenden.
5. Sie ermöglicht Ihnen, sich mit ganzer Kraft der jeweiligen Aufgabe zu widmen.
6. Sie bewahrt Sie davor, zu einem Tag- und Nachtarbeiter zu werden.
7. Sie hilft Ihnen, mit andern Leuten abzusprechen, welches für Sie die wichtigsten Punkte sind.
8. Sie präsentiert Ihnen für jeden Tag einen logischen Anfangs- und Endpunkt.
9. Sie hilft Ihnen, andern Leuten versichern zu können, daß ihre Angelegenheiten behandelt werden.
10. Sie hilft Ihnen, systematisch und in gemäßigtem Tempo arbeiten zu können.
11. Sie hilft Ihnen, unnötige Unterbrechungen zu vermeiden.
12. Sie bewahrt Sie davor, Dinge immer und immer wieder hinauszuschieben.

Kurz und gut: wenn Sie solche Tages- und Wochenlisten führen, entscheiden Sie, wie Sie Ihre Zeit verbringen wollen, und warten nicht einfach den Lauf der Dinge ab. Und sie ersparen Ihnen den Streß und die Frustration, die nicht ausbleiben, wenn Sie sich fast zu Tode arbeiten und doch kaum vom Fleck kommen.

Eine der größten Befriedigungen, die mir das Leben bietet, ist dieses Gefühl der Erfüllung, das ich jedesmal genieße, wenn ich wieder einen Punkt auf einer solchen Liste abhaken kann. Ein kurzer Blick am Abend zeigt mir rasch, ob ich produktiv gearbeitet habe oder nicht. Und da ich kein unproduktiver Mensch sein mag, lebe ich nach dieser Liste. Versuchen Sie es!

TIP 4

Sorgen Sie für Ordnung und System

Einige der unordentlichsten Menschen auf der Welt zählen zu den härtesten Arbeitern. Sie schuften den ganzen Tag lang, versuchen gewissenhaft, alles zu erledigen, und verlassen ihr Büro dennoch mit einem unguten Gefühl, weil sie wichtige Briefe nicht beantwortet, wichtige Verabredungen nicht eingehalten und dringende Projekte nicht behandelt haben.

Einige der Gründe, weshalb sie länger und härter als andere arbeiten, besteht darin, daß sie jedesmal das Rad neu erfinden, wenn sie irgendwohin fahren müssen. Sie müssen sich besonders anstrengen, weil sie alles auf eher zufällige Weise erledigen. Oft rechtfertigen sie ihre Unordnung damit, daß sie auf die Freiheit pochen, die Dinge so zu tun, wie sie sie eben tun wollen.

Ein bißchen Organisation kann Ihrer persönlichen Freiheit aber sehr zuträglich sein, wenn Sie sie *für,* nicht *gegen* sich einsetzen. Sie arbeiten leichter, erledigen mehr in kürzerer Zeit und sind für jede andere Organisation wesentlich wertvoller.

Legen Sie Entschlossenheit an den Tag. Viele Menschen sind deshalb unordentlich, weil sie nicht gerne Entscheidungen treffen. Aus diesem Grund werden sie oft übergangen, wenn es um Beförderungen geht.

Als es noch keine mechanischen Sortiergeräte gab, brauchte der Chef einer Obstplantage einmal einen Mann, der Äpfel in drei Größen einteilen sollte. Logischerweise beförderte er seinen besten Pflücker in diese Stellung. Vor ihm standen drei

Körbe, einer für jede Größe. Die anderen Pflücker brachten ihm ihre Ernte und häuften die Äpfel auf einen großen Tisch neben ihm.

Im Bewußtsein, einen guten Arbeiter ausgesucht zu haben, überließ ihn der Chef seiner Arbeit und fuhr in die Stadt. Als er zurückkam, erwartete ihn eine böse Überraschung: turmhoch häuften sich die Äpfel auf dem Tisch und fielen bereits auf allen Seiten zu Boden. Und vor seinen drei leeren Körben saß sein neuer Sortierer, einen Apfel in jeder Hand und einen verwirrten Ausdruck auf seinem Gesicht. Er war ein großartiger Pflücker, aber er konnte sich einfach nicht zu einer Entscheidung durchringen, ob ein Apfel nun groß, mitelgroß oder klein war. Natürlich verlor er seine neue Stelle noch am gleichen Tag.

Wenn Sie in Ihrer beruflichen Laufbahn vorwärtskommen wollen, ist es für Sie von entscheidendem Vorteil, wenn Sie Verantwortung übernehmen können. Mit anderen Worten: je besser Sie Entscheidungen fällen können, desto besser stehen Ihre Chancen, befördert zu werden. Üben Sie sich in der Fähigkeit, über Prioritäten entscheiden zu können, ergründen Sie, wie die verschiedenen Arbeitsvorgänge ineinandergreifen, und lernen Sie festzulegen, wie Ihre eigenen Kräfte und die Kräfte der andern am besten einzusetzen sind.

Erledigen Sie Papierkram – blättern Sie nicht einfach drin herum. Wie oft schauen Sie ein Papier oder einen Brief an, bevor Sie sich entscheiden, was damit zu geschehen hat? Ich selbst war sehr überrascht, als ich erkannte, wieviel Zeit ich sparen konnte und wieviel flüssiger mir die Arbeit von der Hand ging, als ich Papiere nicht mehr von einer Ecke in die andere schob.

Dabei gehe ich wie folgt vor. Ich reserviere mir eine gewisse Zeit, in der ich die Post durchgehe und Briefe beantworte. Ich lese jeden Brief, überlege, was damit zu geschehen hat, und diktiere sofort eine Antwort. In meinem Büro gibt es einfach kein Briefkörbchen mit der Aufschrift „Später". Die Folge davon ist: ich erledige mehr in kürzerer Zeit, muß mir weniger Sorgen machen und erspare auch anderen Leuten Sorgen. Und es klappt wirklich!

Halten Sie Ordnung auf Ihrem Pult und in Ihrem Leben. Haben Sie sich schon einmal überlegt, daß Ihr Schreibtisch einem Analytiker wahrscheinlich mehr verraten würde als Ihre Handschrift, Ihr Bild oder Ihre Handlinien? Fachleute haben aus Untersuchungen geschlossen, daß Menschen mit einem unordentlichen Pult oft auch ein unordentliches Leben führen. In jedem Lebensbereich hinterlassen sie halbfertige oder gar nicht angefangene Aufgaben. Infolgedessen können sie weniger erledigen und brauchen für das, was sie tun, viel mehr Zeit.

Wir verbringen den größten Teil unseres Lebens am Arbeitsplatz. Und unsere Arbeit kann zur Schinderei werden, wenn wir zulassen, daß sie im Chaos versinkt. Anderseits können Sie Ihre Arbeit zu einem Abenteuer gestalten, wenn Sie Ihre Aufgaben auf ihre einfachste Form reduzieren und sie in der Reihenfolge ihrer Priorität erledigen. In Seminarien empfehle ich den Leuten oft folgendes: „Machen Sie es nicht kompliziert und sorgen Sie für ein bißchen Spaß." Und an dieses Motto sollten Sie sich von frühmorgens bis abends spät halten. Stellen Sie also Ihren Wecker auf genau die Zeit, zu der Sie aufstehen müssen, und stehen Sie dann auch wirklich auf. Manche Leute fassen den Entschluß aufzustehen mindestens zehnmal jeden Morgen. Sie könnten also bereits täglich um neun Entscheidungen herumkommen, wenn sie die erste tatsächlich einhielten.

Wenn eine Tätigkeit im Hinblick auf Ihre Ziele von Bedeutung ist, dann führen Sie sie aus! Wenn nicht, vergessen Sie sie und fahren Sie weiter! Räumen Sie Ihren Schreibtisch und Ihr

Leben von all den Dingen, die sich angesammelt haben – nicht, indem Sie sie wegschmeißen, sondern indem Sie Ihr heutiges Arbeitspensum heute erledigen.

TIP 5

Machen Sie sich Zeiteinteilung zur Gewohnheit

Was würden Sie tun, wenn Ihnen jemand eine Million schenken würde? Zunächst würden Sie das Geld bestimmt in Sicherheit bringen und nicht neugierigen Blicken ausgesetzt auf dem Vordersitz Ihres Wagens liegenlassen. Und Sie würden es auch nicht in kleine Scheine eintauschen und einfach unter Freunde und Bekannte verteilen. Ist es nicht Ironie, daß gewisse Menschen ihr Geld und ihren Besitz mit ihrem Leben schützen, ihr Leben aber ziemlich gedankenlos zerrinnen lassen? Offenbar ist ihnen nicht bewußt, daß *Zeit* ihr wertvollstes Gut ist. Kein Mensch hat mehr Zeit als Sie. Wir alle erhalten 1440 Minuten pro Tag, 168 Stunden pro Woche und 8760 Stunden pro Jahr. Im folgenden möchte ich Ihnen ein paar Ratschläge geben, die Ihnen helfen sollen, Ihr wertvollstes Gut, das Sie täglich erhalten, zu bewahren und zu schützen:

Setzen Sie jede Minute dazu ein, Ihre Ziele zu verfolgen. Was tun Sie zum Beispiel, wenn Sie zur Stoßzeit im Verkehr steckenbleiben? Noel Coward blieb ruhig und gelassen; er nahm ein Stück Papier und schrieb sein bekanntes Lied „I'll See You Again". Viele erfolgreiche Leute führen Unterrichtskassetten mit, die sie beim Autofahren abspielen, oder sie nehmen ausgewählte Lektüre mit, der sie sich widmen, wenn sie auf jemanden warten müssen, oder sie erledigen nicht allzu anspruchsvolle Korrespondenz – und nützen so sinnvoll jene Zeit, die sonst verloren wäre.

Erledigen Sie alles beim ersten Mal richtig. „Warum haben wir nie genügend Zeit, etwas richtig zu tun, aber stets Zeit, etwas noch einmal zu tun?" ist eine bekannte Frage.

Verfügen Sie über Ihre Besucher, lassen Sie nicht zu, daß sie über Sie verfügen. Geben Sie Ihrer Sekretärin die Kompetenz, Sie von Besuchern abzuschirmen und mit ihnen Verabredungen zu treffen. Empfangen Sie Ihre Besucher nicht in Ihrem Büro, dann können Sie die Unterredung einfacher abbrechen, wenn Sie glauben, zuviel Zeit zu verschwenden. Führen Sie die Gespräche stehend und begrenzen Sie deren Dauer. Lenken Sie die Besprechung so, daß Sie rasch zur Sache kommen, und beenden Sie sie dann.

Beschränken Sie die Zeit für Sitzungen auf ein Minimum. Nehmen Sie nur an wichtigen Sitzungen teil. Bestehen Sie darauf, daß man pünktlich beginnt, sofort zum Thema kommt, dabei bleibt, keine allzu lange Tagesordnung aufstellt und pünktlich aufhört. Bei Sitzungen kann man sehr viel Zeit verlieren.

Lernen Sie, Verantwortung zu delegieren. Übertragen Sie bestimmte Aufgaben kompetenten Mitarbeitern.

Gehen Sie sinnvoll mit dem Telefon um. Konzentrieren Sie nach Möglichkeit alle Telefongespräche auf einen bestimmten Zeitpunkt. Reservieren Sie sich dafür eine gewisse Zeit und halten Sie diese Zeit dann auch ein.

TIP 6

*Nehmen Sie sich Zeit für alle Ihre Ziele –
und vergessen Sie die Muße nicht*

Sie sind ein *ganzer* Mensch. Sie brauchen Zeit, um durch Ruhe und Entspannung Ihre Batterien wieder aufzuladen,

Zeit, in der Sie wichtige Beziehungen pflegen können, Zeit, die Schönheiten von Gottes Natur zu genießen. Wenn Sie sich – wie die meisten von uns – nicht genügend Zeit dafür nehmen, werden Sie feststellen, daß all die Dinge, die das Leben lebenswert machen, plötzlich nur noch zweitrangig sind. Ein Unbekannter hat dies sehr schön in folgende Worte gefaßt:

O Nimm dir Zeit für die Arbeit; dies ist der Preis des Erfolgs.
O Nimm dir Zeit für die Liebe; dies ist das Sakrament des Lebens.
O Nimm dir Zeit zum Spielen; dies ist das Geheimnis der Jugend.
O Nimm dir Zeit zum Lesen; dies ist die Grundlage des Wissens.
O Nimm dir Zeit, um mit Freunden zusammenzusein und ihnen zu helfen; dies ist die Quelle des Glücks.
O Nimm dir Zeit zum Träumen; dies ist die Nahrung deiner Hoffnungen.
O Nimm dir Zeit zum Lachen; dies ist die Würze des Lebens.
O Nimm dir Zeit für den Glauben; dies ist die Bahn der Verehrung.
O Nimm dir Zeit zum Gebet; dies bringt dir Gott näher und wäscht den Staub der Erde von deinen Augen.

Wenn Sie pro Tag während einer normalen Arbeitslaufbahn eine Stunde Zeit einsparen, entspricht dies ungefähr sechs Jahren normaler Produktivität. Und dies ist zweifellos besser als eine frühzeitige Pensionierung bei vollen Leistungen!

Ihr Leben in die Hand nehmen bedeutet, die Verantwortung über Ihre Zeit übernehmen. Es heißt, daß Sie die Zeit für sich arbeiten lassen und nicht zu einem Sklaven der Uhr werden. Lernen Sie ihre Zeit einteilen, und Sie werden Ihre Ziele erreichen – und Ihr Leben genießen.

Mit Hilfe der Tabelle 9 – 1 können Sie feststellen, wieviel Geld Sie sparen, wenn sie innerhalb des nächsten Jahres täglich eine Stunde Zeit gewinnen. Stellen Sie sich vor, was Sie sich alles kaufen könnten mit dem Geld, das für verlorene Zeit draufgeht!

Übung 9 – 1: Zeit „sparen"

Jahres-einkommen Fr./DM	Wert einer Stunde	Wert einer Minute	1 Stunde täglich eingespart ergibt in einem Jahr
20'000	10.24	–.17	2'500
24'000	12.29	–.20	3'000
28'000	14.34	–.23	3'500
32'000	16.39	–.27	4'000
40'000	20.49	–.34	5'000
50'000	25.61	–.42	6'250
60'000	30.73	–.51	7'500
70'000	35.86	–.59	8'750
80'000	40.98	–.68	10'000
100'000	51.23	–.85	12'500
150'000	76.84	1.28	18'750
200'000	102.45	1.70	25'000
250'000	128.07	2.13	31'250
300'000	153.68	2.56	37'500

Anmerkung: Diese Tabelle beruht auf 244 Arbeitstagen zu je 8 Arbeitsstunden.

X. Kapitel

Wie Sie das größte Hindernis überwinden können: Sich selbst

Der große amerikanische Politiker Daniel Webster erzählte immer wieder eine Geschichte aus seiner Kindheit, die aufzeigt, wie unmotiviert gewisse Menschen sind. Er und sein Bruder Ezekiel saßen eines Tages friedlich unter einem Baum, als ihr Vater auftauchte.
Was machst du, Ezekiel?" fragte der Vater.
„Nichts!" erwiderte Ezekiel.
„Hm, und was machst du, Daniel?"
„Ich helfe ihm dabei!" lautete die schlichte Antwort.
Offensichtlich verbrachte Daniel Webster den Rest seines Lebens nicht damit, jemandem zu helfen, nichts zu tun. Er war während fünfzig Jahren ein gefragter Redner, Rechtsanwalt und Staatsmann.
Menschen werden für das bekannt, was sie vollbracht haben, nicht für das, was sie angefangen haben.

Die raffiniertesten Pläne . . .

Nichts, was wir in diesem Buch bisher besprochen haben, läuft, wenn Sie es nicht zum Laufen bringen! Die raffiniertesten Pläne und die besten Absichten sind wertlos, wenn sie nicht jemand verwirklicht. Sie können über das Thema ‚Motivation' Bücher lesen und Kassetten hören, bis Ihnen wohlklingende Phrasen über die Lippen fließen wie Wasser über die Niagarafälle. Aber es wird überhaupt nichts passieren, bis Sie mit dem, was Sie gelesen und gehört haben, etwas Sinnvolles anfangen.

Heutzutage ist es nicht unbedingt das Wichtigste, sich mehr und mehr Wissen anzueignen. Die sogenannte „Wissensexplosion" breitet sich so rasch aus, daß Sie jeden Tag für den Rest Ihres Lebens ein Buch lesen könnten und am Ende immer noch über eine Million Jahre Rückstand hätten.

Was die Welt braucht, sind Taten – konstruktive Taten von Menschen, die intelligent und guten Willens sind!

Auf Kraft ausgelegt ...

„Wieviel PS hat diese Maschine?" fragte ich den Mann, der eben seinen Bulldozer abstellte, nachdem er ein altes Haus dem Erdboden gleichgemacht hatte, als ob es nur aus Stroh bestanden hätte.

„Sechzig PS", antwortete er beiläufig.

„Nur sechzig?" wunderte ich mich.

„Nun, überrascht?" Sein unterdrücktes Lächeln verriet mir, daß er meine Antwort nicht zum ersten Mal gehört hatte. „Wetten, Sie glauben, Ihr ‚Mercedes' hat zweimal so viel PS?"

„Ja, das stimmt", gab ich zurück.

„Nicht nur das", fuhr er fort. „Ihr Wagen läuft bestimmt vierzigmal schneller und pro hundert Liter Benzin zehnmal weiter."

„Aber mein Auto pustet keine alten Häuser weg", wandte ich ein.

„Nun, das steckt alles im Getriebe", erklärte er mir. „Dieses Ding ist eben auf Kraft ausgelegt. Sehen Sie, es kommt nicht darauf an, wieviel Kraft man hat, sondern wie sie eingesetzt wird!"

Ich dankte ihm für die wertvolle Lektion und ging weg, wobei mir dieser eine Satz immer und immer wieder durch den Kopf ging: *„Es kommt nicht darauf an, wieviel Kraft man hat, sondern wie sie eingesetzt wird."* Wenn wir uns überlegen, wieviel Kraft in unserem Verstand, in unserer Persönlichkeit, in unseren Fähigkeiten und Talenten steckt, erkennen wir, daß in jedem von uns mehr steckt, als wir je brauchen könnten. Als ich den Motor meines Wagens startete, hörte ich zu, wie all diese Kraft leise vor sich hin summte. Dann wurde mir plötzlich klar, daß mein Auto den ganzen Tag lang hier stehen und schließlich kein Benzin mehr haben würde, wenn ich nicht endlich einen Gang einlegte. Langsam gab ich Gas, und mein Wagen fuhr mich meinem Ziel entgegen.

Das ist doch der Schlüssel! *Kraft ist nutzlos, wenn sie nicht angewandt wird!* Sobald Sie handeln, wird die Kraft in Ihrem Innern Sie näher an Ihr Ziel heranführen. Handeln öffnet bei jedem Unternehmen die Tür zum Erfolg.

Unser Feind sind wir

Das größte Hindernis auf unserem Weg zum Erfolg sind wir selbst. Der Frage, wie wir die in uns schlummernden Kräfte dazu einsetzen können, um dieses Hindernis aus dem Weg zu schaffen, kommt beträchtliche Bedeutung zu.

„Nido", sagte mir einst eine junge Vertreterin, der die Entlassung drohte, weil sie einfach nicht auf den geforderten Umsatz kam, „ich weiß alles, was ich wissen muß, um eine gute Verkäuferin zu werden. Ich kenne meine Firma und ihre Produkte. Ich kann verkaufen. Ich kenne meinen Bezirk. Ich nehme an diesen Treffen teil und fühle mich danach in glänzender Form. Und dann mache ich mich wieder auf den Weg und komme einfach auf keinen grünen Zweig."

Ich versicherte der jungen Frau, daß sie bestimmt nicht die einzige sei, der es so ergehe. Im folgenden vermittle ich Ihnen ein paar Tips, die ich auch dieser Frau gab, um sie wieder auf den richtigen Weg zu ihren Zielen zu bringen. Vielleicht sind sie auch Ihnen von Nutzen.

TIP 1

Motivation ohne Mobilisation bedeutet Frustration

„Steh nicht einfach so da! Tu etwas!"

Die logische Antwort auf diese so oft gehörte Aufforderung lautet: „Was soll ich denn tun?"

Leider – oder vielleicht auch glücklicherweise – kann kein Mensch Ihnen sagen, was Sie tun sollen. Nur Sie selbst kennen Ihre Ziele. Viele Leute, mit denen ich zu tun habe, möchten großartige Vertreter, Sekretärinnen oder Manager sein, aber sie sind frustriert, weil sie ihr größtes Hindernis, nämlich sich selbst, nicht aus dem Weg räumen können. Sie sind zwar *motiviert, aber nicht mobilisiert!*

Mobilisieren bedeutet eigentlich: in Aktion, in Bewegung versetzen. In der Militärsprache heißt es so viel wie: „Truppen für ein bestimmtes Gefecht aufstellen." Sorgfältig ausgebildete und gut disziplinierte Soldaten, die in den Kampf gehen, haben zwei Hauptziele vor Augen: erstens den Feind besiegen, und zweitens am Leben bleiben. Möglicherweise würden viele von uns die Prioritäten genau umgekehrt setzen, wenn wir in den Kampf ziehen müßten. Diejenigen aber, die ihre Sache und ihr Land auf den ersten Platz setzen, werden oft „Helden" oder „Patrioten" genannt. Diejenigen aber, die zuerst an ihre eigene Sicherheit denken, werden als „Feiglinge" oder „Fahnenflüchtige" bezeichnet.

Ich will keineswegs einen Soldaten aus Ihnen machen, sondern Sie lediglich auf ein sehr wichtiges Prinzip hinweisen, welches die Aussichten in Ihrem Leben wohl verändern kann: *Was Sie tun ist oft wichtiger als wieviel Sie tun!* Wer sein Leben unter das Motto „Überleben" stellt, mag dies wohl tun, aber ob er je etwas mehr tun wird, ist fraglich. Wenn Sie sich in Ihrem Leben hauptsächlich darum bemühen, es bequem zu haben, zu tun, was man Ihnen sagt, zu tun, wonach Ihnen der Sinn steht, oder nur das zu tun, was man von Ihnen erwartet, dann werden Sie wahrscheinlich in zehn Jahren noch genauso frustriert sein wie heute.

Praktisch jede große Errungenschaft der Menschheit war nur möglich, weil zuvor ein Mensch gewaltige Anstrengungen unternommen hat, ein Ziel zu erreichen – ungeachtet der persönlichen Kosten, der Einbuße an Bequemlichkeit oder der Meinungen anderer. Solche Menschen haben all ihre inneren Kräfte auf ganz bestimmte Ziele ausgerichtet. Sie haben diese Kräfte gleichermaßen auf ein Getriebe gelenkt und sind damit auf ihr Ziel losgegangen.

Die Mobilisation Ihrer selbst erfolgt in drei wesentlichen Schritten:

1. Entscheiden Sie, was Sie am liebsten erreichen möchten.
2. Legen Sie den ersten Schritt auf dem Weg dahin fest.
3. Tun Sie diesen ersten Schritt, der Sie ihrem Ziel näherbringen wird.

Doch schauen wir uns diese drei Schritte etwas genauer an.

SCHRITT 1

Entscheiden Sie, was Sie am liebsten erreichen möchten

Wir haben in einem eigenen Kapitel besprochen, wie wertvoll es ist, sich Ziele zu setzen und diese Ziele für Ihre Arbeit einzusetzen. Vielleicht haben Sie sogar die Übung am Ende besagten Kapitels gemacht. Wenn nicht, rate ich Ihnen dringend, zurückzublättern und dies nachzuholen. Wenn Sie allerdings Ihre Ziele bereits schriftlich festgehalten, sie in Teilziele zerlegt und in einzelne Aufgaben mit exaktem Zeitplan aufgegliedert haben und es Ihnen immer noch nicht gelingt, diesen Zielen näherzukommen, dann widerspiegeln diese Ziele wahrscheinlich nicht genau das, was Sie mit Ihrem Leben am liebsten anfangen möchten.

Ein Pfarrer in mittleren Jahren verbarrikadierte sich einst in seinem Heim und drohte, jeden zu erschießen, der sich ihm nähern wollte. Dieses Ereignis verwirrte die Mitglieder seiner Kirchgemeinde, die ihn als „liebevollen und treuen Pfarrer" beschrieben, dessen einziges Problem darin bestanden hatte, daß er in seinen letzten drei Gemeinden nicht sehr lange hatte bleiben können. Am Ende stellte sich schließlich heraus, daß er nur aufgrund einer Familientradition Pfarrer geworden war – nicht weil er sich eigentlich dazu berufen gefühlt hätte. Wie er später sagte, wäre er viel lieber Mathematiklehrer an einer Mittelschule geworden.

Eine traurige, aber leider doch so vertraute Geschichte! Allzu viele Menschen werden gezwungen, Dinge zu tun, die sie eigentlich gar nicht tun möchten, und dann versuchen sie, aus einer schlechten Situation das Beste herauszuholen.

Ob Sie Ihre Ziele erreichen werden oder nicht, hängt wohl am stärksten davon ab, wie sehr Sie sie erreichen wollen. *Es ist wichtig, das zu tun, was Ihnen wichtig ist.*

Sich selber mobilisieren heißt, sich auf das konzentrieren, was Sie erreichen wollen, und daran unbeirrbar festhalten. Ziele haben nur dann einen Wert, wenn sie sehr persönlich sind.

SCHRITT 2

Legen Sie den ersten Schritt auf dem Weg zu Ihrem Ziel fest

Wenn der erste Schritt einer Wanderung wichtig ist, dann ist es zumindest ebenso wichtig, daß er in die richtige Richtung erfolgt. Stellen Sie sich einmal vor, wie schwierig es für die NASA gewesen wäre, Astronauten zu rekrutieren, wenn sie nicht klare Pläne hätte vorlegen können. „Wir haben uns entschlossen, auf dem Mond zu landen", hätte es vielleicht geheißen, „aber wir wissen nicht genau, wie wir dorthin gelangen. Wir werden es einmal auf verschiedene Arten versuchen und sehen, ob es klappt. Möglicherweise werden wir ein paar Menschenleben zu beklagen haben, aber das ist nun einmal der Preis, den man für Erfolg bezahlen muß." Jeder, der sich für ein derart verrücktes Abenteuer zur Verfügung gestellt hätte, wäre wahrscheinlich wegen Mangel an Intelligenz disqualifiziert worden. Die NASA ging natürlich anders vor. Die Verantwortlichen zerlegten ihr großes Ziel in mehrere Teilziele und planten mit größter Sorgfalt Schritt um Schritt.

Einer der gewichtigsten Gründe, weshalb sich Menschen nicht mobilisieren können, besteht darin, daß sie stets Großes zu erreichen suchen. Die meisten großen Errungenschaften sind das Ergebnis zahlreicher kleiner Schritte in ein- und derselben Richtung.

Von einem großen, herrlichen Haus träumen ist eine Sache. Den Aushub besorgen, ein Geschäft tätigen, dessen Gewinn die für eine Anzahlung bereitgestellte Summe etwas erhöht, oder einen bestimmten Betrag auf ein besonderes Haus-Konto einzahlen ist eine andere. Solange unsere Ziele in so weiter Ferne liegen, daß sie nur Träumen gleichen, werden wir kaum die Kraft aufbringen, auf sie hinzuarbeiten.

Sich selber mobilisieren heißt, sich entschließen, was Sie wollen, und dann herausfinden, was Sie diesem Ziel näherbringt. Und dies führt uns zum dritten Schritt.

SCHRITT 3

Tun Sie, was Ihnen das bringen wird, was Sie wollen. Tun Sie *nur* das, was Ihnen bringen wird, was Sie wollen. „Unsere Hauptsorge ist nicht zu sehen, was verschwommen in der Ferne liegt", sagte Thomas Carlyle, „sondern zu tun, was deutlich sichtbar vor uns liegt." Viele Leute haben Mühe, einen toten Punkt zu überwinden, weil nichts von den Dingen, die sie tun müssen, sie näher an ihr Ziel beranbringt. Sie mögen sogar versuchen, sich zu etwas aufzuraffen, aber es wird ihnen nie gelingen, weil dieses Aufraffen von Mal zu Mal schwerer fällt.

Selbst die langweiligsten Routinearbeiten beginnen uns zu schmecken, wenn wir wissen, daß sie zum Erreichen unserer Ziele beitragen. Wenn Sie sich jeden Morgen nur mit größter Mühe überwinden können, aus dem Bett zu steigen, überprüfen Sie einmal, ob das, was Sie den lieben langen Tag lang tun, Sie Ihren Zielen näherbringt. William James, ein bekannter Psychologe, machte einmal folgende Beobachtung: „In dem Augenblick, in welchem einen eine Sache persönlich angeht, wird sie zur interessantesten Sache der Welt." Um diese Aussage zu verdeutlichen, pflegte er seine Studenten zu bitten, sich einen Fahrplan anzusehen. Was könnte noch langweiliger sein als irgendein Fahrplan? Wenn Sie aber eine Reise vorhaben, dürfte es schwierig sein, noch etwas Interessanteres zu finden. Dieser Standpunkt ändert sich, sobald Sie persönlich mit einem Fahrplan etwas zu tun haben.

Aber vergessen Sie nicht: nichts klappt, wenn Sie es nicht zum Klappen bringen: Tun Sie das, was Ihnen bringen wird, was Sie wollen. Es mag zunächst nicht einfach sein, aus einem Handlungsschema auszubrechen, das andere von einem erwarten. Oft muß man den ersten Schritt tun, bevor einem der zweite so richtig klar wird. Ungewißheit und Risiko halten einen nicht selten vom Handeln ab. Doch es braucht nur genügend Vertrauen in Ihre Ziele und in Ihre Fähigkeiten, sie zu erreichen, damit Sie den ersten Schritt tun. Und noch während Sie ihn tun, wird Ihnen der zweite Schritt viel klarer werden. Eines scheint ziemlich eindeutig zu sein: wenn Sie auf nichts zielen, werden Sie bei jedem Schuß treffen.

Sich selber mobilisieren heißt, sich entschließen, das zu tun, was Sie wollen, herausfinden, was Sie diesem Ziel näherbringt, und dann handeln – tun, was Ihnen das bringen wird, was Sie am liebsten erreichen wollen. Motivation ohne Mobilisation bedeutet nur Frustration.

TIP 2

Betrachten Sie die Dinge stets in der richtigen Perspektive

Wie Sie in die Zukunft schauen, entscheidet oft darüber, ob Sie die richtige Richtung einschlagen oder weiterhin nichts tun, um Ihre Ziele zu erreichen. So sagte zum Beispiel George Bernard Shaw: „Der einzige Mensch, der sich vernünftig benimmt, ist mein Schneider. Er nimmt jedesmal, wenn er mich sieht, von neuem Maß. Alle andern arbeiten mit ihren alten Maßen weiter." Oder David hätte sagen können: „Goliath ist einfach zu groß, als daß ich mit meiner kleinen Schleuder gegen ihn kämpfen könnte." Offenbar sagte er sich aber, der Riese sei so groß, daß er ihn einfach nicht verfehlen könne. Jüngst sah ich in einem Büro, in dem es zuging wie in einem Ameisenhaufen, ein Schild mit der Aufschrift: „Wir haben gehört, es gäbe eine Rezession – wir haben beschlossen, uns nicht daran zu beteiligen." Ich finde das gut!

„Perspektive" bedeutet „Gesichtspunkt". Es bedeutet aber auch „Betrachtungsweise von Dingen in ihrer wirklichen Beziehung oder relativen Bedeutung". Die folgenden Hinweise sollen Ihnen helfen, die Dinge stets in der richtigen Perspektive zu besehen.

HINWEIS 1

Lernen Sie die Dinge auf lange Sicht zu sehen

Bemühen Sie sich um die Kunst, Ereignisse im Hinblick auf Ihr ganzes Leben zu betrachten. Manches erscheint in der Hitze des Augenblicks als Tragödie, stellt sich aber im größeren Rahmen Ihres ganzen Lebens nur als kleineres Ungemach heraus.

Manchmal lösen sogar Probleme, die wirklich große Schwierigkeiten verursachen, sehr positive Entwicklungen aus. Als ich einst beruflich in Enterprise, Alabama, weilte, zeigte man mir das Wahrzeichen der Stadt – einen großen, in Stein gehauenen Baumwollkapselkäfer.

„Wieso denn ein solcher Schädling?" erkundigte ich mich verwundert.

„Nun", erwiderte mein Gastgeber, „vor vielen Jahren beruhte die ganze Wirtschaft unserer Stadt auf dem Anbau von Baumwolle. Damals war Enterprise eine kleine, arme Bauerngemeinde ohne Zukunft. Dann vernichtete der Baumwollkapselkäfer mehrere Jahre hintereinander die gesamte Ernte im Umkreis von vielen Meilen. Die Leute waren buchstäblich am Verhungern. Zu guter Letzt machte jemand den Vorschlag, die Stadt solle ihren Anbau diversifizieren und versuchen, auch etwas Industrie anzusiedeln. Und genau das geschah dann, und das Ergebnis sehen Sie ja: eine blühende, auf breitester

Basis abgestützte Wirtschaft. Wäre der Baumwollkapselkäfer nicht gewesen, würden wir heute noch alle Baumwolle anpflanzen. Er ist unser Held."

Wenn Sie auf Ihr Leben wie auf eine Autobahn von einem Flugzeug aus hinunterschauen könnten, würden Ihnen viele Umwege und Kurven sinnvoller erscheinen. Wenn Sie imstande sind, die Dinge auf lange Sicht zu sehen, erkennen Sie Probleme als Gelegenheiten, und Sie würden den Spaß des Augenblicks zugunsten lohnender Fernziele aufgeben.

HINWEIS 2

Lernen Sie, die Dinge positiv zu sehen

„Zwei Gefang'ne sahen durch Gitter in die Ferne: der eine sah nur Morast, der andere die Sterne."

Es gibt zwei Arten von Menschen auf der Welt: Optimisten und Pessimisten. Von einem halb gefüllten Glas Wasser sagt der Pessimist: „Es ist halb leer", während der Optimist sagt: „Es ist halb voll." Der Pessimist sagt: „Ich kann nicht", und er versucht es auch nicht. Der Optimist hingegen sagt: „Ich kann", und er versucht es wenigstens. Jemand hat einmal „Ich kann nicht" gleichgesetzt mit „Ich versuche es gar nicht erst".

Dinge positiv sehen bedeutet mehr als negative Gedanken verbannen – obwohl dies ein wichtiger Teil davon ist. Positive Eingaben müssen negative Gedanken ersetzen. Am schnellsten werden Sie negative Gedanken in der Tat los, indem Sie Ihrem Verstand so viele positive Gedanken eingeben, daß für die negativen schlechthin einfach kein Raum übrigbleibt. Menschen mit einer positiven Einstellung sehen die Welt grundsätzlich positiv an. Sie suchen aktiv das gute in anderen Menschen und in jeder Situation, und sie handeln voller Hoffnung und Vertrauen.

HINWEIS 3

Konzentrieren Sie sich auf Ihre Siege

Die meisten Menschen reagieren auf Leid viel heftiger als auf Freude. Unsere Verluste, Fehler und Schwierigkeiten machen sich deshalb deutlich stärker bemerkbar als unsere Siege, Gewinne und Triumphe. Sie sind wahrscheinlich besser in dem, was Sie tun, als Sie realisieren; sie sollten nur daran denken, wie gut Sie es getan haben.

Führen Sie Buch über Ihre Siege. Halten Sie Ihre „Gewinne" auf einer Liste fest, und bringen Sie diese irgendwo an, wo Sie sie immer wieder anschauen können. Sammeln Sie Erinnerungen an Ihre Siege, zum Beispiel Fotografien, Zeitungsausschnitte, Auszeichnungen und ähnliches. Vielleicht wird es Sie überraschen, wieviele solche Dinge Sie auf ganz legale Weise zusammentragen können.

Denken Sie daran: es ist immer leichter, die Dunkelheit zu verfluchen als eine Kerze anzuzünden.

HINWEIS 4

Bemühen Sie sich, flexibel zu sein

Ein riesiger Wolkenkratzer kann zwei bis zweieinhalb Meter nach allen Seiten hin ausschlagen. Wenn diese Flexibilität nicht wäre, könnte er einem starken Wind nicht standhalten. Ebenso kriegen es Menschen, die stur an einem Gesichtspunkt festhalten, immer mehr mit der Angst zu tun, irgendetwas könne ihre Position bedrohen. Ihr Geschick, Probleme zu lösen, hängt oft unmittelbar davon ab, wie flexibel Sie sind.

So beklagten sich einmal viele Bauern über die steigenden Elektrizitätskosten und die Mühsal, den Mist, den ihre Kühe nun einmal produzierten, loszuwerden. Die Gebrüder Waybright aber, die gemeinsam mit ihrem Schwager die Mason Dixon Farms bei Gettysburg, Pennsylvania, betreiben, beschlossen eines Tages, nicht mehr zu klagen, sondern zu produzieren – und zwar Elektrizität. Sie konstruierten einen Generator, der aus Methangas Strom erzeugen konnte; und das Methan gewannen sie, indem sie den Mist ihrer zweitausendköpfigen Rinderherde verbrannten. Auf diese Weise gelang es ihnen, ihre Stromrechnung von 30'000 auf 15'000 Dollar pro Jahr zu senken.

Ihre Nachbarn blieben stur und nannten ihr Projekt „Waybrights Wahnsinn". Bald sollte ihnen das Lachen aber vergehen. Landwirtschaftsminister aus der ganzen Welt, Kongreßabgeordnete und Bauern aus nah und fern strömten zur Waybright Farm, um zu sehen, was da geschah. Und die Gebrüder Waybright hoffen, auch ihre Nachbarn bald mit Strom beliefern zu können.

TIP 3

Beherrschen Sie Ihre Gefühle;
lassen Sie sich nicht von ihnen beherrschen

Drogensüchtige, Alkoholiker und Gewohnheitsverbrecher haben eines gemeinsam: sie haben sich von ihren Gefühlen beherrschen lassen.

„Ich fühle mich nicht anders als ganz am Anfang", sagte mir einst eine junge Frau kurz vor Ende eines Seminars mit dem Thema Motivation. „Ich glaube, ich bin einfach nicht dazu geschaffen, sehr stark motiviert zu sein. Ich habe so viele Bücher gelesen und so viele Tonbänder angehört, daß mir alle Gründe bekannt sind, weshalb ich mich so richtig motiviert fühlen sollte. Aber ich verspüre einfach keine Lust, etwas zu unternehmen!"

Als sie mir die Titel all jener Bücher aufzählte, die sie gelesen hatte, wurde mir allmählich klar, daß sie von ihrem Inhalt eigentlich gar nicht viel mitbekommen hatte.

„Und was haben Sie nun aus dem gemacht, was Sie gelesen haben?" fragte ich.

„Ich habe versucht, meine Einstellung zu ändern", verteidigte sie sich, „aber ich muß ganz ehrlich sagen – ich spüre keinen Unterschied!"

„Was Sie spüren, hat wenig mit Ihrem Erfolg oder Mißerfolg zu tun", sagte ich zu ihr.

„Was wollen Sie damit sagen?"

„Nehmen wir an, ich gäbe Ihnen einen Umschlag mit der Bemerkung, es stecke eine Million drin. Würden Sie ihn mir dann zurückgeben und sagen, er fühle sich nicht so an, als ob eine Million drin wäre?"

„Nein!" antwortete sie rasch. „Ich würde ihn öffnen, um nachzuschauen, ob Sie die Wahrheit sagen."

Nach einer langen Pause erschien ein Lächeln auf ihrem Gesicht.

„Jetzt hab' ich es!" strahlte sie triumphierend. „Ich wüßte nicht, ob es wahr wäre, bevor ich nachgeschaut hätte – ganz egal was ich fühlen würde!"

Unsere Gefühle sind die unzuverlässigsten und oft auch trügerischsten Sinnesorgane. Was uns unsere Vorfahren an Weisheiten alles mitgegeben haben, läßt sich ganz einfach in einem einzigen Satz ausdrücken: *Es ist einfacher, so zu handeln, daß man sich fühlt, wie man sich fühlen will, als so zu fühlen, daß man so handelt, wie man handeln will!* Oder anders gesagt: *Beherrschen Sie Ihre Gefühle, lassen Sie sich nicht von ihnen beherrschen.*

O Wenn Sie nur an Tagen arbeiten, an denen Ihnen danach zumute ist, werden Sie nicht weit kommen.

O Wenn Sie nur dann Ihr Bestes geben, wenn Ihnen danach zumute ist, wird Ihre Arbeit wahrscheinlich ziemlich lausig ausfallen.

○ Wenn Sie Ihre Emotionen beherrschen, werden sie *für,* nicht gegen Sie arbeiten.

Achtung Falle

Mark Twain gab einer Gruppe von jungen Leuten, die ehrgeizige Ziele verfolgten, einst folgenden guten Rat: „Meiden Sie Menschen, die Ihre Ambitionen herabzusetzen suchen. Kleine Menschen tun dies immer; wahrhaft große Menschen geben ihnen aber das Gefühl, daß auch Sie groß werden können." Wenn Sie Erfolg haben wollen, halten Sie sich an erfolgreiche Menschen!

TIP 4

Lassen Sie die Zeit nicht gegen, sondern für Sie arbeiten

Was Sie heute mit Ihrer Zeit anfangen, ist sehr wichtig, denn Sie geben dafür einen Tag Ihres Lebens hin. Vergessen Sie nicht: Verlorene Zeit kehrt nie wieder!

Zeit totschlagen bedeutet ein hartes Stück Arbeit. Wenn Sie Spaß haben, also wenn Sie eifrig damit beschäftigt sind, lohnende Ziele zu verfolgen, dann vergeht die Zeit wie im Fluge. Wenn Sie sie aber einfach totschlagen, einfach Stunden absitzen und an irgendetwas herumwerken, dann kann die Zeit unendlich lang werden. Und dennoch überrascht es mich immer wieder, wieviel Mühe sich gewisse Leute geben, ihre Zeit totzuschlagen.

Beginnen Sie den Tag frühmorgens. „Morgenstund hat Gold im Mund", pflegte Benjamin Franklin zu sagen.

Haben Sie schon einmal bemerkt, daß die ersten wachen Augenblicke eines Tages eine Art Schema für den Rest dieses Tages prägen? „Heute morgen habe ich verschlafen", sagte ein

Komiker, „und in meiner Eile, endlich den Tag zu beginnen, verbrannte ich den Toast, schüttete Kaffee über meinen Anzug und schnitt mich beim Rasieren. Als ich zu meinem Wagen rannte, biß mich der Hund meiner Nachbarn. Dann wollte mein Wagen nicht anspringen... Und von da an schien es nur noch bergab zu gehen!"

Für viele Leute ist jeder Morgen „ein Morgen danach".

Wie anders sieht doch die Welt aus, wenn wir frühmorgens erwachen, frisch und ausgeschlafen, und den Tag mit etwas Interessantem beginnen können! Dann haben wir genügend Zeit, Gott und den neuen Tag zu begrüßen und uns innerlich auf die neuen Gelegenheiten und Herausforderungen vorzubereiten. Ich selbst begrüße den Tag gern mit den alten Worten: „Dies ist der erste Tag meines restlichen Lebens." Der gestrige Tag mit all seinen Sorgen und Mühen ging zu Ende, als ich letzten Abend einschlief. Heute ist ein neuer Tag, ein frisches Blatt, das nur darauf wartet, von mir beschrieben zu werden.

Die beste Zeit, um Ihr größtes Hindernis, nämlich sich selbst, aus dem Weg zu räumen, ist am Morgen früh.

Bleiben Sie in Schwung. Machen Sie sich die Trägheit zunutzen! „Es gibt einen Zustand oder Umstand, der sich viel stärker als jeder andere auf das Lebensglück auswirkt: In Schwung bleiben", sagte John Burroughs. Er vergleicht unser Leben mit einem Fluß. „Wenn das Wasser nicht mehr fließt, steht er still."

Ein Körper bewegt sich so lang mit der gleichen Geschwindigkeit in die gleiche Richtung, bis eine äußere Kraft auf ihn einwirkt. Fachleute sagen uns zum Beispiel, es brauche mehr Benzin, um einen Wagen in Fahrt zu versetzen als ihn nachher in Fahrt zu halten. Vielleicht sind verschiedene Leute am Ende eines Tages so müde, weil sie zuviel „Benzin" verbraucht haben, um sich nach unzähligen Stops im Laufe des Tages wieder in Schwung zu bringen.

Wissen Sie stets, was als nächstes zu tun ist. Eines der Geheimnisse, Ihr Leben stets in Schwung zu halten, besteht darin, stets zu wissen, was Sie als nächstes zu tun haben. Ein bekannter Schriftsteller gestand einst, für ihn sei das Schrecklichste im Leben ein weißes Blatt Papier in der Schreibmaschine. Also überlegte er, wie diesem Problem abzuhelfen wäre. Und von da an ließ er jeden Abend ein Blatt mit einem halbfertigen Satz in der Schreibmaschine stecken. Am folgenden Morgen schrieb er dann jeweils zunächst diesen Satz zu Ende. Und bis es so weit war, war er schon derart in seine Arbeit vertieft, daß er einfach weiterschreiben konnte.

Eine Liste mit Dingen, die „Zu Erledigen" sind, ein sauberer Terminkalender auf Ihrem Schreibtisch oder ein genauer Zeitplan erfüllen den gleichen Zweck. Verwirrung ist eines der größtes Hemmnisse für jegliche Aktivität. Es wird also immer sinnvoll sein zu wissen, welche Aufgabe als nächste an der Reihe sein wird.

TIP 5

Seien Sie ein Selbststarter

Sind Sie ein Thermometer oder ein Thermostat? Ein Thermometer zeigt nur die Temperatur seiner Umgebung an und paßt sich jeder Situation an. Ein Thermostat hingegen sorgt dafür, daß sich die Temperatur in seiner Umgebung verändert. In ähnlicher Weise passen sich Verlierer jeweils an ihre Situation an. Sie tun, was offenbar von ihnen erwartet wird. Sie reagieren auf ihre Umgebung. Sieger aber entscheiden, was zu tun ist, und handeln entsprechend. Sie setzen ihre Energien ein und lassen sich nicht einfach treiben. Sie lernen, wie man

Dinge zu einem erfolgreichen Ende führen kann, und widmen sich dann der nächsten Aufgabe.

Vermeiden Sie Ausreden. Sieger erreichen Ziele; Verlierer suchen nach Ausreden. Schauen wir uns doch einige dieser klassischen Ausreden an, mit denen sich manche Menschen dafür rechtfertigen, daß sie eben keine Selbststarter seien:

1. Ich weiß nicht, was Sie von mir wollten.
2. Ich wußte nicht, daß Sie dies sofort benötigen.
3. Ich weiß nicht, wie ich das tun soll.
4. Ich warte nur auf das Startzeichen.
5. Das ist nicht meine Aufgabe.
6. Warten Sie bis der Chef zurückkommt.
7. Das habe ich vergessen.
8. Aber das ist nicht so, wie wir das sonst immer gemacht haben.
9. Ich bin einfach nicht dazu gekommen.
10. Ich hätte ja etwas falsch machen können.

Erfolgreiche Selbststarter suchen Verantwortung. Sie gehen kalkulierte Risiken ein. Sie bringen keine Ausreden vor, um ihre Untätigkeit zu beschönigen.

TIP 6

*Setzen Sie bei allem, was Sie tun,
alles ein, was Sie haben*

Dr. Peale hat schon recht! Begeisterung macht den Unterschied aus! Ralph Waldo Emerson sagte: „Ohne Begeisterung ist noch nie etwas Großes geleistet worden." Und W. H. Sheldon drückte es auf seine Weise aus: „Glück ist im Grunde genommen nichts anderes als der Zustand, wenn man aus ganzem Herzen in eine bestimmte Richtung geht."

Was ist Begeisterung? Begeisterung ist mehr als nur ein Schlagwort für Redner und Autoren, die sich mit dem Thema Motivation befassen. Für Menschen, die etwas leisten, bedeutet es eine ganze Lebensart. Samuel Goldwyn, der berühmte Hollywood-Produzent, gestand: „So lange ich mich zurückerinnern kann, war das, was ich jeweils gerade tat, für mich das Wichtigste auf der ganzen Welt. Meiner Meinung nach ist Begeisterung eine der wertvollsten Zutaten bei jedem Rezept für ein erfolgreiches Leben."

Begeisterung ist:
- Eine positive innere Kraft, welche Dinge geschehen läßt
- Eine freundliche und höfliche Bitte um Aufmerksamkeit
- Eine Methode der Diplomatie und Überzeugungskunst
- Ein Geist der Zusammenarbeit
- Ein Ansporn zum Leben

Enthusiasmus, ein anderes Wort für Begeisterung, stammt aus dem Griechischen und bedeutet „Etwas, das von Gott erfüllt ist". In modernen Wörterbüchern wird es mit Begeisterung, Entzückung, Leidenschaftlichkeit umschrieben. Um uns etwas tiefer in diesen Begriff hineinzuversetzen, wollen wir uns einen Künstler vorstellen, der bei Sonnenuntergang eine herrliche Schäferszene mit Bleistift auf einer Skizze festhält. Das vollendete Werk stimmt zwar in allen Proportionen und Einzelheiten, und es ist sehr kontrastreich. Was ihm aber fehlt, sind Farbe, Tönung und Wärme. Nun greift der Künstler zum Pinsel, fügt Licht und Schatten, Farben und Töne hinzu, voller Tiefe und Gefühl. Und plötzlich beginnt das Bild zu leben.

Begeisterung ist die Farbe der Inspiration und des Mutes. Sie ist das Licht der Kreativität und Einsicht. Sie verleiht die Tiefe der Gefühle und die Empfindung des Zweckes.

Begeisterung ermöglicht Ihnen, Ihr größtes Hindernis – sich selbst – aus dem Weg zu räumen!

Wie wird man der Begeisterung fähig? Der Name Vince Lombardi stellt in den USA so etwas wie ein Synonym für Enthusiasmus dar. Als er die Mannschaft der Green Bay Packers übernahm, war sie so ziemlich auf ihrem Tiefpunkt angelangt. 1958 hatte sie von 12 Spielen 10 verloren, einmal unentschieden gespielt und einmal gewonnen. Als die Spieler im Juni 1959 ins Trainingslager einrückten, wurden sie von ihrem neuen Coach, eben von Vince Lombardi empfangen.

„Meine Herren, wir werden jetzt eine Football-Mannschaft aufstellen", soll er sie laut einem Artikel im *Guideposts Magazine* begrüßt haben. „Wir werden ein paar Spiele gewinnen. Verstanden?"

Und wie sollten sie das wohl tun?

„Ihr werdet lernen, wie man abblockt, läuft und angreift. Ihr werdet besser spielen als alle Gegner."

Und dann kam das entscheidende Wort!

„Ihr sollt Vertrauen zu mir haben und Begeisterung für mein System aufbringen", befahl er. „Ich will, daß ihr von nun an nur noch an drei Dinge denkt: an euer Zuhause, an eure Religion und an die Green Bay Packers! Laßt euch von der Begeisterung anstecken!"

Was dann folgte, spricht Bände dafür, daß Begeisterung wirklich „anstecken" kann. Mit praktisch den gleichen Spielern gewannen die Green Bay Packers in der folgenden Saison sieben Matches. Ein Jahr später wurden sie Sieger in ihrer Division, und im dritten Jahr waren sie bereits Weltmeister. Diese Mannschaft wird oft als die „große Dynastie" im amerikanischen Profi-Football bezeichnet.

Tag um Tag. Wenn Sie Mühe haben, auf Touren zu kommen, nehmen Sie sich die wichtigste und „machbarste" Aufgabe vor und konzentrieren Sie sich voll und ganz auf sie. Setzen Sie heute, nur heute, alles dafür ein, was Sie einzusetzen haben!

Und machen Sie es morgen wieder genau gleich. Mit der Zeit wird sich dies zu einer dankbaren und aufregenden Gewohnheit entwickeln, die unglaubliche Ergebnisse hervorbringt.

Zeit ist die Gegenwart, die Person sind Sie

Haben Sie bislang müßig auf eine bessere Gelegenheit, auf einen besseren Posten oder auf bessere Umstände gewartet? Dann ist es Zeit einzusehen, daß das Warten einer Straße ohne Ausgang gleicht. Sie haben bestimmt auch schon mit solchen „Weltenbummlern" zu tun gehabt, welche einen auf der Straße ansprechen und um Geld bitten. Sie gehen in der Regel immer nach dem gleichen Schema vor: „Mit dem nächsten Zug kommt ein Kollege an, der mir Geld schuldet. Könnten Sie mir bis dahin nicht etwas Geld leihen, damit ich etwas essen kann?" An solchen Szenen sind es eigentlich zwei Dinge, die mich traurig stimmen. Erstens scheinen viele von ihnen wirklich zu glauben, was sie da erzählen, doch irgendwie taucht der Freund mit dem Geld einfach nie auf. Und zweitens unterscheidet sich ihre Einstellung nicht wesentlich von derjenigen vieler Leute, denen ich in Seminarien und in ratsuchenden Firmen begegne. Man findet überall Menschen, die nur auf eine Gelegenheit warten.

Verlierer warten darauf, daß etwas geschieht. Sieger hingegen sorgen dafür, daß etwas geschieht! Sie beschließen, ihr Leben in die Hand zu nehmen und ihre Zukunft nicht irgendwelchen Umständen oder Situationen anzuvertrauen. Wenn Sie Ihr größtes Hindernis aus dem Weg schaffen wollen, müssen Sie erkennen, daß Sie selbst dieses Hindernis sind – und daß es jetzt an der Zeit ist, zu handeln! Bemühen Sie sich um Erfolgsgewohnheiten und umgeben Sie sich mit einer Atmosphäre von Erfolg.

Denken Sie dran: Was immer Sie davon abhält, Ihr heutiges Ziel zu erreichen, muß schon etwas sehr Wichtiges sein – es kostet Sie nämlich einen Tag Ihres Lebens!

Übung 10–1: Schritt für Schritt
In dieser Übung erhalten Sie Gelegenheit, das, was wir theoretisch in diesem Kapitel besprochen haben, in die Praxis umzusetzen.

1. Schreiben Sie auf, welchen Schritt Sie als erstes unternehmen müssen, um Ihrem größten Ziel näherzukommen:

   _____

   _____

2. Führen Sie die drei wichtigsten Gründe auf, weshalb Sie diesen Schritt noch nicht unternommen haben:

   _____

   _____

3. Arbeiten Sie nun eine Strategie aus, wie Sie diese Gründe überwinden können:

   _____

   _____

4. Setzen Sie einen Termin fest, bis zu welchem diese drei Strategien erfolgreich durchgeführt sein müssen:

   _____

   _____

XI. KAPITEL

Einen Dieb erwischen

Was würden Sie in folgender Situation unternehmen?
Sie kommen eines Abends in Ihr Haus zurück und entdecken, daß Ihnen in Ihrer Abwesenheit jemand einen Besuch abgestattet hat – ein Einbrecher, ein Dieb! Eine rasche Kontrolle ergibt, daß ein einziger Wertgegenstand fehlt. Sie sind zwar wütend, aber doch einigermaßen erleichtert, daß nicht mehr abhanden gekommen ist. Und schließlich – überlegen Sie sich – ist der gestohlene Gegenstand ja versichert.
Am folgenden Abend stellen Sie aber fest, daß der Dieb zurückgekommen ist und wiederum einen Wertgegenstand hat mitlaufen lassen. Nun sind Sie fuchsteufelswild, aber immerhin kommt die Versicherung noch für den Schaden auf. Abend für Abend kommen Sie nun nach Hause und müssen feststellen, daß der Dieb wieder dagewesen ist und einen Wertgegenstand mitgenommen hat. Bald spielt die Versicherung nicht mehr mit – das heißt, alles, was der Dieb mitnimmt, kommt Sie persönlich teuer zu stehen. Überdies trifft Sie der Verlust Ihrer hart erworbenen Besitztümer immer tiefer. Ihre Nachbarn sagen, sie hätten nie jemanden gesehen. Und die Polizei steht vor einem Rätsel.
Und nun die Frage: Was würden Sie tun?
Sie rufen eine Privatdetektei an und fragen, ob diese Ihnen helfen könnte.

„Natürlich", antwortet der Chef. „Ich habe sechs Leute zur Verfügung, die ich sofort auf diesen Fall ansetzen werde. Ihre Namen sind Wer, Was, Wann, Wo, Warum und Wie. Sie erwischen jeden Dieb."

Versuchen wir doch nun mit Hilfe dieser sechs Privatdetektive herauszufinden, ob wir jenen Dieb erwischen können, der etwas viel Wertvolleres als Gegenstände aus Ihrem Haus stiehlt – obwohl auch er oft Geld und Dinge, die für Geld zu kaufen sind, mitlaufen läßt. Wer ist dieser Dieb? *Aufschub* heißt er. Wir wollen untersuchen, auf welche Weise uns das Aufschieben beraubt und was wir dagegen tun können.

Wer schiebt auf?

Die erste Frage lautet: *Wer schiebt Dinge auf die lange Bank?* Leider schieben fast alle von uns Dinge auf, von denen wir wissen, daß wir sie doch tun müssen oder daß wir sie tun wollen. Irgendwie überzeugen wir uns selbst davon, daß wir zu einem späteren Zeitpunkt mehr Zeit haben werden oder daß eine Aufgabe dann nicht mehr so schwierig sein wird. Doch scheinen wir nie mehr Zeit zu haben, und die Aufgaben werden in der Regel auch nicht gerade leichter.

Für bestimmte Leute wird das Aufschieben zu einer richtigen Lebensgewohnheit. Dazu vielleicht folgendes Beispiel: Ein Mann fand beim Aufräumen in einer Schublade einen alten Reparaturschein für ein Paar Schuhe. So sehr er sich auch bemühte, er konnte sich einfach nicht mehr an diese Schuhe erinnern. Also nahm er an, sie müßten zwei oder drei Jahre alt sein. Aus reiner Neugier steckte er den Schein in seine Tasche und ging am Abend nach der Arbeit bei jenem Schuhmacher vorbei. Ohne ein weiteres Wort präsentierte er dem alten Schuster seinen Reparaturschein. Dieser begutachtete den

Schuster seinen Reparaturschein. Dieser begutachtete den Schein einen Augenblick lang, schlurfte dann in seine Werkstatt hinaus und kam bald wieder zurück.

„Sie können sie am nächsten Mittwoch abholen", sagte er mit unerschütterlich lachendem Gesicht.

Ein Industrieboß sagte mir vor kurzem, er habe die Absicht, einen cleveren jungen Vertreter zu befördern, der für ihn arbeite.

„Allerdings macht er nie etwas fertig", erzählte er mir. „Auf seinem Schreibtisch stapeln sich unvollendete Berichte, in seinem Terminkalender wimmelt es von Anrufen, die er erledigen *wollte,* und meine Notizen beantwortet er immer erst *am folgenden Tag."*

Als ich diesem Mann zuhörte, wurde mir klar, daß es sehr viele junge Frauen und Männer gibt, die es wirklich zu etwas bringen könnten, wenn nur nicht ihre Gewohnheit wäre, alles auf die lange Bank zu schieben.

Stellt dieses ewige Aufschieben für Sie ein großes Problem dar? Nur Sie können diese Frage beantworten, denn nur Sie wissen, wie oft Sie etwas aufschieben. Und außerdem ist es ein Problem, das nur Sie lösen können. *Aber Sie können es lösen.*

Einige führende Persönlichkeiten des amerikanischen Wirtschaftslebens haben es nur so weit gebracht, weil sie das Problem des Aufschiebens gelöst haben. Dr. Norman Vincent Peale beschreibt in seinem Buch „Die Kraft positiven Denkens", wie er selbst beinahe in diesem Sumpf untergegangen wäre, wenn er nicht etwas dagegen unternommen hätte. Er liefert dazu das folgende Rezept:

1. Suchen Sie einen Bereich heraus, wo Sie das ewige Aufschieben wirklich stört, und schaffen Sie da Ordnung.
2. Lernen Sie, Prioritäten zu setzen und sich jeweils auf ein einziges Problem zu konzentrieren.

3. Setzen Sie sich selbst Zeitlimiten.
4. Weichen Sie den schwierigsten Problemen nicht einfach aus.
5. Lassen Sie sich nicht durch Perfektionismus lähmen. Wenn Sie immer alles aufschieben, bis Sie sich Ihrer Sache hundertprozentig sicher sind, werden Sie nie auf einen grünen Zweig kommen.

Was ist Aufschieben?

Aufschieben ist nicht nur ein Zeitdieb, sondern noch viel mehr. Es ist eine schlechte Gewohnheit, die uns unseres Selbstrespekts und des Respekts anderer beraubt, die Unternehmen viel Geld kostet und uns den Zugang zu besonderen Gelegenheiten verschließt.

Aufschieben verhindert nicht nur unsere Karriere, sondern macht auch unser persönliches Leben ärmer. Allzu oft kommen wir nicht dazu, einem Freund, der sich abmüht, ein aufmunterndes Wort zuzurufen. Wir kommen nicht dazu, ein Wort des Lobes auszusprechen. Oder wir kommen nicht dazu, die gute Tat zu vollbringen, die wir eigentlich vorgehabt hätten. Die Unsitte des Aufschiebens bringt *uns* um solche Dinge, aber auch jene, denen sie vielleicht geholfen hätten.

Was ist Aufschieben? Alle das auf später verschieben, was Sie tun wollen oder müssen - wenn es keinen vernünftigen Grund dafür gibt.

Wann schieben wir Dinge auf?

Für einige von uns - so fürchte ich - wird die Antwort auf diese Frage lauten: „Viel zu oft!" Bestimmte Wecker zum Beispiel sorgen dafür, daß viele von uns den Tag bereits mit Aufschieben beginnen. Diese Wecker schenken uns nochmals fünf Minuten Schlaf, dann noch einmal fünf Minuten, und noch einmal fünf. Offenbar sind sie sehr beliebt, denn sie wurden in den letzten Jahren in rauhen Mengen verkauft. Jeder Tag, der damit beginnt, daß wir morgens im Bett liegenbleiben – mit dem Vorsatz, dann das nächste Mal aufzustehen –, ist bestimmt ein Tag, an welchem auch andere Dinge aufgeschoben werden. Es ist sehr schwer, aus einem solchen Schema auszubrechen.

Lassen Sie mich Ihnen ein paar Tips geben, die Ihnen vielleicht helfen, jeden Tag gut anzufangen und den ganzen Tag lang gegen die ewige „Aufschieberei" anzukämpfen:

1. *Bereiten Sie sich am Vorabend auf den folgenden Tag vor.* Legen Sie, bevor Sie schlafen gehen, alles bereit, was Sie am nächsten Morgen brauchen. Sorgen Sie dafür, daß am frühen Morgen alles routinemäßig abläuft, damit Sie nicht schon Entscheidungen treffen müssen. Und sorgen Sie auch dafür, daß Sie sich auf irgendetwas freuen können.

2. *Schlafen Sie genug.* Gehen Sie früh schlafen und achten Sie darauf, daß Magen und Kopf unbelastet sind. Zu viel Essen und Trinken am Abend hat einen unruhigen Schlaf zur Folge. Gewöhnen Sie sich an, Ihren Kopf zu „leeren", wie Sie die Taschen Ihres Anzugs leeren, damit Sie sorgenfrei einschlafen können.

3. *Benützen Sie Ihren Wecker richtig.* Stellen Sie ihn auf die Zeit ein, zu der Sie aufstehen müssen, und stehen Sie dann auch wirklich auf, wenn er sich meldet.

4. *Bringen Sie als erstes Ihren Körper in Schwung.* Es gibt nichts Besseres als ein paar intensive Gymnastikübungen, um Ihre Blutzirkulation anzuregen und Ihren Körper für den Tag in Schwung zu bringen.

5. *Begrüßen Sie den neuen Tag auf Ihre ganz persönliche Art und Weise.* Viele Leute empfinden das Aufwachen als fürchterliches Erlebnis und brauchen sehr viel Zeit, um in Schwung zu kommen. Andere wiederum sind vom ersten Augenblick an voll da. Finden Sie heraus, was Ihnen am besten zusagt, und machen Sie sich diese Art dann zur Gewohnheit.
6. *Nehmen Sie sich schon frühmorgens etwas Zeit, um mit Ihrem Innern ins Gleichgewicht zu kommen.* Auf diese Weise können Sie sich mit positiven Gedanken beschäftigen, bevor Ihr Verstand Zeit hat, sich dem Lauf der Natur folgend auf die Probleme des Tages einzustellen.
7. *Planen Sie den gesamten Tagesablauf, und halten Sie sich an diesen Plan.* Es ist besser, jede Minute verplant zu haben, als sich unablässig fragen zu müssen, was nun wohl als nächstes kommt – auch wenn Sie diese Pläne mehrmals während des Tages leicht ändern müssen.

Die einzige Möglichkeit, gegen die Unsitte des Aufschiebens anzukämpfen, besteht darin, schon am Morgen früh hart zu bleiben und den ganzen Tag lang nicht nachzugeben, und dies Tag für Tag!

Wo schieben wir Dinge auf?

Diese Frage mag etwas eigenartig klingen, denn gewisse Menschen scheinen überall Dinge aufzuschieben. Ein Gefühl des Unangenehmen ist aber offenbar mit dieser Unsitte doch sehr eng verbunden. Ich sprach einmal mit einem Mann, der während seiner Zeit als Außendienstmitarbeiter ein echter Draufgänger gewesen war. Er hatte so gut gearbeitet, daß er zum regionalen Verkaufschef befördert wurde. In dieser Position stellte er dann plötzlich fest, daß er den größten Teil seiner Zeit damit verbrachte, zu planen, was als nächstes an der Reihe war.

Im Laufe unseres Gesprächs entdeckte er, daß er wirklich sehr gern verkauft hatte, daß ihm seine jetzige Position aber zuwider war, weil er ununterbrochen Entscheidungen treffen mußte. Folglich pflegte er diese Entscheidungen aufzuschieben. Und je mehr er sich mit diesen Entscheidungen befaßte, desto größer wurden sie, bis sie ihm schließlich über den Kopf wuchsen. Ich gab ihm folgende alte Weisheit mit auf den Weg: „Wenn du schon einen Ochsenfrosch verschlucken mußt, schau ihn nicht zu lange an, sonst wird er plötzlich zu groß!"

Wir alle neigen dazu, Dinge aufzuschieben, die mit unangenehmen Entscheidungen zusammenhängen. Wenn wir solche Situationen ändern können, sind wir es uns selbst – und den Leuten um uns herum – schuldig, sie zu ändern. Wenn wir sie nicht ändern können, ist uns am besten gedient, wenn wir so rasch und so gut wie möglich tun, was zu tun ist.

Warum schieben wir Dinge auf?

„Wer darauf wartet, daß ihm gebratene Tauben in den Mund fliegen, muß sehr, sehr lang warten", sagt ein altes chinesisches Sprichwort.

Ich kenne niemanden, der gern Dinge aufschiebt oder sich über die Folgen davon freut; aber ich kenne viele Leute, die es dennoch tun. Wenn wir es doch nicht gern tun und die Folgen verabscheuen, weshalb schieben wir dennoch immer wieder Dinge auf?

Lassen wir die schwachen Ausreden einmal beiseite, die die meisten von uns in solchen Fällen anbieten, und versuchen wir, die wahren Gründe für unsere „Aufschieberei" zu entdecken.

1. *Wir lassen uns vom falschen Glauben beseelen, später mehr Zeit zu haben.* Wir neigen umso mehr dazu, wenn wir eine

große Aufgabe hinausschieben. Früher oder später werden wir die Konsequenzen zu tragen haben. In der Regel ist eine Aufgabe später größer als zu dem Zeitpunkt, in dem wir erstmals mit ihr konfrontiert waren.

2. *Wir halten die Aufgaben im jetzigen Zeitpunkt für unwichtig.* Vielleicht sind die Ergebnisse zu langfristig, als daß wir sie im Augenblick für wichtig hielten. Vielleicht sind wir auch zu sehr damit beschäftigt, Dinge zu erledigen, die wir so lange aufgeschoben haben, bis sie äußerst dringend geworden sind. Oder manchmal fühlen wir diesen Aufgaben gegenüber einfach keine Verpflichtung. Manche Leute schieben so viele Dinge auf, daß sie den ganzen Tag über wie Feuerwehrleute herumrasen müssen, um all jene Brände zu löschen, die eigentlich gar nie hätten entstehen dürfen.

3. *Wir stehen nicht unter Druck.* Viele Leute sind so undiszipliniert, daß sie einer Aufgabe einfach keine Priorität einräumen, solange kein Druck auf sie ausgeübt wird. Erst wenn sie gedrängt werden, fühlen sie sich dazu bemüßigt, die Angelegenheit zu erledigen.

4. *Wir schieben Dinge auf, weil sie unangenehm, schwierig oder langweilig sind.* Wenn wir etwas nicht gerne tun, ist es in der Regel – wenigstens für den Augenblick – einfacher, eine Ausrede vorzubringen. Leider ist eine solche Einstellung meistens kontraproduktiv, denn je länger wir eine unangenehme Aufgabe hinausschieben, desto unangenehmer wird sie uns vorkommen.

Die weit häufigste Ausrede dürfte die letzte sein: Wir haben keine Lust, etwas zu tun, also schieben wir es auf. Alle anderen Ausreden sind in der Regel nur Variationen dieser vier Gründe.

Eine einfache Rechenaufgabe bringt uns vielleicht zur Einsicht, wie unsinnig es ist, sich dieser so bequemen „Aufschieberei" hinzugeben. Nehmen wir einmal an, wir hätten eine Aufgabe zu erledigen, die uns wahrscheinlich ungefähr eine Stunde kosten würden, und schieben wir sie um zwei Wochen hinaus. Nun werden sich die meisten von uns mindestens zehn Minuten täglich mehr oder weniger Gedanken darüber machen, was wir nun tun müssen. Rechnen wir nun noch ein paar Minuten zusätzlich für die Aufgabe ein, weil wir sie so lange haben anstehen lassen. Zählen wir nun zusammen: die Zeit, in der wir uns Gedanken gemacht haben; die Zeit, die uns die Verzögerung gekostet hat; und die Zeit, welche die Aufgabe eigentlich erfordert hat. Und schon haben wir erfolgreich aus einer einstündigen eine dreieinhalbstündige Aufgabe gemacht. Aber das ist noch keineswegs das Schlimmste. Die Sorgen und Gedanken, die uns diese Aufgabe bereitet hat, kostet uns Kraft und Energie, die wir für andere Aufgaben bitter nötig hätten.

Weshalb also schieben wir Dinge hinaus? Weil wir es uns zur Gewohnheit machen.

Wie schieben wir Dinge auf?

Gehören Sie auch zu denen, die von sich sagen müssen: „Ich habe tausendmal versucht, Dinge nicht mehr aufzuschieben, aber ich habe es einfach nicht geschafft"? Das Interessante an dieser „Aufschieberei" liegt ja darin, daß es mehr mit dem zu tun hat, was wir *nicht* erledigen, als mit dem, was wir erledigen. Normalerweise bedeutet es, daß wir in einer Angelegenheit nichts unternehmen, in der wir doch eigentlich das Gefühl haben, etwas unternehmen zu müssen. Wir warten darauf, daß sich die Bedingungen ändern, daß sich eine bessere Gelegenheit bietet, daß die Aufgabe zu drängen beginnt. Aber meistens warten wir nur darauf, daß wir mehr Lust verspüren, etwas zu tun.

Vergessen Sie nicht: Ihr Leben in die Hand zu nehmen bedeutet, daß Sie Ihre Gefühle beherrschen und sich nicht von ihnen beherrschen lassen.

Nehmen Sie den Dieb fest

Wir haben „Aufschieberei" als schlechte Gewohnheit bezeichnet. Man könnte sie aber auch als Fahrwasser bezeichnen, aus welchem es auf beiden Seiten kein Entkommen gibt. Dinge aufschieben hat kaum etwas mit Siegen zu tun. Es sind die Verlierer, die darauf warten, daß etwas geschieht. Die Sieger im Spiel des Lebens sorgen dafür, daß etwas geschieht.

Natürlich sprechen wir nicht von Aufgaben, die aus gutem Grund um einige Zeit hinausgezögert werden. Es gibt Dinge, die man wirklich am besten überhaupt nicht tut. So ging beispielsweise einmal ein Schuß im Kampf gegen die „Aufschieberei" in der Tat nach hinten los. Der Chef eines großen Büros war der Ansicht, es würden in seinem Betrieb allzu viele Dinge aufgeschoben. Und so brachte er im Büro ein großes Schild an, auf welchem stand: „TUN SIE ES JETZT!" In der folgenden Woche verschwand der Chefbuchhalter mit 100'000 Dollars aus der Firmenkasse, zwei jüngere Angestellte reichten ihre Kündigung ein und übernahmen Posten bei der Konkurrenz, die Sekretärin des Chefs teilte ihm mit, sie sei schwanger, und ein Angestellter beging Selbstmord.

Daß das Schild augenblicklich wieder verschwand, braucht wohl nicht gesagt zu werden!

Es gibt oft durchaus legitime Gründe, etwas hinauszuzögern. Warten – nicht aufschieben – ist sehr sinnvoll, wenn Sie zur Erledigung einer bestimmten Aufgabe mehr Informationen benötigen, wenn eine Handlung jemanden unnötig verletzten würde oder wenn die Bedingungen einfach absolut ungünstig sind. In solchen Fällen wird gezieltes Warten zu positivem Tun. Aufschieben ist das *unnötige* Hinauszögern einer Aufgabe, die sofort erledigt werden müßte.

Wie nehmen Sie den Dieb fest?

Die folgenden „Handschellen" werden Ihnen dabei helfen:

1. *Schaffen Sie Ordnung und sorgen Sie dafür, daß es dabei bleibt.* Lernen Sie, Ihre Aufgaben zu planen, für sich selbst und für andere Termine zu setzen und nach Ihrem Plan zu leben. Treffen Sie mit sich selbst Verabredungen, um wichtige Projekte zu bestimmten Zeiten in die Wege zu leiten, und halten Sie diese Verabredungen auch ein.

2. *Üben Sie Selbstdisziplin.* Ringen sie sich dazu durch, von nun an jede wichtige Aufgabe sofort anzupacken.

3. *Stellen Sie auf einer Liste alle Aufgaben zusammen, die Sie schon viel zu lang vernachlässigt haben, und legen Sie Daten fest, an denen Sie sie anpacken und beenden wollen.* Bringen Sie eine Reihe von Aufgaben in Schwung, mit Hilfe derer Sie sich daran gewöhnen können, alle Dinge planmäßig zu erledigen.

4. *Lernen Sie zu entscheiden.* Lernen Sie zu entscheiden, ob sich eine bestimmte Aufgabe lohnt oder nicht, und entsprechend zu handeln. Wenn sich die Sache nicht lohnt, vergessen Sie sie – belasten Sie sich nicht unnötig damit. Wenn sie sich aber lohnt, nehmen Sie sie in Ihren Plan auf und erledigen Sie sie!

Übung 11-1: Setzen Sie der „Aufschieberei" ein Ende

Stellen Sie eine Liste mit wenigstens fünf Dingen zusammen, die Sie auf später verschoben haben, und legen Sie die Daten fest, an denen Sie sie anpacken und beenden wollen:

1. Aufgabe _____ Anfang _____ Ende _____

2. Aufgabe _____ Anfang _____ Ende _____

3. Aufgabe _____ Anfang _____ Ende _____

4. Aufgabe _____ Anfang _____ Ende _____

5. Aufgabe _____ Anfang _____ Ende _____

XII. KAPITEL

Führung: Die Aufgabe des Siegers

„Nur wenigen ist Erfolg beschieden, wenn nicht viele andere Menschen wollen, daß sie Erfolg haben", sagte Charlie Brower. Wie wahr dies ist! Egal, ob Sie Lehrer, Rechtsanwalt, Vertreter, Künstler oder leitender Angestellter sind, Ihr Erfolg im Leben hängt weitgehend davon ab, wie gut es Ihnen gelingt, andere Leute dazu zu bringen, Ihnen beim Erreichen Ihrer Ziele behilflich zu sein. Und weiter: wenn Glück zu Ihren Zielen gehört, dann hängt auch dieses Glück sehr stark von Ihrer Fähigkeit ab, andere Menschen aus ihren Beziehungen zu Ihnen etwas gewinnen zu lassen.

Drei Arten von Menschen

Jemand hat einmal festgestellt, es gäbe grundsätzlich drei Arten von Menschen:

1. Solche, die in einer bestimmten Situation entscheiden können, was zu tun ist, einen Weg finden, dies zu tun, und es auch tun.
2. Solche, die - wenn man ihnen in einer bestimmten Situation zeigt, was getan werden muß - einen Weg finden, dies zu tun, und es auch tun.

3. Solche, die – wenn man ihnen in einer bestimmten Situation zeigt, was getan werden muß und wie es getan werden kann – es tun können.

Zu welcher Art gehören Sie? Sind Sie ein „verantwortungsfähiger" Mensch, der in einer bestimmten Situation entscheiden kann, was zu tun ist, einen Weg findet, es zu tun, und es dann auch tut?

Führer werden nicht geboren

Gewisse Menschen scheinen mit offenbar minimaler Vorbereitung und Anstrengung fähige Führer zu sein. Sie scheinen von Natur aus über jenes magische Etwas zu verfügen, das wir oft als „Charisma" bezeichnen. Wenn Sie aber die Laufbahn der wirklich großen Führer in der Geschichte der Menschheit studieren, werden Sie feststellen, daß deren „Charisma" viel öfter auf ihre Taten als auf irgendwelche geheimnisvollen Eigenschaften zurückzuführen ist.

So wird zum Beispiel Napoleon häufig für einen großen Militärstrategen und eine starke aber, das Geheimnis seines Erfolges läge in seiner Fähigkeit, auf seine eigene Art und Weise zu Taten anzuspornen. Und das Gleiche gilt auch für Lincoln, Roosevelt, Kennedy und viele andere.

Vergessen Sie nicht: was Sie sind und zu sein hoffen, ist die Art, wie Sie sich selber erfahren; andere Menschen erfahren Sie jedoch durch Ihre Taten. Was Sie tun, bringt andere Menschen dazu, am gleichen Strick zu ziehen und Ihnen zu helfen, Ihre Ziele zu erreichen.

Grundsätze des Führens

Jeder Mensch ist anders. Jede Situation, in der sich ein Führer befindet, ist anders. Und jede Aufgabe ist anders. Was ein

Mensch in einer bestimmten Situation oder bei einer bestimmten Aufgabe fertigbringt, mag andern nicht gelingen. Gewisse elementare Grundsätze jedoch, an die sich alle großen Führer gehalten haben, helfen uns vielleicht, selbst bessere Führer zu werden.

GRUNDSATZ 1
Verstehen Sie die Menschen, die Sie führen müssen

Der wichtigste Grundsatz beim Führen anderer Menschen lautet: *Verstehen Sie die Menschen, die Sie führen müssen!* Begehren heißt der Schlüssel zu jeder Art Disziplin oder Motivationsversuch. „Wenn Sie als Führer Erfolg haben wollen", hat jemand gesagt, „müssen Sie herausfinden, was die Menschen wollen, und ihnen helfen, es zu erreichen." Der Erfolg stellt sich ein, wenn Sie andern Leuten helfen zu erreichen, was für sie von Bedeutung ist.

Charles Percy wurde Präsident der Firma Bell & Howell, Inc., noch bevor er 40 Jahre alt war. Ein Fachjournalist, den dieser kometenhafte Aufstieg in eine so verantwortungsvolle Position faszinierte, fragte viele Leute, worauf wohl Percys Erfolg zurückzuführen sei. Die Antworten lauteten stets gleich: „Er bewies von allem Anfang an ein ungeheures Geschick, das Beste aus andern Menschen herauszuholen." Dieses Gespür für die Wünsche und Begehren anderer Leute verhalf ihm schließlich zu nationalem Ansehen als Senator.

Ob Sie Produkte verkaufen oder vermarkten müssen, ob Sie Menschen in Produktions- oder Dienstleistungsbetrieben führen oder Menschen helfen müssen, ihr Leben zu ändern, das Prinzip bleibt stets das gleiche – die Menschen, die Sie führen, kennen und verstehen. Vielleicht ist diese Notwendigkeit der Grund dafür, daß so viele erfolgreiche Führer sich so intensiv mit der menschlichen Natur befassen. Vielleicht interessieren sie sich deshalb so sehr für Gebiete wie Psychologie, Soziologie, Philosophie und Religion. Sie wollen verstehen, weshalb Menschen eben so handeln. „Wir wollen keine Genies als Manager", sagt der Präsident eines bekannten Konzerns, „wir wollen Leute, die andere motivieren können, gute Arbeit zu leisten."

In den letzten Jahren wurde sehr viel über die zunehmende Bedeutung des Computers im Geschäftsleben und in der Welt ganz allgemein gesprochen. Viele befürchten sogar, daß Computer einst über unsere Welt herrschen werden. Ich aber glaube, daß Computer aus einem einzigen, einfachen Grund nie in der Lage sein werden, wirklich Menschen zu führen – sie sind einfach außerstande, die menschliche Natur zu begreifen. Computer sind nicht fähig, das Unlogische menschlicher Gefühle zu verstehen, die menschlichen Fähigkeiten zu lieben, zu begehren und zu fürchten, oder die qualitativen Dimensionen menschlicher Arbeitsgewohnheiten.

So kann ein Mensch zum Beispiel versuchen, sich mit möglichst wenig Anstrengung einer Aufgabe zu entledigen, ungeahndet schlechte Arbeit zu leisten oder Fehler zu vertuschen. Ein anderer Mench hingegen entwickelt sich zu einem „Arbeitstier", strebt nach Perfektion und korrigiert seine eigenen Fehler. Ein Computer kann das Endergebnis liefern. Er hat vielleicht sogar genügend Daten verfügbar, um entscheiden zu können, was Menschen in einer bestimmten Situation am besten motiviert. Es bedarf der Empfindsamkeit des menschlichen Geistes um zu verstehen, weshalb ein Mensch in einer ganz bestimmten Weise reagiert, um Möglichkeiten zu einer Leistungsverbesserung zu entdecken, indem die Arbeitsbedingungen geändert werden, um Menschen zu einer besseren Leistung führen zu können.

In der Arbeitswelt und im Bereich menschlicher Dienstleistungen wird immer Platz sein für Führernaturen, welche die Stärken und Schwächen eines Individuums bei bestimmten Aufgaben entdecken können und daraufhin entweder die Aufgabe so abändern, daß die Stärken zum Tragen kommen, oder eine andere Aufgabe für diesen Menschen finden. Aus dem gleichen Grund würden wohl ein paar Schaltkreise eines Computers in einer Massenproduktionsanlage zusammenbrechen, wenn er einen Arbeitsplatz für einen Menschen wie Antonio Stradivari finden müßte, der sagte: „Andere Leute werden andere Geigen bauen, aber niemand wird eine bessere bauen." Heute kosten seine Meistergeigen zwischen dreißig- und hunderttausend Franken.

Ein Führer mit Gespür würde aber keinesfalls versuchen, einen Menschen wie Stradivari in eine Fließbandproduktion zu integrieren. Vielmehr würde er dessen Talente ausnützen; er würde ihn dazu einsetzen, Prototypen zu konstruieren oder ganz besondere Geigen für einen sehr kleinen und speziellen Markt zu bauen.

Was immer Sie sonst noch über die Kunst des Führens lernen mögen, nichts wird Ihnen je mehr nützen als ein echtes und aufrichtiges Interesse an den Menschen, die Sie führen müssen, und ein klares Verständnis ihrer Stärken und Schwächen. Die Zeit der Führer mit „Macht und Gewalt" gehört der Vergangenheit an. Wer in der komplizierten Welt von heute versuchen würde, mit der Einstellung „Der Chef hat vielleicht nicht immer recht, aber er ist und bleibt der Chef" durchzukommen, würde plötzlich feststellen, daß die meisten seiner Untergebenen zu verschiedenen Taktarten marschieren. Ein auf sich selbst ausgerichteter Mensch läßt sich durch die Schwächen anderer und durch ihren offensichtlichen Mangel an Motivation, ihre Aufgaben zu erfüllen, einfach frustrieren; ein kreativer Führer hingegen sucht nach Wegen, aus den Stärken oder Schwächen derer, die er führt, Kapital zu schlagen.

GRUNDSATZ 2

Beherrschen Sie die drei grundlegenden Führungsarten

Von den drei grundlegenden Führungsarten hat jede ihren Anwendungsbereich.

"Autokratische" Führung. Ein autokratischer Führer hält seine Gruppe fest in der Hand, beraumt nur wenige Sitzungen an und erteilt laute, harte Befehle. Ein Feuerwehrkommandant, der zu einem großen Hotelbrand aufgeboten wird, ist vielleicht das beste Beispiel für diese Art von Führern. Es wäre sinnlos, wenn er all seine Männer zusammenrufen würde, um darüber zu beschließen, was geschehen muß. Wahrscheinlich würden Sie ungefähr folgende Befehle hören: „Zug 1 hierher!... Verlegt Leitung zwei dort drüben!... Nehmen Sie drei Männer und gehen Sie dort hinein!" Nun, wenn ich in diesem brennenden Hotel wäre, würde ich wenigstens hoffen, daß der Kommandant so vorginge!

"Demokratische" Führung. Der demokratische Führer beruft Sitzungen ein und bittet verschiedene Leute um ihre Meinung. Dann läßt er die Versammlung entscheiden, was getan werden muß. So ruft zum Beispiel der Feuerwehrkommandant nach einem Einsatz seine Offiziere zusammen, um das Vorgehen ihrer Abteilungen zu kritisieren und zu besprechen, wie ihr Einsatz in Zukunft noch verbessert werden könnte.

Freie Führung. Hier liegt das Hauptgewicht auf lockerer Kontrolle und maximaler Beteiligung. Der Führer leitet die Gruppe auf der Suche nach möglichen Lösungen für ein Problem. Zum Beispiel könnte der Feuerwehrkommandant all seine Leute zu einer Versammlung einberufen, um gemeinsam darüber zu beraten, wie in Zukunft Brandfälle noch besser verhütet werden könnten.

Erfolgreiche Führer wissen, welche Art Führung in einer bestimmten Situation angebracht ist, und sie versuchen ihren Führungsstil der jeweiligen Situation anzupassen.

Unabhängig vom jeweils erforderlichen Führungsstil muß jeder Führer fünf elementaren Aufgaben gewachsen sein. Wenn Sie diese beherrschen, werden auch Sie Menschen gut und richtig führen können.

AUFGABE 1

Legen Sie End- und Zwischenziele fest

Als Führer liegt es an Ihnen, End- und Zwischenziele für die von Ihnen geführten Menschen festzusetzen. Dies bedingt, daß Sie wissen, was getan werden muß und wie es getan werden kann. Genauso wie bei Ihren persönlichen Zielen müssen Sie auch für die Leute, die Sie führen, Zweck und Marschrichtung festlegen. Dies klingt vielleicht sehr einfach, erweist sich aber oft als äußerst kompliziert. Um nochmals auf das Beispiel des Feuerwehrkommandanten zurückkzukommen: er muß die Prioritäten für alle ihm zur Verfügung stehenden Gruppen festlegen.

Ein guter Führer kann Situationen beurteilen, Prioritäten setzen und Ziele bestimmen. Natürlich besteht das Ziel darin, das Feuer zu löschen. Wenn Sie in diesem Hotel wären, käme es Ihnen aber wahrscheinlich in erster Linie darauf an, daß der Kommandant sich zunächst darum bemüht, Menschenleben zu retten. Seine Ziele könnten also vielleicht folgendermaßen lauten: 1. Menschen außer Gefahr bringen. 2. Flammen- und Rauchentwicklung eindämmen. 3. Umliegende Gebäude schützen. 4. Brand löschen.

AUFGABE 2

Planen und Organisieren

Als Führer müssen Sie lernen, die Ihnen zur Verfügung stehenden Mittel so zu planen und so zu organisieren, daß Sie die gestellte Aufgabe lösen können. Dies bedeutet: analysieren, wer welche Entscheidungen trifft; die Arbeit in einzelne Aufgaben aufteilen; und Leute auswählen, welche sich für die entsprechenden Aufgaben eignen. Dabei werden sich folgende Fragen stellen:

○ Was für Tätigkeiten sind auszuführen?
○ Welche Mittel sind notwendig, um diese Tätigkeiten auszuführen?
○ Wie können die verfügbaren Leute und Mittel optimal eingesetzt werden?
○ Welche spezifischen Beiträge dürfen vernünftigerweise von den einzelnen Leuten erwartet werden?

Unser Feuerwehrkommandant dürfte bei einem Großbrand hoffnungslos überfordert sein, wenn er nicht schon vorher entsprechende Pläne ausgearbeitet hat. Wenn es also in erster Priorität darum geht, Menschenleben zu retten, braucht er eine Gruppe besonders ausgebildeter, speziell ausgerüsteter und entsprechend geführter Feuerwehrleute. Und diese Einsatzgruppe benötigt auch eine ganze Reihe von Hilfsmitteln, um ihre Aufgabe erfüllen zu können.

AUFGABE 3

Informieren und Motivieren

Der Führer informiert seine Leute, was zu tun ist, wer es zu tun hat und wie es zu tun ist. Danach muß er sie entsprechend motivieren. Indem er seine Leute richtig informiert und genügend anspornt, integriert er sie zu einem Team. Die Aufgabe jedes einzelnen ist so angelegt, daß sie zum Fortschritt des ganzen Teams beiträgt. Der Führer muß seinen Leuten die Endziele der gesamten Gruppe klarmachen, ihnen erklären, welche Rolle ein jeder dabei spielen muß, damit das Team seine Ziele auch erreicht.

Die Last der Information ruht weitgehend auf den Schultern des Führers. Dies ist in mancher Hinsicht oft seine schwerste Aufgabe. Fachleute sind der Ansicht, daß irgendwelche Organisationen ihre Ziele in achtzig Prozent aller Fälle nur deshalb verfehlen, weil irgendwo eine Informationslücke besteht. In andern Worten: Leute, welche die ihnen anvertrauten Aufgaben nicht erfüllen, versagen meist nur, weil sie nicht verstehen, was von ihnen erwartet wird. Wenn jemand versagt, ist es in der Regel sinnlos, dieser Person Vorwürfe zu machen, weil sie einfach nicht verstanden hat, worum es geht.

Zurück zu unserem Beispiel: ein Gruppenführer, der diese Rolle nicht versteht, verläßt unter Umständen seinen Posten und versucht heldenhaft, ein einzelnes Menschenleben zu retten. Dadurch kann er aber das Leben mehrerer Feuerwehrleute seiner Gruppe gefährden und Bemühungen vereiteln, viele andere Leben aus der Gefahr zu erretten.

Ein fähiger Führer ist wie ein guter und sensibler Dirigent in der Lage, die Talente und Motivationen der Mitglieder seines Teams zu einem harmonischen Ganzen zusammenzuführen.

AUFGABE 4

Leistung überwachen

Der Führer überwacht die Leistung. Es genügt nicht, daß jedermann mit irgendetwas beschäftigt ist. Jedes Teammitglied muß den Beitrag leisten, der von ihm im Hinblick auf die Gesamtaufgabe erwartet wird. Und dafür ist der Führer verantwortlich. Er muß entscheiden, wie und nach welchem Maßstab eine Leistung beurteilt wird; er muß dafür besorgt sein, daß jeder Mitarbeiter diese Leistungskriterien kennt; und er überwacht und beurteilt die Leistung eines jeden im Hinblick auf die Gesamtaufgaben und -ziele.

AUFGABE 5
Leute fördern

Schließlich gehört es auch zu den Aufgaben eines Führers, Leute – einschließlich sich selbst – zu fördern. Gute Führer wissen, daß jeder Mitarbeiter ständig wachsen und lernen muß. Umsichtige Führer wissen auch, daß morgen ein anderer Tag sein wird, der noch größere Herausforderungen und Gelegenheiten bringt als heute. Sie pflegen also die verfügbaren Talente, um den Horizont immer mehr zu erweitern. Geschickte Führer wissen außerdem, daß Leute in ihrer jetzigen Situation mehr leisten, wenn sie erkennen, daß sie etwas lernen, ihren Horizont erweitern und an ihren Aufgaben wachsen. Gute Führer trachten unablässig danach, Menschen zu fördern.

GRUNDSATZ 3
Beherrschen Sie die wichtigsten Werkzeuge und Fertigkeiten eines Führers

Einem Führer gelingt es durch Einsatz gewisser Werkzeuge und Fertigkeiten immer besser, Menschen dazu zu veranlassen, etwas zu tun. Besehen wir uns diese Werkzeuge ein wenig näher:

WERKZEUG 1

Erreichbare, vernünftige Nahziele

Wenn man jemandem sehr allgemeine Anweisungen gibt und Zeit dafür, dann wird die Aufgabe normalerweise auch entsprechend erledigt – wenn überhaupt! Gute Führer setzen nicht nur für sich selbst, sondern auch für all jene, die sie führen wollen, klar umrissene Nah- und Fernziele. Und sie gehen sogar noch einen Schritt weiter: sie beteiligen jene, die sie führen sollen, am Prozeß der Zielsetzung und ermutigen sie, sich selber Ziele zu setzen. Eine gutgeführte Organisation legt sehr viel Wert auf ständiges Planen – bis in die kleinsten Einzelheiten. Wenn die Leute beim Setzen der Nah- und Fernziele beteiligt werden, unterstützen sie viel bereitwilliger die Bemühungen ihres Führers, diese Ziele zu erreichen.

Außerdem leisten Menschen, die für bestimmte Ziele selbst verantwortlich sind, oft sehr wertvolle Beiträge. So erzählte Henry Ford zum Beispiel oft, wenn er eine zeitraubende und unangenehme Aufgabe zu erledigen habe, hätte er sie dem „faulsten Arbeiter im ganzen Betrieb" anvertraut. „In ein oder zwei Tagen wird er einen Weg finden, wie er sie rasch und einfach erledigen kann."

Erreichbare und vernünftige Nahziele für alle Mitarbeiter einer Organisation zählen zu den wichtigsten Werkzeugen eines Führers.

WERKZEUG 2

Wirksame Kontrollverfahren

Oft empfindet ein Führer ein „dumpfes Gefühl in der Magengegend", daß seine Organisation oder sein Team nicht optimale Leistungen erbringt, ohne aber genau sagen zu können, woran dies liegt. Normalerweise besteht der Grund darin, daß es keine geeigneten Verfahren gibt, um die Fortschritte von Einzelnen oder von ganzen Teams auf ein Ziel hin zu kontrollieren. Ein guter Führer weiß, was jeder seiner Mitarbeiter in Relation zu seinen Fähigkeiten und zu den ihm gesetzten Zielen leistet.

Einfache Zeitkontrollmaßnahmen können dazu beitragen, die Leistungsfähigkeit jedes Mitarbeiters in einer Organisation auf verschiedene Arten zu erhöhen. Erstens können sie jedermann bewußt machen, daß Zeit von Bedeutung ist. Zweitens können sie dafür sorgen, daß jedermann ein Ziel hat. Und drittens können sie bei sorgfältiger Überwachung die Grundlage für Belohnungen und Tadel liefern.

Leistungsnormen können ebenfalls die Leistungsfähigkeit aller Leute erhöhen, die gemeinsam auf ein Ziel hinarbeiten. Ein Führer kann die Leistungen auf verschiedene Arten überwachen und kontrollieren:

1. *Überwachen der Ausführung zugewiesener Aufgaben:* Dazu gehören Produktionsquoten, Arbeitspläne und Termine.
2. *Kontrolle der Aktivitäten:* Er muß genügend Spielraum für Aufgaben bestehen, die nicht unmittelbar mit den vom Führer gesetzten Zielen zu tun haben, die für das Gesamtunternehmen aber dennoch von Bedeutung sind.
3. *Qualitative und immaterielle Maßstäbe:* Sie umfassen Goodwill von seiten der Kunden, Planungs- und Organisationstalent, Phantasie und Kreativität, Ehrgeiz, Erscheinung, Kenntnis der Firma und ihrer Produkte.

WERKZEUG 3

Produktive Sitzungen

In einer Szene des Films Ben Hur bemüht sich die Hauptfigur, ihr Pferdegespann in Gang zu bringen. Es sind prächtige, feurige Pferde, doch trotz lauten Zurufen und ständigem Peitschenknallen scharren sie nur unruhig, scheuen und bewegen den Wagen kaum vom Fleck. Da nähert sich ein alter Pferdetrainer und erkennt das Problem auf den ersten Blick. „Sie ziehen nicht miteinander als Gespann!" verrät er dem jungen Ben Hur. Er überprüft die Geschirre, richtet die Pferde genau aus und steigt dann zu Ben Hur in den Wagen. Auf den ersten Peitschenknall legen sich die vier Pferde gemeinsam ins Zeug. Und in atemberaubender Geschwindigkeit rast das Gespann durch die Bahn.

„Das sind prächtige Pferde", sagt der Alte, als er Ben Hur die Zügel wieder in die Hand legt, „aber du mußt dafür sorgen, daß sie gemeinsam als Gespann arbeiten."

Denken Sie jedesmal an diese Szene, wenn Sie aufgefordert werden, eine Sitzung zu leiten. Als Führer und Motivator von Menschen wird dies wohl sehr häufig der Fall sein. Erfolg oder Mißerfolg solcher Sitzungen hängt weitgehend davon ab, wie gut Sie die Sitzungen leiten. Oft ist in Sitzungsräumen ein ungeheures Geistespotential versammelt, aber es liegt an Ihnen, dem Führer, dafür zu sorgen, daß all diese Kapazitäten als Team zusammenarbeiten.

Gute, produktive Sitzungen sind kein Zufall! Sie sind das Produkt geschickter Anwendung verschiedener wichtiger Zutaten:

1. Sorgfältige Planung und Vorbereitung.
2. Gute, starke Führung während der Sitzung.
3. Richtiges Eingreifen bei Abschweifungen.
4. Fortsetzen der Arbeit nach Sitzungen.

Das Leiten von Sitzungen und Versammlungen kann zu den reizvollsten und interessantesten Tätigkeiten in Ihrer beruflichen Laufbahn und in Ihrem öffentlichen Leben werden. Wenn Sie es gut können, werden Sie dadurch belohnt, daß sie andere zu Erfüllung und sinnvoller Tätigkeit führen dürfen.

WERKZEUG 4
Wirksame Kommunikation

Fachleute vertreten die Auffassung, wonach mindestens 80 Prozent dessen, was ein Führer tut, in einem einzigen Wort ausgedrückt werden kann – Kommunikation! Dieses Werkzeug ist so wichtig, daß wir ihm später ein ganzes Kapitel widmen werden. Im Augenblick genügt es, daß wir seine Rolle als eines der wichtigsten Werkzeuge eines Führers verstehen.

Jedesmal, wenn ich geschäftlich in San Francisco zu tun habe, unternehme ich einen Ausflug über die Golden Gate Brücke. Und jedesmal staune ich von neuem über dieses gewaltige, eindrucksvolle Bauwerk, das eine so sinnvolle und lebenswichtige Funktion erfüllt. Es ist ein wahres Meisterwerk der Planungs- und Ingenieurkunst. Und vielleicht noch mehr staune ich über die Tatsache, daß all die zu seiner Vollendung erforderlichen Materialien und Arbeitskräfte von Menschen zusammengesetzt und geleitet worden sind. Überlegen Sie sich nur einmal einen Augenblick lang, wieviele Leute an diesem Werk beteiligt gewesen sind: Architekten, Ingenieure, Stahlarbeiter, Maurer, Installateure, Elektriker, etc. Das Aufbringen all der Mittel und der Fachleute, die notwendig waren, um diese Brücke innerhalb nützlicher Frist zu erbauen, darf wahrlich als Musterbeispiel wirksamer Kommunikation betrachtet werden.

Wenn es eine Fähigkeit gibt, über die ein Führer vor allen anderen verfügen muß, dann ist es diejenige der wirkungsvollen Kommunikation. Führer, die ihre Nah- und Fernziele anderen Menschen so mitteilen können, daß sie auch erreicht werden, werden immer gefragt und gesucht sein.

WERKZEUG 5

Gute menschliche Beziehungen

Wer andere Menschen führen will, muß guter menschlicher Beziehungen fähig sein. Gute Führer sind oft sehr anspruchsvoll. Sie erwarten von allen das Beste, und erhalten es in der Regel auch. Aber nur, weil sie sich darüber im klaren sind, daß sie freie Menschen führen – und keine Sklaventreiber sind! Hier ein paar goldene Regeln für gute menschliche Beziehungen:

1. *Achten Sie andere Menschen.* „Jedermann kann einem König gegenüber höflich sein", ist einmal gesagt worden, „aber man muß schon ein Gentleman sein, um diese Höflichkeit auch einem Bettler zu erweisen". Wenn das, was Charlie Brower sagt, wahr ist – wenn unser Erfolg davon abhängt, wieviele andere Leute wollen, daß wir erfolgreich sind –, dann folgt daraus, daß Menschen für uns wirklich von Bedeutung sind. Aufrichtige Dankbarkeit für die Beiträge anderer Menschen, die uns helfen, unsere Ziele zu erreichen, kann eines der wertvollsten Gefühle sein, deren wir je fähig sind.

2. *Hören Sie aufmerksam zu.* Das größte Kompliment, das Sie einem andern Menschen erweisen können, besteht darin, ihm zuzuhören. Die Leute leisten viel mehr für einen Führer, der sich aufrichtig darum bemüht, ihre Bedürfnisse, Sorgen und Wünsche zu verstehen.

3. *Seien Sie taktvoll.* Bringen Sie nur konstruktive Kritik an, und auch das nur spärlich. Wenn Kritik wirklich notwendig ist, bringen Sie sie in jedem Fall nur unter vier Augen an und richten Sie sie nicht gegen Personen, sondern gegen Handlungen. John Wanamaker, einer der herausragendsten Wirt-

schaftsführer aller Zeiten, pflegte zu sagen: „Was immer Sie andern Leuten zu sagen haben, drücken Sie es in Worten aus, die ihnen ein Lächeln entlocken, und Sie bewegen sich auf sicherem Grund." Und dann fügte er noch folgenden weisen Rat hinzu: „Und wenn Sie es für notwendig halten, jemanden zu kritisieren, dann verpacken Sie die Kritik in die Form einer Frage, welche der andere praktisch hundertprozentig sicher so beantworten muß, daß er zu seinem eigenen Kritiker wird."

Elementare Höflichkeit gehört zu den wertvollsten Werkzeugen eines Führers.

4. Räumen Sie Kredit ein, beanspruchen Sie ihn nicht für sich selbst! Einige Führer versagen immer wieder, weil sie anderen die Schuld für Fehler zuschieben und Lob für deren Leistungen beanspruchen. Ein kluger Führer lobt – öffentlich – alle, die zu einer großen Aufgabe beigetragen haben. Kredit einräumen bedeutet eine gute Investition: sie kostet nichts und bringt hohe Dividenden in Form menschlicher Beziehungen.

5. Bemühen Sie sich um Ausgeglichenheit. Gute Führer lernen, ihre Launen zu beherrschen. Sie loben nicht jemanden für etwas, nur weil sie eben gerade guter Laune sind, und kritisieren die gleiche Person für das gleiche am folgenden Tag, weil sie dann eben schlechter Laune sind. Sie behandeln auch alle gleich und bevorzugen niemanden.

6. Geben Sie Fehler bereitwillig zu. Als irrendes menschliches Wesen befinden Sie sich in bester Gesellschaft. Henry Ford zum Beispiel vergaß, sein erstes Auto mit einem Rückwärtsgang zu versehen. Und Edison verschwendete über zwei Millionen Dollar auf eine Erfindung, die sich am Ende als vollkommen nutzlos erwies.

Große Führer fürchten sich nicht, ihre Fehler einzugestehen. Sie stellen nämlich fest, daß sie durch ihre Bereitschaft, an Gesicht zu verlieren, von anderen Menschen nicht weniger, sondern sogar mehr respektiert werden.

7. *Bewahren Sie Ihren Sinn für Humor.* Eine angenehme, umgängliche Art trägt sehr viel zu einem guten Arbeitsklima bei. Natürlich ist der Arbeitsplatz nicht der Ort für allzu viele Witze, Anekdoten und Frivolitäten. Ein Lachen ab und zu kann aber doch die Spannung in einem Arbeitsteam gewaltig lockern. Jemand hat einmal gesagt: „Gesunder Humor hilft, Ungehöriges zu übersehen, Unkonventionelles zu verstehen, Unangenehmes zu tolerieren, Unerwartetes zu überwinden und Unerträgliches zu ertragen."

8. *Gehen Sie mit dem guten Beispiel voran.* Nichts fördert die Loyalität innerhalb einer Gruppe besser als Loyalität von seiten des Führers. Das gleiche gilt auch inbezug auf Integrität, Pünktlichkeit, Berücksichtigung von Terminen, Kreativität und viele andere vorteilhafte Eigenschaften. Der Verwaltungsratsvorsitzende einer großen Gesellschaft sticht täglich seine Zeitkarte – und besteht darauf, daß dies auch all seine leitenden Angestellten tun. „Wenn wir es von unseren Angestellten erwarten", meint er, „warum sollen wir es dann selber nicht auch tun."

GRUNDSATZ 4

Beherrschen Sie die Kunst des Verhandelns

Franklin D. Roosevelt sagte: „Ich bin stets der Ansicht gewesen, die Brücke stelle das beste Symbol für gesunden Menschenverstand dar." Wenn Sie als Führer Erfolg haben wollen, müssen Sie lernen, in all Ihren Beziehungen zu anderen Menschen Brücken zu bauen. Zwei kleine Jungen stritten sich einmal um ein kleines Stück Kuchen. Nach langen Diskussionen, wer denn nun das größere Stück bekommen solle, wandten sich die beiden an ihren Vater, der ihren lautstarken Streit mitangehört hatte. Sie baten ihn, das Problem zu lösen.

„Warum schneidet ihr den Kuchen nicht einfach in zwei gleich große Stücke? Dann würde jeder die Hälfte kriegen", schlug er vor.

„Kommt gar nicht in Frage!" schrien die beiden Jungen gleichzeitig.

Dann machte ihnen ihr Vater einen sehr kreativen Vorschlag: „Dann knobelt mit einer Münze aus, wer den Kuchen schneidet. Der andere darf dafür wählen, welches Stück er haben will."

Die Jungs waren einverstanden, knobelten und schnitten den Kuchen. Interessanterweise kamen zwei genau gleich große Stücke heraus. Diese kleine Geschichte ist ein wunderbares Beispiel dafür, wie man einen Graben konstruktiv überbrücken kann. Man bezeichnet diesen Vorgang oft auch als „Verhandeln".

Ob wir einen Verkauf abschließen, ein Haus kaufen, uns um eine Stelle bewerben, einen Arbeiter beaufsichtigen oder heiraten wollen – wir alle sind stets am Verhandeln. Und Verhandeln umfaßt vieles: vom Beilegen eines Streites zwischen zwei Jungen um ein Stück Kuchen bis zu den Strategic Arms Limitation Talks (SALT-Gespräche) der beiden Supermächte, wo es darum geht, die strategische Rüstung zu begrenzen. Die Kunst des Verhandelns beruht auf einer einfachen Tatsache: wir alle bedürfen der Mitarbeit anderer Menschen, wenn wir in unserer Laufbahn Erfolg haben und unsere persönlichen Ziele erreichen wollen. Und jeder von uns bringt etwas an den Verhandlungstisch des Lebens mit, das anderen wert und teuer ist.

Führer, welche die Kunst des Verhandelns beherrschen, haben in der Regel am meisten Erfolg. Sie gewinnen die Mitarbeit, ohne die sie ihre Ziele nicht erreichen würden, die allen Seiten zum Vorteil gereichen.

Scharfsichtige Führer wissen, daß Menschen nur bis zu einem gewissen Punkt unterdrückt werden können – und auch dann nur für kurze Zeit. Selbst der feigste Mann kämpft, wenn er sich in die Ecke getrieben fühlt. Gute Führer erwarten von ihren Leuten nicht nur Produktivität, sondern auch Loyalität, Integrität, Verpflichtung, Kreativität und Begeisterung. Diese immateriellen Dinge lassen sich nur dadurch erreichen, daß Führer geschickt mit der Kunst des Gebens und Nehmens umzugehen wissen.

Wenn Sie als Führer Erfolg haben wollen, lernen Sie die Kunst des Verhandelns beherrschen. Die folgenden Hinweise können Ihnen dabei helfen:

HINWEIS 1:
Leute tun Dinge, weil sie selbst dafür ihre Gründe haben

Bringen Sie einen neuen Gedanken ins Gespräch, und die Leute wollen sofort wissen: „Was ist für mich drin?" Kündigen Sie eine neue Personalpolitik an, und die Leute fragen sofort: „Was ist für mich drin?" Ein guter Führer versteht dieses Bedürfnis und sorgt dafür, daß bei jeder Verhandlung für jeden etwas Positives abfällt. Dann sind die Leute gerne bereit, ihren Führer begeistert zu unterstützen.

HINWEIS 2:
Gewinnen Sie die Mitarbeit der Leute,
indem Sie deren Bedürfnisse befriedigen

Wenn nur eine Hand klatscht, erklingt kein Beifall. Erfolgreiche Führer wissen, daß sie auf die Unterstützung der Menschen um sie herum angewiesen sind, wenn sie ihre Ziele erreichen wollen. Und die erfolgreichsten Führer versichern sich dieser Unterstützung, indem sie anderen Leuten helfen, deren Bedürfnisse zu befriedigen.

Professor Maslow definiert die grundlegenden Bedürfnisse, welche alle Menschen an den Verhandlungstisch des Lebens mitbringen, wie folgt:

1. Die Menschen haben *physiologische* Bedürfnisse – Nahrung, Kleidung, Schutz. Sie kommen in den Worten zum Ausdruck: „Ich will leben."
2. Die Menschen haben ein Bedürfnis nach *Sicherheit* – „Ich will beschützt werden; ich will auch morgen leben."
3. Die Menschen haben ein Bedürfnis nach *sozialem Umgang* – sie wollen geliebt werden.
4. Die Menschen haben ein Bedürfnis nach *Selbstachtung* – sie wollen von Bedeutung sein.
5. Die Menschen haben ein Bedürfnis nach *Selbsterfüllung* – sie wollen etwas Wertvolles zum Leben beitragen.
6. Die Menschen haben ein Bedürfnis nach *Wissen und Verständnis* – sie wollen lernen und wachsen.
7. Und schließlich haben die Menschen *ästhetische Bedürfnisse* – sie wollen ihr Leben angenehm und ihre Umgebung behaglich gestalten.

Wenn Sie den Menschen helfen, diese grundlegenden Bedürfnisse zu befriedigen, gewinnen Sie ihre begeisterte Unterstützung und Mitarbeit. Indem Sie andern helfen, ihre Bedürfnisse zu befriedigen, können Sie Ihre eigenen Ziele erreichen.

HINWEIS 3:
Suchen Sie beim Verhandeln nach Ausgewogenheit

Gute Führer sind oft sehr anspruchsvoll. Sie gehen mit sich selbst und mit ihren Mitteln sehr freizügig um – und erwarten, daß auch die andern sehr freizügig sind. Und es klappt!

○ Wenn Sie loyal sind, haben Sie ein Recht darauf, ebenfalls Loyalität zu erwarten.
○ Wenn Sie integer sind, haben Sie ein Anrecht darauf, daß auch andere Ihnen Integrität entgegenbringen.
○ Wenn Sie für die Bedürfnisse der anderen ein offenes Ohr haben, haben Sie das Recht darauf, daß auch andere für Ihre Bedürfnisse und Ziele ein offenes Ohr haben.

Denken Sie daran: der gute Führer – der meisterhafte Brückenbauer – sorgt dafür, daß jedermann aus jeder Gib-und-Nimm-Situation *etwas* mitnimmt. Wer geschickt verhandelt, sorgt dafür, daß jedermannn – auch er selbst – gewinnt!

Als Führer sind Sie nicht auf totale Unterwerfung aus. Sie erstreben bei jedem Konflikt eine ausgewogene Lösung, bei jeder Verhandlung eine allen zum Vorteil gereichende Vereinbarung und ein Klima der Zusammenarbeit, in welcher jedermanns Bedürfnisse und Ziele erreicht werden können.

Wenn Sie als Führer erfolgreich sein wollen, müssen Sie lernen, in all ihren Beziehungen konstruktiv Brücken zu bauen.

GRUNDSATZ 5:

Lernen Sie mit den wichtigsten Motivierungen umzugehen

Die Annahme, daß Sie jedermann motivieren können, ist ebenso falsch wie diejenige, daß gewisse Menschen unmotiviert sind. Gewisse Menschen wollen vielleicht nicht das tun, was Sie als Führer von ihnen erwarten, aber dies liegt nicht an einem Mangel an Motivation. Es liegt vielmehr daran, daß sie zu etwas anderem motiviert sind.

Wenn ein Führer versteht, daß die Leute über gewisse Grundmotivationen verfügen und auf Appelle an diese Motivationen reagieren, können sie sehr erfolgreich Leute dazu bringen, etwas zu tun. Napoleon zum Beispiel rang seinen Truppen Leistungen ab, die viele für unmöglich hielten, und dies gelang ihm, weil er verstand, was Männer zu motivieren vermag, und weil er mit den elementaren Motivierungen umzugehen wußte. Er suchte zunächst herauszufinden, was seinen Soldaten am meisten bedeutete, und unternahm dann alles, was in seiner Macht stand, damit sie es auch erhielten. Wenn seine Armee von Hunger geschwächt war, erklärte er ihnen, man könne sich nur Nahrung vom Feind beschaffen, indem man ihn besiege. Und wenn die meisten seiner Soldaten unter Heimweh litten und viele schon mit dem Gedanken spielten, fahnenflüchtig zu werden, appellierte er an ihren Stolz, indem er sie fragte, wie sie denn nach Hause zurückkehren wollten – als siegreiche Helden oder als Feiglinge, die vor dem Feind davonliefen. Als der Kampf bei den Pyramiden in Ägypten tobte, appellierte er an ihren Sinn für Geschichte und rief ihnen zu: „Vierzig Jahrhunderte schauen auf euch herab!"

Die Aufgabe des Führers besteht also darin, eine Atmosphäre zu schaffen, welche der Selbstmotivation förderlich ist. Ein guter Führer kann gewisse Grundmotivationen sehr vorteilhaft einsetzen:

1. *Leistung*. Menschen wollen grundsätzlich Leistungen erbringen. Im Hinblick auf gewisse Leute ist dies vielleicht nicht einfach zu glauben, aber es ist dennoch wahr. Vielleicht wollen sie nicht das leisten, was Sie von ihnen erwarten, aber sie wollen etwas leisten.

Ein kluger Vater hatte einen Jungen, der in der Schule einfach nicht arbeiten wollte und immer wieder den Unterricht störte. Er hatte aber bemerkt, daß der Junge sehr gerne an kleinen Motoren herumhantierte, und half ihm deshalb, in seiner Garage eine kleine Reperaturwerkstatt einzurichten. Indem er ihm die Verantwortung für seine eigene, kleine Buchhaltung übertrug, nützte er sein Interesse an Motoren dazu aus, den Jungen mehr für Mathematik zu begeistern. Und schon bald erbrachte er in seinem schlechtesten Fach sehr ansprechende Leistungen. Mit der Zeit übertrug sich sein Leistungsbewußtsein auch auf andere Bereiche, und nach kurzer Zeit wurde der Junge zu einem ganz guten Schüler. Und als er die Schule verließ, betrieb er bereits ein blühendes Geschäft.

Ein guter Führer sucht seinen Leuten Gelegenheit zu geben, das zu erreichen, was für sie wichtig ist und was sie ihren Zielen näherbringt.

2. *Anerkennung.* Die Menschen sehnen sich nach Anerkennung für ihre Leistungen. Die Art dieser Anerkennung – eine Gehaltserhöhung, ein freundliches Schulterklopfen oder ein öffentliches Lob – ist nicht annähernd so wichtig wie die Tatsache, daß sie regelmäßig und immer wieder erfolgt. Verhaltensforscher nennen dies positive Bestärkung. Wenn Menschen für ihr Tun Anerkennung finden, geben sie sich in der Regel auch mehr Mühe.

3. *Beteiligung.* Menschen sind soziale Wesen. Sie wollen Teil des Geschehens sein. Und sie wollen auch an den Entscheidungen teilhaben. Die meisten wollen, daß ihre Meinungen Gehör finden und daß Entscheidungen, die ihre Arbeitswelt und ihre Aufgaben betreffen, erst getroffen werden, nachdem auch sie dazu befragt worden sind.

4. *Wachsen.* Die Menschen wollen Gelegenheiten, an denen sie wachsen und ihre Fähigkeiten weiterentwickeln können. Langeweile ist eines der größten Probleme des durchschnittlichen Arbeiters im heutigen Amerika. Sie sind in Stellungen hineinmanövriert worden, in denen sich kaum Gelegenheit bietet, etwas zu lernen. Man erwartet von ihnen, daß

sie Tag für Tag das Gleiche tun. Gute Führer können ihren Leuten helfen, das Problem der Langeweile zu überwinden, indem sie ihnen ihrer Arbeit entsprechende Gelegenheiten bieten, an denen sie wachsen können.

Wenn Sie diese grundlegenden Motivationen verstehen und mit ihnen umgehen können, werden sie Ihnen helfen, andere Menschen zu ihren Zielen zu führen.

Ein Blick zurück

Jemand hat festgestellt, daß 10 Prozent aller Amerikaner für rund 90 Prozent des gesamten produktiven Wirkens verantwortlich seien. Dies bedeutet, daß ungefähr 90 Prozent aller Leute damit zufrieden sind, ihren Führern zu folgen.

In unserer Gesellschaft wird immer Platz sein für Leute, die andere wirkungsvoll führen können. Wenn Sie die in diesem Kapitel dargelegten Grundsätze beherrschen, sind Sie auf dem besten Weg, ein guter Führer zu werden.

XIII. Kapitel

Zweckmäßige Kommunikation bringt die Dinge ins Rollen

Dank den gewaltigen Fortschritten auf dem Gebiet der Elektronik verfügt die Welt heute über ein dichteres Kommunikationsnetz als je zuvor. Ein Vulkanausbruch im Staate Washington, das Kriegsrecht in Polen, ein Attentat auf den amerikanischen Präsidenten ... die neuesten Nachrichten erreichen uns oft um den halben Erdball herum innerhalb von wenigen Minuten. Und doch hören wir trotz dieser beinahe lückenlosen Verbindungen immer wieder, daß Menschen sterben, während sie um Hilfe rufen, weil einfach niemand sie hört.

- Peter Drucker behauptet, 60 Prozent aller Managementprobleme seien auf mangelhafte Kommunikation zurückzuführen.
- Ein bekannter Eheberater stellt fest, daß mindestens die Hälfte aller Scheidungen in Amerika auf mangelhafte Kommunikation zwischen den Ehepartner zurückzuführen ist.
- Viele Gesetze und Verordnungen verfehlen ihren Zweck und erzeugen oft sogar eine gegenteilige Wirkung, weil ihre Bedeutung mißverstanden wird.

Wo liegt denn das Problem? An mangelhafter Kommunikation? Bestimmt nicht! *Im Gegenteil, es herrscht fast eine Überkommunikation!* Das Problem rührt daher, daß wir keine *zweckmäßige* Kommunikation betreiben!

Kommunikation wurde schon als „Zusammentreffen von Bedeutungen" definiert. Das Wort stammt aus dem Lateinischen, wo es „gemeinsam machen, vereinigen" bedeutet. Und das klingt so einfach. Aber überlegen Sie sich einmal das folgende „Kommunikationsproblem": „Ich weiß, du glaubst zu verstehen, was ich gesagt habe; aber ich bin mir nicht sicher, daß das, was du zu verstehen glaubtest, auch das ist, was ich zu sagen meinte."

Das Problem hängt teilweise auch mit dem Gebrauch der Wörter selbst zusammen. Die 500 häufigsten Wörter der englischen Sprache zum Beispiel haben rund 14'000 Bedeutungen, also durchschnittlich 28 pro Wort. Und was die Dinge noch komplizierter macht: diese Bedeutungen ändern sich ständig, von Zeit zu Zeit und von Mensch zu Mensch. Und zusätzlich haben die über 700'000 Arten nicht-verbaler Kommunikation den Austausch von Informationen und Gedanken noch weiter kompliziert. Und als ob dies noch nicht reichen würde: viele Mitteilungen werden schlecht übermittelt und noch viel mehr werden schlecht empfangen. Und so sagen wir Dinge, die wir nicht meinen, und verstehen Dinge, die andere nicht meinen.

Zweckmäßige Kommunikation – der Schlüssel zum Erfolg

Wenn Sie in Ihrer beruflichen Laufbahn und in Ihrem persönlichen Leben Erfolg haben wollen, ist eine zweckmäßige Kommunikation unerläßlich. Wie dies geschieht, möchte ich Ihnen an einem Beispiel erläutern.

Ein Mann und eine Frau gehen in einer herrlichen Mondnacht am Strand spazieren. Sie bleiben einen Augenblick lang stehen und blicken sich tief in die Augen.
„Ich liebe dich!" sagt er.
„Ich liebe dich auch", antwortete sie.
„Willst du meine Frau werden?" fragte er.
„Ja!" antwortete sie.
Hand in Hand gehen sie weiter.
Es sind nur vier kurze Sätze gesprochen worden, aber sie werden das Leben von zwei, vielleicht sogar von mehr Menschen *für immer* verändern! Nehmen wir diesen Dialog auseinander um zu sehen, wie zweckmäßig die Kommunikation in diesem Fall gewesen ist.

1. Er übermittelte eine *Botschaft* in solcher Weise, daß sie von seiner Gesprächspartnerin *verstanden* wurde.
2. Sie *akzeptierte* seine Liebeserklärung.
3. Sie *antwortete* mit ihrer *eigenen* Liebeserklärung.
4. Beide verstanden die *Bedeutung,* die der Partner mitzuteilen versuchte.

Dies war nur der *erste* Austausch von Informationen und Meinungen. Er war aber so zweckmäßig, daß er den Weg für den folgenden, *zweiten* Austausch ebnete:

1. Er stellte eine Frage oder Forderung, die sie *verstand.*
2. Sie *akzeptierte* ihn und seine Forderung.
3. Sie *antwortete positiv* – sie gab seiner Forderung nach.
4. Beide *verstanden* sich nachher gegenseitig viel *besser.*

So einfach dieses Beispiel ist, es ermöglicht Ihnen doch, irgendeine Botschaft durch irgendein Medium an irgendein Publikum zu übermitteln. Dies ist eine weitreichende Behauptung, aber schauen wir uns doch etwas genauer an, wie dies funktioniert.

Verstanden werden

Wie oft haben Sie schon den Satz gehört: „Das habe ich dir schon tausendmal gesagt!" Traurig ist, daß diese Person das gleiche noch tausendmal mehr sagen kann und immer noch nicht verstanden wird. Ziel zweckmäßiger Kommunikation ist es, eine Botschaft so zu übermitteln, daß sie *empfangen* und *verstanden* wird.

Vor mehr als hundert Jahren hielten zwei Männer in einer kleinen Stadt in Pennsylvania eine Rede. Der eine war ein professioneller Redner, der eine hervorragende Ansprache lieferte. Seine Worte sind schon längst vergessen. Der andere war ein einfacher, unbeholfener Mann, der praktisch sämtliche Regeln der öffentlichen Redekunst verletzte. Und dennoch ist Lincolns Rede in Gettysburg auch nach über hundert Jahren eine der meistzitierten in der Geschichte Amerikas. Was machte diese einfache, kleine Rede zu einem so klassischen Beispiel zweckmäßiger Kommunikation?

Es war:
Die richtige Person, die
   den richtigen Leuten
      zur richtigen Zeit
         am richtigen Ort
            auf richtige Weise
               die richtigen Dinge sagte.

Und die Rede wurde:
Richtig gehört
   verstanden
      empfangen

Also führte sie zur:
Erwünschten Reaktion.

Was alles zum Verstandenwerden gehört, ist so elementar, daß wir es oft vergessen. Wenn Sie wollen, daß Ihre Botschaften verstanden werden, erlernen Sie die Grundlagen und halten Sie sich daran.

Ihr Ziel ist es, akzeptiert zu werden!

Sie wollen doch, daß die Leute Ihnen zustimmen – oder Ihnen wenigstens mit geneigtem Ohr zuhören. Die folgenden zehn Anregungen mögen dazu beitragen, daß Sie akzeptiert werden:

1. Geben Sie sich natürlich, so, wie Sie sind, realistisch.
2. Sorgen Sie für eine ersprießliche Atmosphäre.
3. Achten Sie stets auf ein gepflegtes Äußeres.
4. Beweisen Sie, daß Sie kompetent sind, über ein Thema zu sprechen.
5. Denken Sie das, was Sie sagen wollen, gründlich durch – schweifen Sie nicht immer wieder vom Thema ab.
6. Sprechen Sie nach den Bedürfnissen – reden Sie in Worten, die Ihren Zuhörern etwas sagen.
7. Sprechen Sie Ihr Publikum an.
8. Legen Sie Begeisterung an den Tag – sprechen Sie lebhaft.
9. Beweisen Sie Humor – vergessen Sie nicht: Ein bißchen Zucker versüßt jede Medizin.
10. Setzen Sie visuelle Hilfsmittel ein – die Leute erinnern sich besser an Gesehenes als an Gehörtes.

Sie wollen die gewünschte Reaktion erzielen

Wenn Sie etwas erledigt haben wollen, vergewissern Sie sich, daß Sie die gewünschte Reaktion erzielen. Ein Beispiel dafür: Ein junger Mann bemühte sich einst, die Zuneigung einer Dame zu gewinnen. Ein ganzes Jahr lang schickte er ihr jeden Tag eine Postkarte, auf der er ihr seine Liebe erklärte. Er hatte vor, sie nach Ablauf dieses Jahres um ihre Hand zu bitten. Und in der Tat: sie heiratete am Ende des Jahres – den Briefträger! Nun, es geschah zwar etwas, aber nicht das, was er erhofft hatte. Wenn Sie Menschen dazu veranlassen wollen, das zu tun, was Sie wollen, müssen Sie sie zu überzeugen versuchen, daß es in ihrem Interesse liegt, so zu handeln, wie Sie es vorschlagen.

„Appellieren Sie nie an die bessere Natur eines Menschen; möglicherweise hat er gar keine!" sagte Lazarus Long, der weise, alte Prophet der Science-fiction. „Appellieren Sie stets an seine eigenen Interessen." Wer dieses Prinzip versteht, wird nie versuchen, Dinge ins Rollen zu bringen, indem er von anderen verlangt oder ihnen sogar befiehlt, etwas zu tun. Sie bitten nicht, und sie drohen nicht. Sie verlassen sich auf ihre Fähigkeiten der Kommunikation, weil sie die Macht der Überzeugung kennengelernt haben. Wenn Sie sich die Kunst der Kommunikation aneignen wollen, müssen Sie lernen, durch Überzeugung zu etwas zu gelangen.

Andere verstehen

Der Kreis der Kommunikation schließt sich *nur* dann, wenn Sie den oder die Menschen, mit denen Sie reden wollen, nachher auch besser verstehen. So klappen zum Beispiel viele Geschäftsabschlüsse nicht, weil der Verkäufer den Mitteilungen des Kunden zu wenig Aufmerksamkeit geschenkt hat. Ein junger Vertreter machte Hausbesuche, um Bücher zu verkaufen. Er präsentierte seine Produkte auf meisterhafte Art, und die Frau, die ihn hereingebeten hatte, war sehr nett. Dann wollte er zum Geschäft kommen. Dabei hielt er sich genau an das, was er gelernt hatte. Aber er verkaufte nichts. Als er später seinem Vorgesetzten von diesem Fall berichtete, fragte er, was er denn falsch gemacht habe.

„Ich habe diese Präsentation organisiert, um Ihnen eine sehr wichtige Lektion beizubringen", antwortete der Chef lächelnd. „Sehen Sie, diese Frau ist blind und kann mit Büchern einfach nichts anfangen."

Der betretene junge Mann vergaß diese Lektion nie mehr. Er hatte den Wert eines Feedbacks kennengelernt. Zweckmäßige Kommunikation gleicht einer in beiden Richtungen befahrbaren Straße. Fahren Sie diese Straße auf der falschen Seite hinunter, werden Sie mit Ihrem Publikum zusammenstoßen.

Denken Sie an die Ziele zweckmäßiger Kommunikation:

○ Verstanden werden
○ Akzeptiert werden
○ Die erwünschte Reaktion erzielen
○ Andere verstehen.

Hören Sie wirklich zu?

Wer lernen will, sich anderen Menschen mitzuteilen, muß zunächst lernen, richtig zuzuhören. Offenbar lassen sich die meisten Probleme in zwischenmenschlichen Beziehungen darauf zurückführen, daß eine oder mehrere Personen nicht genau zuhören, was gesagt wird. Und das ist wahr, ganz egal, ob wir über unsere Freunde, unsere Kunden oder unsere Arbeitskollegen sprechen. „Viele Leute können reden, aber nur wenige können zuhören", faßte der Präsident der Xerox Corporation das Problem jüngst kurz und bündig zusammen. Seine Firma hat ein umfangreiches Projekt gestartet, das Leuten in allen Industriebereichen helfen soll, zuhören zu lernen. Und in der Tat, die Kommunikationsform der meisten Menschen besteht in einem „Monolog im Duett". Oder anders ausgedrückt: „Der eine überlegt sich, was er sagen soll, während der andere sagt, was er sich überlegt hat, während der erste gesprochen hat."

Aktives Zuhören könnte viele unserer größten Probleme lösen; es könnte uns auch befähigen, produktiver und zufriedener zu arbeiten. In einem Buch mit dem Titel *Wunder des Dialogs* spricht Dr. Reuel Howe über die sogenannte Zweiweg-Kommunikation. Er sagt, einen Dialog führen bedeute, „mit einem anderen Menschen in signifikante Verbindung zu treten". Viele Leute haben nie die gewaltigen Vorteile aktiven Zuhörens erfahren. Einige von ihnen möchte ich nun aufzählen. Ich hoffe, Sie hören zu.

VORTEIL 1

Wir können lernen

Emerson sagte: „Jeder Mensch, dem ich begegne, ist mir in irgendeiner Weise überlegen, und darin kann ich von ihm lernen." Ich bin noch nie einem Menschen begegnet, von dem ich nicht irgendetwas hätte lernen können – sofern ich mir die Zeit und Mühe genommen habe, aktiv zuzuhören.

VORTEIL 2

Wir zeigen Interesse an der Person, der wir zuhören

Indem wir aktiv zuhören, können wir bestätigen, daß wir andere Menschen achten, daß sie uns etwas bedeuten, daß sie als menschliche Wesen von Wert sind. Aktive Zuhörer kümmern sich um andere Menschen – und diese wissen, daß sie dies tun.

VORTEIL 3

*Wir erhalten Einblick in die Bedürfnisse,
Wünsche und Motivationen anderer*

Während der großen Wirtschaftskrise betrat ein junger Mann ein Telegraphenamt, um sich um eine Stelle zu bewerben. Als er in die Vorhalle kam, bemerkte er viele andere Leute, die zum Teil auf dem Fußboden sitzend ihre Bewerbungen ausfüllten. Er nahm ebenfalls Platz, sprang aber nach einer kurzen Weile wieder auf und ging ins Büro hinein.

Ein paar Augenblicke später teilte das Fräulein am Empfang den andern Bewerbern mit, die Stelle sei vergeben.

„Warum hat dieser Mann den Posten bekommen?" beklagten sich mehrere. „Er kam doch lange nach uns!"

Die Antwort war einfach. Während die anderen nur dasaßen und ihre Formulare ausfüllten, *spitzte der junge Mann seine Ohren.* Jemand im Büro drin hatte in Morsezeichen folgende Mitteilung übermittelt: „Wir brauchen einen Telegraphisten. Wenn Sie diese Mitteilung verstehen, gehört der Posten Ihnen. Kommen Sie bitte herein." Während die andern damit beschäftigt waren, ihrem zukünftigen Arbeitgeber *über sich* Auskunft zu geben, hörte sich der junge Mann die *Bedürfnisse seines zukünftigen Arbeitgebers* an.

VORTEIL 4

Wir reißen Schranken nieder

Aufgrund „natürlicher" Schranken können uns andere Menschen nicht empfangen. Indem wir aktiv zuhören, können wir solche Schranken niederreißen, wie sie verschiedene Sprachen, verschiedene Wortbedeutungen, Vorurteile, Angstschwellen und Konflikte wegen unterschiedlicher Zielvorstellungen darstellen. Wenn solche Schranken fallen, können andere uns hören.

VORTEIL 5
Wir beteiligen andere an dem Vorgang,
den wir in die Wege leiten möchten

Egal, ob sie die Zuneigung eines andern Menschen gewinnen, ein zehnstöckiges Haus verkaufen oder einem Polizisten eine Parkbuße ausreden wollen, sie werden keinen Erfolg haben, wenn es Ihnen nicht gelingt, die Person, mit der Sie sprechen, an der Konversation zu beteiligen. Möglicherweise haben Sie so oder so keinen Erfolg, aber die Aussichten sind doch wesentlich besser, wenn die andere Person durch Ihr aktives Zuhören aktiv am Vorgang beteiligt ist.

VORTEIL 6
Wir können Mißverständnisse klären

Oft lehnen wir ab, was andere Leute sagen, weil wir sie mißverstehen. Die folgenden Schilderungen von Unfallhergängen, die echten Versicherungsformularen entnommen sind, mögen verdeutlichen, welche Probleme entstehen, wenn man Aussagen wörtlich nimmt:

○ „Der Telefonmast kam rasch näher; ich versuchte ihm auszuweichen, als er auf meine Motorhaube aufprallte." Solche Masten können einen wirklich jagen!
○ „Ich war seit vier Jahren autogefahren, als ich am Steuer einschlief und einen Unfall hatte." Das muß ein Rekord sein!
○ „Um nicht auf die Stoßstange des Vordermannes aufzufahren, fuhr ich den Fußgänger um."

Manchmal bedarf es viel aktiven Zuhörens um mitzubekommen, was Leute uns mitzuteilen versuchen. Andererseits lehnen Leute ab, was wir sagen, weil wir nicht klar genug ausdrücken, was wir meinen. Manchmal sind wir so unbeholfen wie jener junge Mann, der seiner Gastgeberin ein Kompliment machen wollte.

„Ihre Tochter ist wirklich schön", sagte er (und hätte es dabei bewenden lassen sollen). „Sie ist sogar schöner als Sie!"

Als ihm klar wurde, wie dies geklungen haben mußte, versuchte er zu retten, was noch zu retten war.

„Ich habe das nicht so gemeint", stotterte er, „sie ist überhaupt nicht schön".

Leider sind die meisten Mißverständnisse, die uns eine wirkungsvolle Kommunikation so erschweren, nicht so witzig. Manchmal verursachen sie Verluste, Schmerz und Leid. Nur wenn wir aktiv zuhören, können wir hören und Mißverständnisse klären.

Wie hören Sie aktiv zu?

1. Seien Sie offen! Schieben Sie alle negativen Gedanken über Ihren Gesprächspartner beiseite. Seien Sie empfänglich für das, was gesagt wird. Lassen Sie diese emotionalen Schranken fallen, die das Gesagte filtern oder Sie nur das hören lassen, was Sie hören wollen.

2. Hören Sie schon beim ersten Satz zu! Auf sich selbst konzentrierte Menschen können nicht aktiv zuhören. Sie sind zu sehr mit ihren eigenen Tagträumereien beschäftigt. Legen Sie Ihre Arbeit weg und konzentrieren Sie sich auf das, was zu Ihnen gesagt wird.

3. Konzentrieren Sie sich auf das, was gesagt wird. Versuchen Sie aktiv jedes Wort aufzunehmen, als ob es das Wichtigste wäre, was Sie im Augenblick hören können. Widerstehen Sie der Versuchung, dem Sprechenden in Ihren Gedanken vorauszueilen.

4. Suchen Sie nach der Bedeutung dessen, was gesagt wird. Versuchen Sie nicht, Ihre eigenen Bedeutungen in das Gesagte hineinzuinterpretieren. Helfen Sie vielmehr Ihrem Gesprächspartner, sich klar verständlich zu machen, indem Sie echtes Interesse zeigen.

5. Widerstehen Sie der Versuchung, zu unterbrechen. Dr. David Schwartz sagt in seinem Buch *The Magic of Thinking Big:* „Große Leute beanspruchen ein Monopol auf das Zuhören. Kleine Leute beanspruchen ein Monopol auf das Sprechen."

6. Stellen Sie Fragen, welche Ihren Gesprächspartner zum Reden animieren, und vergewissern Sie sich, daß Sie das Gesagte richtig verstanden haben. Fragen Sie also vielleicht: „Habe ich richtig verstanden, daß . . . ?"

7. Merken Sie sich wichtige Punkte, die erwähnt werden. Machen Sie sich, falls möglich, sogar Notizen.

8. Ignorieren Sie Unterbrechungen und Abschweifungen.

9. Benützen Sie Mienenspiel und Körpersprache, um Interesse und Verständnis auszudrücken.

10. Reagieren Sie nicht zu heftig auf hitzig oder emotional vorgebrachte Äußerungen. Suchen Sie vielmehr die Bedeutung, die dahinter steckt. Ziehen Sie keine voreiligen Schlüsse. Lassen Sie Ihren Gesprächspartner ausreden.

Beherrschen Sie die Kunst des Zuhörens

Je besser Sie zuhören, desto mehr werden Sie lernen. Als der ehemalige amerikanische Präsident Lyndon B. Johnson noch ein junger Senator aus Texas war, hing an der Wand in seinem Büro ein Schild mit der Aufschrift: „Sie lernen nichts, wenn Sie selber alles Reden besorgen." Was aber vielleicht noch wichtiger ist: je bereitwilliger Sie anderen zuhören, desto besser wird es Ihnen gelingen, sich anderen mitzuteilen.

Ein Blick zurück

Kommunikation mit anderen Menschen ist im günstigsten Fall eine komplizierte und verwirrende Aufgabe; aber jede Anstrengung, die wir darauf verwenden, ist der Mühe wert. Durch zweckmäßige, sinnvolle Kommunikation tauschen wir mit anderen Menschen Informationen, Gedanken und Meinungen aus; wir integrieren unser Leben in die menschliche Rasse; und wir bringen es fertig, daß das geschieht, was wir möchten. Wenn Sie in Ihrer beruflichen Laufbahn und in Ihrem persönlichen Leben Erfolg haben wollen, müssen Sie die Kunst der wirkungsvollen Kommunikation erlernen. Nur auf diese Weise ist es möglich, daß Sie verstanden werden, daß Ihre Botschaften akzeptiert werden, daß Sie die erwünschten Reaktionen erzielen können und daß zwischen Ihnen und anderen Menschen nachher ein besseres Verständnis besteht. Wer die Kunst wirkungsvoller Kommunikation erlernen will, muß allerdings zuerst lernen, aktiv zuzuhören.

Vergessen Sie nicht: Ziel der Kommunikation ist es, „mit einer andern Person signifikante Verbindung aufzunehmen". Und das ist der Mühe immer wert.

Übung 13 – 1: Elemente wirksamer Kommunikation

Die vier Elemente wirksamer Kommunikation sind: 1. Verstanden werden. 2. Akzeptiert werden. 3. Die gewünschte Reaktion erzielen. 4. Andere verstehen. Wenn Sie die vier Elemente nun noch einmal durchgehen, wenden Sie sie im Zusammenhang mit den folgenden Übungen an.

Verstanden werden
Das Ziel wirksamer Kommunikation ist es, eine Botschaft so zu übermitteln, daß sie empfangen und verstanden wird.

ANGEWANDTES BEISPIEL: Erinnern sie sich an eine Botschaft, die Sie zu übermitteln versucht haben und die nicht empfangen und/oder verstanden worden ist. Überlegen Sie sich, wie Sie sie hätten übermitteln können, damit sie die gewünschte Wirkung erzielt hätte.

_____

_____

Akzeptiert werden
Sie wollen, daß die Leute mit Ihnen einig gehen – oder Ihrer Botschaft wenigstens ein geneigtes Ohr schenken.
ANGEWANDTES BEISPIEL: Erinnern Sie sich an eine Botschaft, die Sie kürzlich übermittelt haben und die ein geneigtes Ohr gefunden hat. Weshalb wurde sie akzeptiert?

_____

_____

Die gewünschte Reaktion erzielen
Wenn Sie eine Botschaft übermitteln, erwarten Sie, daß etwas geschieht. Sie wollen, daß die Leute, die sie hören, darauf reagieren und etwas unternehmen.
ANGEWANDTES BEISPIEL: Sie wollten, daß etwas getan wird. Ihre Botschaft wurde verstanden und akzeptiert. Dennoch ist nichts geschehen. Weshalb?

_____

_____

Was hätten Sie tun können, daß es anders gekommen wäre?

_____

_____

Andere verstehen
Wirkungsvolle Kommunikation führt dazu, daß Sie andere Leute besser verstehen.
ANGEWANDTES BEISPIEL: Analysieren Sie einen erfolgreichen Kommunikationsversuch, nach welchem Sie das Gefühl hatten, die beteiligte Person besser zu verstehen. Welche Einsichten haben Sie durch diese Kommunikation gewonnen?

_____

_____

Wie hätten Sie die andere Person noch besser verstehen können?

_____

_____

Sind Sie ein guter Zuhörer?

Wenn Sie die Kunst wirksamer Kommunikation beherrschen wollen, müssen Sie zunächst lernen, aktiv zuzuhören. Mit Hilfe der folgenden Übung können Sie selbst beurteilen, wie gut Sie zuhören können. Geben Sie sich für jede Aussage 1 – 5 Punkte:

1. Ich höre gern anderen Leuten zu.
2. Ich ermutige andere Leute zum Reden.
3. Ich höre zu, auch wenn ich den (die) Sprecher(in) nicht besonders mag.
4. Das Geschlecht der sprechenden Person spielt keine Rolle, wie gut ich zuhöre.
5. Ich höre einem Freund, einem Bekannten oder einem Fremden gleich aufmerksam zu.
6. Ich lasse das, womit ich gerade beschäftigt bin, ruhen, wenn jemand spricht.
7. Ich schaue den (die) Sprecher(in) an.
8. Ich lasse mich nicht ablenken, wenn ich jemandem zuhöre.
9. Ich lächle, nicke mit dem Kopf und ermutige die Person auch auf andere Weise weiterzusprechen.
10. Ich konzentriere mich auf das, was die Person sagt.
11. Ich versuche zu verstehen, was der (die) Sprecher(in) meint.
12. Ich versuche zu verstehen, weshalb der (die) Sprecher(in) etwas sagt.
13. Ich unterbreche nie, wenn jemand spricht.
14. Wenn der (die) Sprecher(in) zögert, ermuntere ich ihn/sie, weiterzureden.
15. Ich wiederhole, was gesagt worden ist, und erkundige mich, ob ich richtig verstanden habe.
16. Ich enthalte mich jeglichen Urteils über vorgebrachte Gedanken oder Botschaften, bis ich alles gehört habe, was die Person dazu zu sagen hat.
17. Ich höre zu, ganz unabhängig vom Tonfall, vom Verhalten und von der Wortwahl der sprechenden Person.
18. Ich versuche nicht, in Gedanken vorwegzunehmen, was die Person sagen wird – ich höre einfach zu.
19. Ich stelle Fragen, um gewisse Gedanken näher erklärt zu bekommen.

20. Ich bitte um Erklärung von Wörtern, die ich in ihrem Zusammenhang nicht verstehe.

Zählen Sie Ihre Punkte zusammen und vergleichen Sie sie mit untenstehender Erläuterung:

86 - 100: Sie sind der perfekte Zuhörer.
71 - 85: Sie sind ein recht guter Zuhörer.
56 - 70: Ihnen entgeht vieles.
55 und weniger: Es wäre vielleicht ratsam, einmal Ihren Ohrenarzt aufzusuchen.

XIV. Kapitel

Was tun gegen Streß und Erschöpfung

Seien wir doch ehrlich: wer annimmt, das Leben sei eitel Sonnenschein, lebt in einer vollständig unrealistischen Traumwelt! Manchmal wird das Leben hart, wirklich hart. Und anscheinend wird es um so härter, je höher man auf der Erfolgsleiter nach oben kommt. Ein Chef ist – wie einmal jemand gesagt hat – eine Person, die acht Stunden im Tag und fünf Tage in der Woche hart arbeitet, um eine Position zu erreichen, in der noch härter gearbeitet werden muß – zwölf Stunden am Tag, sieben Tage in der Woche.

„Dies alles ist mein, ich habe dafür gearbeitet, ich habe es verdient! Sobald ich Zeit habe, werde ich mir meinen Nervenzusammenbruch leisten!" Dieser beliebte Spruch schneidet auf humoristische Weise ein Thema an, das für viele Menschen ein ernsthaftes Problem darstellt. Vielleicht hat es seine guten Seiten, daß wir über Streß Witze machen können. Andernfalls würde unter Umständen schon der Gedanke daran zu einem Zustand der Erschöpfung führen. Streß ist eines der meistdiskutierten, aber am wenigsten verstandenen Probleme unserer Gesellschaft. Um sich eine Vorstellung davon zu machen, wieweit verbreitet Streßprobleme sind, brauchen Sie in Ihrer Apotheke nur einmal einen Blick auf all die Mittelchen werfen, welche Entspannung verheißen. Der Markt für solche

Produkte muß ungeheuer interessant sein, sonst würden sich nicht so viele pharmazeutische Firmen so sehr um einen Anteil daran bemühen.

Wer leidet unter Streß?

Welche Art von Menschen leidet Ihrer Meinung nach am häufigsten unter Anzeichen von Streß? Als am stärksten gefährdet gelten wohl knallharte Geschäftsleute, tüchtige Außendienstmitarbeiter im Verkauf und nervöse Finanzbosse. Ein Bericht des amerikanischen National Institute of Mental Health zeigt jedoch, daß dem nicht so ist.

Zumindest ist dem nicht so, wenn man die Symptome von Streß unter die Lupe nimmt. Eines der wichtigsten Anzeichen von Streß und Erschöpfung stellt die Abhängigkeit von Beruhigungsmitteln und Alkohol dar. Der Bericht des NIMH (Staatliches Institut für Geisteskrankheiten) beweist, daß es Hausfrauen mittleren Alters sind, die am häufigsten Medikamente und Alkohol mißbrauchen. Ein anderes Symptom von Streß und Erschöpfung ist Selbstmord. Und wiederum überraschen die statistischen Angaben des NIMH. Die beiden Gruppen, die am stärksten zu Selbstmord neigen, sind sehr alte Leute und junge Leute im Alter von 18 bis 25 Jahren. Ein drittes Symptom von Streß und Erschöpfung sind Depressionen. Was das NIMH festgestellt hat, ist kaum zu glauben: eines von fünf Kindern in Amerika leidet unter ernsthaften Depressionen! (Wenn Sie unter chronischen Depressionen leiden, in hohem Maße von Medikamenten oder Alkohol abhängig sind oder ernsthaft Selbstmordgedanken hegen, sollten Sie sich sofort an Ihren Hausarzt oder an eine entsprechende Beratungsstelle wenden.)

Bevor Sie nun voreilig den Schluß ziehen, daß all jene, die intensiv an ihrer Laufbahn arbeiten, vor Streß und Erschöpfung gefeit sind, sollten Sie sich noch folgende Tatsache überlegen: ein hoher Prozentsatz der Opfer von Hypertonie (Bluthochdruck) und Herzanfällen befindet sich unter den sehr engagierten Führern von Industrie und Öffentlichkeit.

Was bedeutet dies alles? Wir alle – unabhängig von Alter, Geschlecht, Karriere, finanzieller Lage, Rasse oder Bildungsstand – können unter Streßerscheinungen leiden.

Welches sind die Ursachen von Streß?

Im täglichen Leben werden wir alle mit Ereignissen und Umständen konfrontiert, die zu Streß führen können. Jemand hat einmal gesagt: „Das Problem mit dem Leben liegt darin, daß es so täglich ist!"

Jeden Tag sehen wir uns Faktoren ausgesetzt, die Spannungen oder Streßerscheinungen hervorrufen. Zu den häufigsten zählen:

O Veränderungen in wichtigen Bereichen unseres Lebens.
O Stumpfe, langweilige Routine.
O Konflikte mit Menschen, die wir gern haben oder mit denen wir zusammenarbeiten.
O Bedrohung unserer Sicherheit.
O Persönliche Verluste durch Tod, Scheidung oder Trennung.
O Krankheiten.
O Erfolg.
O Schwangerschaft und Geburt.

Diese und viele andere Streßfaktoren stellen eine ungeheure Herausforderung dar, wenn wir nach Erfolg streben. Wer nicht unter Erschöpfung leidet, hat gelernt, dem Streß wirkungsvoll zu begegnen. Die meisten Menschen können Erschöpfung vermeiden, indem sie lernen, den Streß im Alltagsleben unter Kontrolle zu halten. Im folgenden möchte ich Ihnen ein paar Tips geben, wie Sie Spannungen und Streß begegnen können.

TIP 1
Lernen Sie mit Veränderungen fertigzuwerden

Veränderungen im Berufsleben, im Wohnort, in der Ehe oder in anderen wichtigen Bereichen Ihres Lebens verursachen in der Regel Streß. Wenn sich solche Veränderungen häufen, können sie zu Spannungen und Erschöpfungszuständen führen. Da solche Veränderungen für die meisten von uns ziemlich häufig sind, ist es wichtig, daß wir lernen, sie als Herausforderungen und Gelegenheiten zum Wachsen zu akzeptieren. Die folgenden zwei Hinweise können dazu beitragen:
1. Nehmen Sie als Tatsache hin, daß sich in Ihrem Leben ständig Änderungen ergeben werden, und üben Sie, sich daran anzupassen. Versuchen Sie, dieses Anpassen an neue Situationen und Herausforderungen als Abenteuer zu gestalten und zu erleben.
2. Verlieren Sie Ihre Fernziele und Werte nicht aus den Augen.

Ein Navy-Pilot gestand mir einst, er habe fürchterliche Angst gehabt, als er mit seinem Jet zum ersten Mal auf dem Deck eines Flugzeugträgers habe landen müssen. „Alles hat sich bewegt", erzählte er mir. „Das Schiff bewegte sich auf und ab, die Wogen türmten sich, und das Flugzeug bewegte sich. Es schien unmöglich, all diese Bewegungen miteinander in Einklang zu bringen." Manchmal ist auch das Leben so, nicht wahr?

Ein alter Hase gab dem jungen Piloten dann einen Rat, der sein Problem löste. „In der Mitte des Flugdecks gibt es eine gelbe Markierung, die immer ruhig bleibt. Ich richte die Nase des Flugzeugs immer auf diese Markierung und fliege sie direkt an."

Und dies ist auch ein sehr guter Rat, um mit Veränderungen – und Streß – fertigzuwerden. Setzen Sie sich immer ein Ziel, auf das Sie hinarbeiten können, und behalten Sie es immer im Auge.

TIP 2

Lernen Sie, mit Problemen fertigzuwerden

„Für jedes Problem gibt es eine Lösung, auch für dieses!" Es ist sinnlos abzuleugnen, daß es Probleme gibt. Andererseits gehören manche von jenen zu den erfolgreichsten Menschen der Welt, die Probleme gesucht und dann Wege gefunden haben, sie zu lösen. Ich möchte Ihnen acht Wege aufzeigen, wie Sie aus Problemen Abenteuer machen können – bevor der Streß, den sie verursachen, Sie überwältigt:

1. *Bereiten Sie sich auf Probleme vor.* Ich rechne ja beispielsweise nicht mit Reifenproblemen, und dennoch führe ich im Kofferraum ständig einen Ersatzreifen mit. Ich wette, bei Ihnen ist das nicht anders! Bereiten Sie sich auf die meisten Probleme vor, die auftauchen könnten.
2. *Begegnen Sie Problemen mit Mut, Zuversicht und Hoffnung.* Probleme sind gewöhnlich nur Gelegenheiten, die sich hinter einer furchterregenden Maske verbergen. Wenn Sie ihnen mit Mut, Zuversicht und Hoffnung begegnen, können Sie sie in Meilensteine auf dem Weg zu Ihren Zielen verwandeln.
3. *Stellen Sie sich den Problemen – weichen Sie ihnen nicht aus.* Einer der größten Beweise von Klugheit ist die Fähigkeit, ein Problem zu erkennen und zu lösen, bevor es zu einem akuten Notfall wird. Zwei Vertreter wurden in primitive Regionen Afrikas entsandt, um dort Schuhe zu verkaufen. Einer von ihnen kehrte mit dem nächsten Flugzeug nach Hau-

se zurück, weil die Eingeborenen gar keine Schuhe trugen. Der andere hingegen telegrafierte seiner Firma: „Senden so rasch wie möglich Millionen von Schuhen in allen Größen. Die Eingeborenen tragen keine Schuhe!"
4. *Vergewissern Sie sich, daß Sie das Problem verstehen.* Ein Grund, weshalb Probleme ungelöst bleiben, liegt darin, daß wir ihre wahre Natur nicht verstehen. Ein kleiner Junge berichtete seiner Mutter aufgeregt: „Johnny ist in den See gefallen." – „Und hast du Mund-zu-Mund-Beatmung gemacht, wie ich es dir gezeigt habe?" fragte die Mutter. „Ich hab' es ja versucht", gab der Kleine bekümmert zurück, „aber Johnny sprang immer wieder auf und rannte weg!" Formulieren Sie ein Problem immer in einer möglichst einfachen Aussage. Möglicherweise stellen Sie dann fest, daß das, was Sie für das Problem gehalten haben, nur ein Symptom des eigentlichen Problems ist.
5. *Untersuchen Sie das Problem, indem Sie Fragen stellen.* Ziehen Sie keine voreiligen Schlüsse, ohne das Problem in seiner ganzen Tragweite zu erkennen. Die Lösung besteht nicht darin, die Schuldfrage abzuklären, sondern das Problem zu erkennen. Wenn Sie Fragen stellen, beginnen sich oft schon Lösungen abzuzeichnen.
6. *Formulieren Sie mehrere mögliche Lösungen.* Legen Sie ein Nahziel fest, bevor Sie beginnen. Stellen Sie einfach fest, wie die Situation aussehen wird, wenn das Problem gelöst ist. Machen Sie eine Liste mit allen Wegen, die Ihnen offenstehen. Es ist in aller Regel einfacher, eine Option zu treffen, als mit einer Lösung aufzuwarten. Besprechen Sie das Problem auch mit einer Person, deren Meinung Sie schätzen.
7. *Entscheiden Sie sich für eine Lösung und handeln Sie entsprechend.* Wenn ein großer Schritt erforderlich ist, tun Sie ihn. Zwei kleine Schritte bringen Sie nicht über einen Abgrund.

Und normalerweise ist es besser, einen Fehler zu machen, als gar nichts zu tun oder die Angelegenheit hinauszuzögern.
8. *Kehren Sie dem Problem den Rücken und wenden Sie sich der nächsten Herausforderung zu.* Verlierer wälzen sich in ihren Problemen, Sieger hingegen legen einen anderen Gang ein und fahren weiter. Gewisse Lösungen erfordern möglicherweise Jahre zu ihrer Vollendung. Vielleicht müssen Sie sogar Ihre Lösung abändern, um neuen Informationen gerecht zu werden – aber geben Sie nicht auf!

TIP 3

Lernen Sie, mit Konflikten fertigzuwerden

Wir alle haben Konflikte mit uns selber, mit anderen Menschen und mit den Organisationen, für die wir arbeiten. Psychologen sagen, die Leute versuchten im Prinzip auf sechs Arten, mit diesen Konflikten fertigzuwerden:

1. Wir ziehen uns zurück. Wir laufen einfach vor dem Konflikt davon.
2. Wir verfallen in einen Zustand der Gleichgültigkeit. Wir weigern uns, beteiligt zu werden und Wege zu finden, wie wir unangenehme Situationen überbrücken könnten.
3. Wir schließen Kompromisse. Wir trachten nach Lösungen, die allen Beteiligten etwas bringen.
4. Wir suchen Hilfe von dritter Seite. Berater und Schiedsrichter werden beigezogen, um bei der Lösung eines Konfliktes zu helfen.
5. Wir verstricken uns in einen Kampf, bei dem es um Alles oder Nichts geht. Die Leute werden handgemein; sie identifizieren sich gegenseitig als Feinde. Normalerweise gewinnt der Stärkere – wenigstens für den Augenblick. Letztlich verlieren alle.

6. Wir bemühen uns, kreativ Lösungen für einen Konflikt zu finden.

Es ist einfach, sich diese Liste anzuschauen und die produktivsten Methoden auszuwählen. Selbstverständlich sind auch Kombinationen möglich. Egal, wofür Sie sich entschließen: legen Sie Konflikte speditiv bei, denn ungelöste Konflikte gehören zu den häufigsten Ursachen für Streßerscheinungen und Erschöpfung.

TIP 4

Überwinden Sie Ihre Sorgenmacherei

Sich Sorgen machen ist ein weitverbreitetes Problem, und eines der schlimmsten obendrein. Sorgen zehren an Ihrer schöpferischen Energie, sie beeinträchtigen Ihr Leistungsvermögen und erbringen keine positiven Ergebnisse. Sind Sie wie jener Mann, den ich vor kurzem getroffen habe? Er sagte zu mir: „Ich mache mir echt Sorgen darüber, daß ich mir so viele Sorgen mache!" Norman Vincent Peale rät zu folgenden Schritten, um Sorgen zu überwinden:

○ Erstens: Stellen Sie das Problem fest. Versuchen Sie, klar zu verstehen, was Ihnen Sorgen bereitet.
○ Zweitens: Überlegen Sie sich die wahrscheinlichen Folgen des Problems und wie Sie ihnen begegnen könnten.
○ Drittens: Versuchen Sie sich die schlimmste Konsequenz des Problems auszumalen. Normalerweise ist es gar nicht so arg, wie wir uns dies vorstellen, wenn wir uns immer mit dieser Sorge herumplagen.
○ Viertens: Machen Sie sich daran, die schlimmsten möglichen Konsequenzen zu mildern. Arbeiten Sie auf eine Lösung des Problems hin.

Die Leute machen sich nur aus zwei Gründen Sorgen. Entweder besteht die Gefahr, daß sie etwas verlieren, was sie behalten möchten, oder etwas nicht zu bekommen, was sie haben wollen. Wenn es Sie Ihren inneren Frieden kostet, etwas zu behalten, was Sie besitzen, oder wenn es Sie an den Rand der Erschöpfung treibt, etwas zu bekommen, was Sie haben möchten, dann ist es sinnvoll, sich zu fragen, ob Ihre Sorgen diesen Preis wert sind.

Überwinden Sie Ihre Sorgenmacherei und Sie verringern die Gefahr der Erschöpfung. Machen Sie sich nicht Sorgen um etwas – tun Sie es!

TIP 5

Lernen Sie zu entspannen

Dale Carnegie erzählte oft die Geschichte von zwei Männern, die in den Wald gingen, um Holz zu schlagen. Der eine arbeitete den ganzen Tag lang hart und ohne Pausen; nur zum Mittagessen gönnte er sich eine kurze Rast. Der andere legte mehrere Pausen ein und machte sogar ein kurzes Mittagsschläfchen. Am Ende des Tages stellte der Unermüdliche überrascht fest, daß der andere viel mehr Holz geschlagen hatte als er selbst.

„Das verstehe ich nicht", meinte er, „jedesmal, wenn ich mich nach dir umschaute, saßest du da – und trotzdem hast du mehr Holz geschlagen als ich."

„Hast du auch bemerkt, daß ich während meiner Pausen die Axt schärfte?" fragte sein Kollege.

Mit dieser Geschichte wollte Carnegie, der weit herum wegen seines gewaltigen täglichen Arbeitspensums bekannt war, auf die Notwendigkeit hinweisen, durch Entspannung immer wieder neue Energie aufzubauen.

Zur Entspannung möchte ich Ihnen folgendes empfehlen:

1. Legen Sie regelmäßig eine kurze Pause zum Entspannen oder Meditieren ein.
2. Bringen Sie etwas Abwechslung in Ihre Arbeit. Allzu langes Arbeiten in ein- und derselben Position oder an ein- und derselben Aufgabe verringert nicht nur Ihre Produktivität, sondern fördert auch den Streß.
3. Sorgen Sie täglich für körperliche Ertüchtigung. Dadurch werden Spannungen gelockert, und Sie können besser schlafen. Ein Arzt empfahl einst, dafür zu sorgen, daß Ihr Körper am Ende eines langen Tages genau so müde sein sollte wie Ihr Geist.
4. Machen Sie sich vor der Nachtruhe von Gedanken frei. Erinnern Sie sich daran, daß Sie heute alles getan haben, was möglich war, und daß Ihre Pläne für den folgenden Tag in Ordnung sind.

TIP 6

Lernen Sie, die Ereignisse in ihrer richtigen Perspektive zu betrachten

Lernen Sie zu unterscheiden, was wirklich ernst und was nur frustrierend ist. Die meisten Dinge, die wir für ernst halten, sind eigentlich nur Unannehmlichkeiten. Ein Rechtsanwalt erschien einmal zu spät zu einem Termin und erklärte, er habe unterwegs eine Panne erlitten.

„Ich hoffe, daß es nichts Schlimmes war", meinte sein Klient.

„Wie kann es etwas Schlimmes sein?" erwiderte der Anwalt. „Es handelt sich doch nur um mein Auto."

TIP 7

Verlieren Sie Ihren Humor nicht

Menschen, die über sich selbst und über ihre Probleme lachen können, werden nur selten von Streß geplagt. Suchen Sie jeder Situation ihre humoristische Seite abzugewinnen – Sie werden länger leben und mehr Spaß am Leben haben. Eines der besten Rezepte gegen Streß, das ich je gefunden habe, war in die Form eines Ratschlags gekleidet: „Nimm dich selbst nicht zu ernst – sonst wird es niemand anders tun!"

TIP 8

Pflegen Sie vielseitige Interessen

„Nimm dir Zeit, den Duft der Rose zu genießen." Diese alte Weisheit hat ihre Gültigkeit bis auf den heutigen Tag bewahrt. Die Zeit, die Sie mit Ihrer Familie, Ihren Freunden, Ihren Hobbies und Ihren kulturellen Interessen verbringen, wird nicht nur Ihr Leben bereichern, sondern Ihnen auch helfen, mit dem Streß fertigzuwerden.

Wenn Sie diese acht Ratschläge beherzigen, werden Spannung und Streß in Ihrem Leben nie die Oberhand gewinnen.

Übung 14 – 1: Mit Spannungen fertigwerden

Stellen Sie eine Liste mit den fünf häufigsten Spannungsquellen in Ihrem Leben zusammen. Gehen Sie danach wie folgt vor:

1. Haken Sie jene Punkte auf Ihrer Liste ab, die Sie ändern können. Kennzeichnen Sie jene Punkte mit einem „x", die Sie nicht ändern können.

2. Entwerfen Sie eine Reihe von Strategien zur Änderung jener Punkte, die Sie glauben ändern zu können.

3. Überlegen Sie sich verschiedene Strategien, wie Sie mit den Punkten fertigwerden könnten, die Sie mit einem „x" markiert haben, weil Sie das Gefühl hatten, sie nicht ändern zu können.

XV. KAPITEL

Wie vermeiden Sie ein Ausbrennen

Ein Mann kletterte auf der Erfolgsleiter bis zuoberst – *und sprang dann hinunter!*

Ein neues Wort hat sich in unsere Sprache eingeschlichen: Ausbrennen. Die ursprüngliche Bedeutung des Begriffs liefert uns einen deutlichen Hinweis auf seinen neuen Inhalt: „Brennschluß; Ende der Antriebsfähigkeit eines Düsen- oder Raketenmotors, in der Regel, weil kein Brennstoff mehr vorhanden ist."

Natürlich ist dieser Begriff schon seit geraumer Zeit in unserem Sprachgebrauch verankert; Psychologen und Industriebosse haben ihm allerdings in letzter Zeit eine neue Bedeutung verliehen. Das „Ausbrennen einer Karriere" wird als Gefühl definiert, wonach die berufliche Tätigkeit eines Menschen ihren Reiz, ihr Risiko oder ihre Befriedigung verloren hat. Mit anderen Worten: Menschen, die sich ausgebrannt fühlen, haben keinen Treibstoff mehr; sie werden teilnahmslos und apathisch. Sie erinnern ein wenig an jene Dame, die gesagt hat: „Ich bin weder für noch gegen Apathie."

Das Ausbrennen beginnt schon früh

Wenn Sie noch jung sind und in der Blüte Ihres Lebens stehen, geraten Sie möglicherweise in Versuchung, dieses Kapitel zu überspringen und erst darauf zurückzukommen, wenn Sie in mittleren Jahren sind und vor einer sogenannten Midlifecrisis stehen. Die Psychologen haben aber entdeckt, daß die Voraussetzungen für ein Ausbrennen bereits in der Frühphase des Erwachsenseins geschaffen werden, wenn ein junger Mensch sich Ziele setzt, sie mit all seinen Kräften und Mitteln verfolgt und Beziehungen herstellt, die ein ganzes Leben lang dauern werden. Und die Psychologen haben auch entdeckt, daß immer mehr Menschen um die dreißig herum ausbrennen.

Das Tragische daran ist, daß dieses Ausbrennen viel mehr Menschen betrifft, als es eigentlich sollte. Ein bildhübsches Mädchen, das als Fotomodell arbeitet, muß feststellen, daß seine Karriere zu Ende geht, wenn es dreißig Jahre alt wird. Ein leitender Angestellter in mittleren Jahren wird zu dem Zeitpunkt entlassen, in welchem er gehofft hatte, Direktor der Firma zu werden. Ein unter schweren Depressionen leidender älterer Mensch kann seine frühzeitige Versetzung in den Ruhestand nicht verkraften. Für solche Menschen ist Ausbrennen ein sehr ernsthaftes Problem.

Aber Sie können ein Ausbrennen vermeiden! Viele Leute tun es. Die folgenden Hinweise sollen Ihnen dabei helfen.

Weshalb kommt es zu einem Ausbrennen?

Unsere Gefühle sind so differenziert, daß es dafür ebenso viele Gründe gibt wie es Menschen hat. Doch all diese Gründe lassen sich in zwei große Kategorien einteilen.

1. Menschen brennen aus, weil sie ihre Ziele nicht erreichen.
2. Menschen brennen aus, weil sie ihre Ziele erreichen und dann enttäuscht sind.

Sie erreichen Ihre Ziele nicht

Es gibt zahllose Gründe, weshalb Menschen ihre Ziele nicht erreichen – und manche von ihnen liegen vollständig außerhalb ihres Einflußbereiches. In Arthur Millers berühmtem Bühnenstück *Der Tod des Handlungsreisenden* steht Willy Loman immer kurz davor, das „Geschäft des Lebens" abzuschließen, das ihn reich und berühmt machen wird; er stirbt aber als pathetischer, gebrochener Mann. Hier einige der häufigsten Gründe, weshalb Menschen ihre Ziele nicht erreichen:

- Ihre Ziele sind unrealistisch, zu hoch gesteckt.
- Sie erleiden Verletzungen oder werden krank.
- Sie werden Opfer von Umständen, die außerhalb ihres Einflußbereiches liegen. So wird zum Beispiel eine Firma verkauft, oder sie geht in Konkurs; eine neue Maschine macht sie arbeitslos; oder sie verlieren bei einer Börsenkrise sehr viel Geld.
- Sie arbeiten nicht hart genug oder treffen eine Reihe von Fehlentscheidungen.

Was immer auch die Gründe sein mögen, daß man seine Ziele nicht erreicht, das Ergebnis ist oft ein Ausbrennen – man verliert Sinn und Zweck, Begeisterung und Elan, und es macht sich ein Gefühl von Hoffnungslosigkeit und Verzweiflung breit.

Haben Sie beachtet, daß ich gesagt habe „oft"? Es muß also nicht so ein. Wir werden bald darauf zu sprechen kommen, wie Sie ein Ausbrennen vermeiden können.

Enttäuschung nach Erreichen Ihrer Ziele

Ich möchte Ihnen einige der häufigsten Gründe dafür nennen, daß Leute enttäuscht sind, wenn sie ihre Ziele erreicht haben – wie jener Mann, der die Erfolgsleiter erklommen hat und dann hinuntersprang:

■ Sie setzen sich zu wenig anspruchsvolle Ziele. Ein Mann kann beschließen, Millionär zu werden, und hat dieses Ziel mit dreißig Jahren schon erreicht.

■ Leute sind oft enttäuscht, weil ihre Ziele nicht die ursprünglich erwarteten Bedürfnisse befriedigen. So sind zum Beispiel Leute, die sich auf ihre berufliche Laufbahn verlassen, um ihre persönlichen Probleme zu lösen, oft enttäuscht. Es spielt gar keine Rolle, wieviel Erfolg sie haben, ihre persönlichen Probleme plagen sie auf Schritt und Tritt.

■ Andere anerkennen ihre Leistungen nicht gebührend. Einzelne Familienmitglieder haben oft vollständig verschiedene Ziele. So kann ein Sohn sagen: „Ich weiß, daß du hart gearbeitet hast, Papa, aber ich will einfach nicht auf die Hochschule!"

■ Sie stellen fest, daß sie ihre Ziele zu eng gesteckt haben. Wer seine ganze Energie und Zeit für seine berufliche Laufbahn aufwendet, bemerkt nach ihrem Ende oft, daß es nichts mehr gibt, wofür er leben könnte.

Ob Sie Ihre Ziele nicht erreichen oder ob Sie sie erreichen und dann enttäuscht sind, das Ergebnis kann das gleiche sein: Ausbrennen!

Wie Sie ein Ausbrennen vermeiden können

Oder was können Sie tun, wenn Sie fühlen, daß der Prozeß des Ausbrennens schon eingesetzt hat? Menschen in dieser Lage bieten sich drei Möglichkeiten:

1. Sie können psychisch, vielleicht sogar physisch vollkommen zusammenbrechen.
2. Sie können gegen jene Institution oder gegen jene Menschen ankämpfen, von denen sie glauben, sie hätten sie so weit gebracht.
3. Sie können nach einem neuen Sinn und Zweck suchen.

Zusammenbruch

Wer psychisch zusammenbricht, wird passiv, teilnahmslos, apathisch – oder zieht sich in eine Fantasiewelt zurück. Willy Loman versucht auf diese Art, mit seinem Ausbrennen fertigzuwerden. Bis zum bittern Ende erzählt er immer wieder, wieviele wichtige Leute er kennt. „Wartet nur bis zu meiner Beerdigung", sagt er zu Frau und Kindern, „dann werdet ihr sehen, wieviele Leute mir das letzte Geleit geben." Doch von den „wichtigen Leuten" taucht kein einziger auf. Wenn ein Mensch den Zusammenbruch wählt, verlieren alle.

Kampf

Wer sich dazu entschließt, zu kämpfen, schiebt die Schuld für seine Frustrationen und Probleme auf andere Menschen – oder unter Umständen auf die Institution, der er sich verpflichtet hatte. Er verschafft sich dadurch aber noch mehr Leid und Ärger, und manchmal zerstört er Beziehungen, die ihm sehr viel bedeutet haben.

Suche nach einem neuen Sinn und Zweck

Menschen, die diesen Weg wählen, stellen oft fest, daß ihr neuer Sinn und Zweck viel bedeutungsvoller und lohnender ist als ihre ursprünglichen Ziele. Ein Ausbrennen kann am besten dadurch verhindert werden, daß Sie schon sehr früh in Ihrem Leben das Geheimnis der Zieländerung kennenlernen. Dies bedeutet vielleicht, daß Sie „von Ihrer Arbeit etwas Abstand nehmen", um sich anderen Interessen zu widmen, die Sie stets beiseite geschoben haben. Es kann aber auch bedeuten, daß Sie sich einem neuen Beruf zuwenden, Ihren Wohnort wechseln oder etwas Neues lernen.

Eine neue Richtung einschlagen heißt in den meisten Fällen, die Mittel in Ihrem Inneren oder in Ihrer Nähe neu zu entdecken. *Acres of Diamonds* ist eines der schönsten Bücher, das ich je gelesen habe. Es erzählt die Geschichte eines Mannes, der sein ganzes Hab und Gut verkauft, von all seinen Freunden Abschied nimmt und aufbricht, um nach dem wertvollsten Gut zu suchen, das er kennt – nach Diamanten. Viele Jahre später kehrt er als alter, gebrochener Mann ohne Illusionen zurück. Als er seinem früheren Heim einen Besuch abstattet, beobachtet er emsiges Treiben. Hinter seinem Haus befindet sich eine der größten Diamantminen der Welt.

Wer lernt, eine neue Richtung einzuschlagen, entdeckt oft, daß sein lange Zeit vernachlässigter Partner in Wirklichkeit sein Traumpartner ist, den er gesucht hat. Wer nur immer für Geld gelebt hat, findet vielleicht einen neuen Lebenszweck, indem er seine Dienste unbezahlt der Öffentlichkeit zur Verfügung stellt. Jemand hat einmal gesagt, wer nur in einem Bereich seines Lebens Erfolg habe, sei ein Versager. Wenn Sie ein Ausbrennen vermeiden wollen, müssen Sie sich immer wieder nach neuen Zielen strecken.

Symptome des Ausbrennens

Leiden Sie unter solchen Symptomen? Die folgenden zehn Fragen verhelfen Ihnen möglicherweise zu einigen interessanten Entdeckungen:

1. Haben Sie das Gefühl, unter dem Druck zu stehen, *immer* etwas leisten zu müssen?
2. Müssen Sie härter arbeiten, um so viel Aufregung und Spannung zu erzeugen, daß Sie sich nicht langweilen?
3. Beansprucht ein Bereich Ihres Lebens den Löwenanteil Ihrer Energie?
4. Haben Sie das Gefühl, zu den Leuten um Sie herum zu wenig innige Beziehungen zu haben?
5. Bereitet es Ihnen Schwierigkeiten, sich zu entspannen?
6. Sind Sie nicht mehr flexibel, wenn Sie einmal einen Standpunkt eingenommen haben?
7. Identifizieren Sie sich so stark mit Ihren Aktivitäten, daß deren Ende auch Ihr „Ende" bedeuten würde?
8. Sind Sie ständig darum besorgt, Ihr Image zu wahren?
9. Nehmen Sie sich selbst zu ernst?
10. Sind Sie zunehmend reizbar, immer launenhafter? Fühlen Sie sich von den Menschen in Ihrer Umgebung immer stärker enttäuscht?

Sind Sie mit Ihren Antworten zufrieden? Wenn Sie aufgrund Ihrer Antworten den Eindruck haben, die Dinge würden recht gut gehen, sollten Sie sich meiner Meinung nach darauf konzentrieren, jene Fallen zu vermeiden, die zu einem Ausbrennen führen würden. Wenn Sie nur vier Fragen mit „Ja" beantwortet haben, droht Ihnen die Gefahr des Ausbrennens. Ich möchte Ihnen vorschlagen, die Fragen noch einmal durchzugehen. Wenn Sie sich über Ihre Antworten wirklich im klaren sind, fragen Sie sich, ob Sie tatsächlich so sind, wie Sie sein wollen. Sind Sie so, wie Sie angefangen haben? Falls nein, wann haben sich die Dinge zu ändern begonnen? Haben Sie Ihr Leben fest in Ihrer Hand? Oder sind Sie ihm ausgeliefert?

Das Ausbrennen kann rückgängig gemacht werden – egal, wie weit fortgeschritten es ist. Wenn Sie sich ausgebrannt fühlen, versuchen Sie, Ihre Energien in neue Bahnen zu lenken und einen neuen Sinn zu finden. Die folgenden „Prinzipien zum Leben" aus Og Mandinos begeisterndem Buch können Ihnen dabei helfen. Mein Freund Og, der dem Vorstand angehörte, als ich Präsident der National Speakers Association war, stellt seinen „Prinzipien" folgende Aussage voran: Sie beruhen auf der Annahme, daß es kein Morgen gibt. Wir müssen deshalb aus dem Heute das Beste machen.

1. Heute beginne ich ein neues Leben – ich will meinen Geist mit guten Gedanken erfüllen.
2. Ich begrüße diesen Tag mit Liebe aus tiefstem Herzen – Liebe soll meine stärkste Waffe sein.
3. Ich will nicht nachgeben, bis ich Erfolg habe – ich bin nicht auf diese Welt gekommen, um Niederlagen einzustecken; ich bin geboren worden, um zu siegen.
4. Ich bin das größte Wunder der Natur – ich will mir glauben.
5. Ich will diesen Tag leben, als ob es mein letzter wäre.
6. Ich will Herr meiner Gefühle bleiben.
7. Ich will über die Welt lachen – ich will andere und mich selbst nicht mehr allzu ernst nehmen.
8. Heute will ich meinen Wert um das Hundertfache vermehren.
9. Ich will jetzt handeln – ich will nichts aufschieben.
10. Ich will beten – wenn ich bete, sind meine Schreie nur ein Flehen um Geleit.

Wir sind nicht dazu geschaffen worden, irgendetwas zu tun, was wir nicht mit unserem ganzen Wesen tun können. Und Alter hat sehr wenig zu tun damit! Ein Zahnarzt in Duluth, Minnesota, hatte mit 89 Jahren mehr Patienten als je zuvor. Seine Hände zittern nicht, und all seine Kollegen anerkennen seine

Kompetenz. „Ich höre erst auf, wenn sie mich mit den Füßen voran zur Kirche tragen", verriet er einem Reporter. Vergleichen Sie nun diese Einstellung mit derjenigen eines jungen Mannes (anfangs zwanzig), der seinem Berater anvertraute, er versuche jeden Morgen nach dem Aufwachen „einen guten Grund zu finden, um aufzustehen".
Wirklich große Leute hören nie auf zu wachsen.

O Bismarck, der mit 83 starb, erbrachte seine größte Leistungen im Alter von über 70 Jahren.
O Der große italienische Maler Tizian arbeitete bis zu seinem Tod mit 99 Jahren.
O Goethe vollendete seinen *Faust* wenige Jahre, bevor er im Alter von 83 Jahren starb.
O Der britische Staatsmann William Ewart Gladstone lernte noch mit 70 Jahren eine neue Sprache.
O Der französische Astronom Laplace sagte vor seinem Tod im Alter von 78 Jahren: „Was wir wissen, ist nichts; was wir nicht wissen, ist gewaltig!"

Wachsen Sie, wachsen Sie immer und stetig weiter – geistig, beruflich, verstandesmäßig und in all Ihren Beziehungen. Folgen Sie den Größen der Vergangenheit. „Wenn ich weiter gesehen habe als andere", sagte Sir Isaac Newton, „dann nur deshalb, weil ich auf den Schultern von Riesen stand."

Seien Sie dankbar für Ihre Last

Wenn es nicht wegen der Dinge wäre, die in Ihrem Beruf mißlingen, wegen der schwierigen Menschen, mit denen Sie umgehen müssen, wegen der Last der Entscheidungen, die Sie zu treffen haben, und wegen der Verantwortung, die Sie tragen, – dann könnte ein geringerer Mensch als Sie Ihre Arbeit zur Hälfte erledigen. Wenn wahrhaft große Menschen erkennen, daß sie von den Wegweisern entlang der Straße des Lebens irregeführt worden sind, schlagen sie einfach eine andere Gangart ein und gehen weiter.

„Hoffnung ist größer als Geschichte", sagte der amerikanische Rechtsanwalt, Finanz- und Staatsmann Dwight Morrow in seiner berühmten Rede auf dem Höhepunkt der großen Wirtschaftskrise. Und ich stimme vollkommen mit ihm überein.

XVI. KAPITEL

Dies ist Ihr Leben!

Ein bekannter Psychiater ist zu folgender Einsicht gekommen: „Langeweile ist bei weitem das häufigste emotionale Problem im heutigen Amerika." Und er definiert Langeweile als „abwesendes Dasein ... immer den Wunsch haben, woanders zu sein und etwas anderes zu tun".
„Stille und Einsamkeit jagen uns eine tödliche Angst ein", bemerkte er.
Als Beweis dafür nennt er Teenager, die ohne auf volle Lautstärke aufgedrehte Stereoanlage nicht mehr sein können, ganz egal, was sie gerade tun; die leise Musik in Aufzügen; und Vertreter, die nervös mit den Fingern auf die Tischplatte trommeln, bis sie das Büro ihrer Kunden betreten können.
Vor einigen Jahren lief in Amerika eine beliebte Fernseh-Show mit dem Titel „Dies ist Ihr Leben"; dazu wurde jeweils ein Gast eingeladen, um vor der Kamera ganz besondere Augenblicke seines Lebens noch einmal nachzuvollziehen. Ich würde Ihnen vorschlagen, daß *heute,* in diesem *Augenblick, Ihr Leben ist!* Der einzige Moment, in welchem wir jemals leben, ist jetzt. Wir können natürlich vorgeben, in der Vergangenheit zu leben, oder wir können uns einbilden, in der Zukunft zu leben, aber der einzige Augenblick, in dem wir jemals wirklich leben, ist dieser Augenblick – ist jetzt!

Manche Menschen scheinen das Geschick zu haben, aus jedem Augenblick etwas Besonderes zu machen. Sie sind offenbar einfach immer glücklich, ganz egal, wann man ihnen begegnet. Ein Freund von mir beispielsweise antwortet auf meine Frage, wie es ihm gehe, stets mit den gleichen Worten: „Dies ist der beste Tag in meinem Leben!"

Einmal fragte ich ihn: „Wie kann jeder Tag der beste in deinem Leben sein?"

„Es ist der Tag, an dem ich lebe", gab er lächelnd zurück.

Nun weiß ich zufällig, daß dieser Freund seine Zukunft immer sehr sorgfältig plant. Ich weiß auch, daß es bestimmte Augenblicke in seiner Vergangenheit gibt, die ihm sehr teuer und lieb sind. Einige von ihnen hat er mit mir geteilt. Aber er lebt stets in der Gegenwart.

Die Geheimnisse, den Augenblick zu leben

Gewisse Menschen haben „Geheimnisse", die uns allen helfen können, aus jedem Augenblick unseres Lebens etwas Besonderes zu machen.

- Erstens: Sie akzeptieren jeden Augenblick als Geschenk, das man mit Freude entgegennimmt.
- Zweitens: Sie versuchen jedem Augenblick den größtmöglichen Vorteil abzugewinnen.
- Drittens: Sie machen Pläne für die Zukunft, anstatt sich darüber Sorgen zu machen.
- Viertens: Sie lernen aus ihren Fehlern, um sie dann zu vergessen.
- Fünftens: Sie sind offen für die ganze Realität des Augenblicks, in dem sie leben.
- Sechstens: Sie konzentrieren ihre ganze Kraft und Energie auf die Aufgabe oder das Vergnügen des Augenblicks.

■ Siebtens: Sie lassen sich durch einen unangenehmen Moment oder eine unfreundliche Tat eines anderen Menschen einfach nicht davon abhalten, zum nächsten Augenblick weiterzugehen.

Ein anderer Freund von mir züchtet Rosen und verschenkt sie. Als er einmal einem gemeinsamen Freund von uns eine prachtvolle Rose übergeben wollte, schien sich dieser eher um die Dornen als um die herrliche Blüte zu kümmern. Mein Freund nahm sie unmittelbar unterhalb der Blume und zeigte ihm, wie man eine Rose hält. „Wenn du weißt, wie du sie anpacken sollst, wird sie dir nicht weh tun", bemerkte er.

Ein Augenblick des Lebens ist doch genau so, nicht wahr? Wenn Sie wissen, wie Sie den Augenblick anpacken sollen, wird er Ihnen keine Schmerzen, sondern viel Freude bereiten.

Seien Sie aufmerksam

Fachleute, die sich mit dem menschlichen Gedächtnis befassen, sind sich darin einig, daß sich Leute vor allem aus einem Grund nicht an etwas erinnern können: sie lassen es nicht in ihr Bewußtsein eindringen. Wenn sie einem anderen Menschen begegnen, sind sie so intensiv mit sich selber beschäftigt, daß sie sich den Namen nicht einprägen können. Oder sie erinnern sich nicht, was sie gelesen oder gehört haben, weil sie es damals einfach nicht richtig begriffen haben. *Wenn wir andere Menschen, unsere Umgebung, unser Tun und das, was wir hören, in unser Bewußtsein eindringen lassen, gewinnen wir in doppelter Hinsicht.* Erstens können wir jedem Augenblick am meisten abgewinnen, und zweitens werden wir uns noch jahrelang daran erinnern.

„Bewußtsein" ist ein sehr inhaltsreicher Begriff. Er umfaßt Beisinnensein, Aufmerksamkeit, Wachsamkeit, Empfindsamkeit, Anteilnahme und Empfänglichkeit. Wenn Sie jeden Augenblick zu einem besonderen machen wollen, müssen Sie sich bemühen, bewußt zu leben. Wie ist die Wetterlage zur Zeit in Ihrem Leben? Welche Musik erklingt zur Zeit in Ihrem Leben? Wer steht Ihnen im Augenblick sehr nah? Was haben diese Menschen Besonderes an sich? Was hat dieser Augenblick Besonderes an sich?

Zu viel und zu schnell!

Wir befinden uns inmitten einer „Wissensexplosion"; das gesamte Wissen der Menschheit verdoppelt sich ungefähr alle zehn Jahre. Schätzungen sprechen davon, daß rund 90 Prozent aller Wissenschaftler, die es jemals gegeben hat, heute leben. Eine der tragischen Seiten unseres Zeitalters der Elektronik besteht darin, daß wir aus so vielen Richtungen mit Wissen und Informationen bombardiert werden, daß wir gezwungenermaßen vor der Wahl stehen, gewissen Dingen unsere Aufmerksamkeit zu schenken und andere einfach zu übergehen. So übergeht zum Beispiel der durchschnittliche Hochschulabsolvent mehr Wissen und Informationen, als der beste Wissenschaftler vor zweihundert Jahren zur Verfügung hatte.

Weshalb filtern die meisten Menschen so viele wertvolle Informationen aus? Bestimmt könnte ihr Gehirn wesentlich mehr aufnehmen. Fachleute schätzen, daß der Durchschnittsmensch nur knapp 10 Prozent seiner Lernfähigkeit ausnützt. Das menschliche Gehirn weist unglaubliche Kapazitäten auf.

Wenn der Lernvorgang im jetzigen Augenblick stattfindet – in diesem besonderen Augenblick, von dem wir nun Besitz ergreifen können –, lernen wir nicht, weil wir nicht das Maximum aus diesem Augenblick herausholen können. Nach Ansicht von Fachleuten sind es vor allem zwei Faktoren, die uns davon abhalten, aus dem jetzigen Augenblick zu lernen und an ihm zu wachsen - zwei wichtige Gründe, weshalb wir die Jetztzeit nicht auskosten:

- *Erstens neigen wir dazu, über die Vergangenheit nachzubrüten.* Wir konzentrieren uns auf verpaßte Gelegenheiten, auf abgebrochene Beziehungen, auf Dinge, die wir hätten tun oder lassen wollen.
- *Zweitens verschließen wir uns vor dem jetzigen Augenblick mit all seinen Möglichkeiten, weil wir uns Sorgen über die Zukunft machen.* Wir sehnen uns nach einer schöneren Zeit, wir haben Angst vor einer schlechteren Zeit, wir sorgen uns um Dinge, die uns die Zukunft schenken oder wegnehmen könnte.

Lernen hat somit sehr viel damit zu tun, ob Sie Optimist oder Pessimist sind. Haben Sie schon einmal gehört, daß jemand vor Arbeitsbeginn gesagt hat: „Na ja, dann geht es halt wieder los!" oder „Immer wieder die alte Leier!" Was verraten solche Aussagen doch für einen traurigen, pessimistischen Ausblick auf das Leben! Andere hingegen hüpfen morgens übermütig aus dem Bett, holen tief Atem und rufen: „Ah, was für ein herrlicher Tag zu leben. All diese Möglichkeiten, die er mir wieder bietet!" Das nenne ich Optimismus!

Worin besteht denn der Unterschied? Beide Menschentypen können sehr ähnliche Berufe haben, sie können gleichermaßen gesund sein, gleichviel Geld auf ihrem Bankkonto haben und sonst sehr viele Ähnlichkeiten miteinander aufweisen. Und dennoch betrachtet der eine sein Leben als Mühsal, Leier und Langeweile - der andere aber als Freude, Gelegenheit und Vielfalt von Möglichkeiten. Weshalb?

Der Pessimist verschließt sich gegenüber all jenen herrlichen, aufregenden Gaben, die der Augenblick verspricht. Der

Optimist dagegen freut sich darauf und ist aufnahmebereit. Der Pessimist sehnt sich nach einem besseren Augenblick, der irgendwann einmal kommen mag, oder er sinnt einem angenehmeren Augenblick nach, der schon längst der Vergangenheit angehört. Der Optimist aber vertraut auf seine Zukunftspläne und seine Fähigkeiten, sie auch auszuführen. Er ist auch durchaus bereit, in Erinnerungen an Vergangenes zu schwelgen. Vor allem aber erwartet er gespannt auf die Gelegenheiten, welche ihm jeder Augenblick zu bieten hat.

Denken Sie daran: Wenn Sie andere Menschen, Ihre Umgebung und Ihr Tun in Ihr Bewußtsein eindringen lassen, gewinnen Sie in doppelter Hinsicht. Sie können jedem Augenblick das meiste abgewinnen und sich noch jahrelang daran erinnern. Und damit verfügen Sie über die Fähigkeit, aus jedem Augenblick etwas Besonderes zu machen! Und Sie sind in der Lage, sich an jeden Augenblick *zu erinnern!*

„Aber ich habe doch ein so schlechtes Gedächtnis!" klagen Sie vielleicht. Nun, dies ist kein Dauerzustand. Sie können lernen, sich Wissen und Informationen einzuprägen, die Ihnen später nützlich sein werden. Sie können lernen, sich an Namen, Ereignisse und Gedanken zu erinnern. Ein gutes Gedächtnis kann von großem Vorteil sein, wenn Sie die Erfolgsleiter erklimmen!

Die folgenden fünf Ratschläge helfen Ihnen vielleicht, Ihr Gedächtnis etwas zu schulen:

1. *Der Wunsch ist der Schlüssel zur Erinnerung.* Nehmen Sie sich Zeit, den Wert dessen zu erkennen, was Sie in Erinnerung behalten möchten. Prägen Sie es sich dann ein, indem Sie sich immer wieder in Erinnerung rufen, daß diese bestimmte Information Ihnen Geld erspart oder einbringt oder daß sie Ihr Leben in irgendeiner Weise bereichern kann. Je stärker Ihr Wunsch ist, sich an etwas zu erinnern,

desto leichter wird es Ihnen fallen. Oder haben Sie schon einmal erlebt, daß jemand eine versprochene Gehaltserhöhung vergißt?
2. *Schreiben Sie Dinge auf.* Dies kann Ihnen auf zwei Arten helfen. Erstens „ist die blasseste Tinte dauerhafter als das beste Gedächtnis", wie ein altes orientalisches Sprichwort sagt. Und zweitens müssen Sie von etwas eine klare, konkrete Vorstellung haben, wenn Sie es aufschreiben wollen. Sie erinnern sich leichter an Dinge, die Sie visuell aufnehmen können, als an rein abstrakte Begriffe.
3. *Lesen Sie Ihre Notizen laut durch.* Wenn Sie die Worte sprechen, gibt das Unterbewußtsein die Informationen frei, an die Sie sich erinnern wollen, und stärkt das Gedächtnis.
4. *Lesen Sie Ihre Notizen so oft durch, bis sie fest in Ihr Gedächtnis eingeprägt sind.*
5. *Versprechen Sie sich selbst, daß Sie sich daran erinnern werden.*

Ein Elektrotechniker, der ein fantastisches Gedächtnis besaß, behauptete, er könne sich an Telefonnummern erinnern, die er nur einmal und zum Teil vor mehreren Jahren gewählt habe. Um ihn auf die Probe zu stellen, fragte ihn jemand auch den Telefonnummern verschiedener Firmen, die bei dieser Besprechung vertreten waren. Er rasselte sie in rascher Reihenfolge und ohne den kleinsten Fehler herunter.

„Wie machen Sie das?" fragte ich ihn.

„Das Geheimnis besteht darin", antwortete er, „daß Sie sich selber sagen, Sie würden sich daran erinnern. Die meisten Leute haben sich nämlich eingeredet, sie hätten ein schlechtes Gedächtnis. Es handelt sich nur darum, sein Gedächtnis unter Kontrolle zu haben und es dazu bringen, das zu tun, was Sie von ihm wollen."

Ich habe diese einfache Regel selber ausprobiert, und es hat geklappt!

Dieser Augenblick ist etwas Besonderes. Er ist besonders lehrreich. Greifen Sie nach ihm und nehmen Sie ihn mit seinem ganzen Inhalt auf. Speichern Sie ihn in Ihrem Gedächtnis, damit Sie ihn immer und immer wieder zu Ihrem Vorteil abrufen können.

Sorgen Sie dafür, daß es sich lohnt, sich an diesen Augenblick zu erinnern

„Nun, was war in Ihren Ferien los?" fragten die Büroangestellten ihren frisch aus dem Urlaub zurückgekehrten Chef.

„Ach, nichts, woran man sich erinnern müßte", erwiderte er klagend.

Wieviele Leute kennen Sie, die derart in Verhaltensweisen und Tätigkeiten festgefahren sind, die ihnen im Grunde genommen vollkommen gleichgültig sind? Fragen Sie sie, wie es ihnen heute bei der Arbeit ergangen ist, und Sie werden als Antwort hören: „Na ja, es ging halt so." Erkundigen Sie sich, wie sie das letzte Wochenende verbracht haben, und sie werden sagen: „Es war fürchterlich langweilig." Fragen Sie, was sie am nächsten Wochenende unternehmen wollen, und die Antwort wird lauten: „Ich weiß nicht!" Ein Komiker traf den Nagel mit folgendem Spruch genau auf den Kopf: „Es macht mich müde und krank, jeden Morgen müde und krank aufzustehen."

Erinnerungen kommen nicht einfach von selbst. Im Gegenteil, normalerweise müssen wir dafür sorgen, daß sie kommen. Die folgenden Ratschläge sollen Ihnen dabei helfen.

1. *Bemühen Sie sich, Ihre Umgebung und was um Sie herum vorgeht bewußt aufzunehmen.* Der amerikanische Präsident

Theodore Roosevelt liebte die Natur sehr. Oft unternahm er mit seinem Freund, dem Zoologen und Tiefseeforscher William Beebe, nach einem langen Gespräch noch einen nächtlichen Spaziergang. Dabei schweiften ihre Blicke und Gedanken zu den Sternen und in die Weite des Alls. Einer von beiden pflegte dann zu erklären: „Dies ist der Andromedanebel, ein spiralförmiges Sternsystem. Es ist gleich groß wie unsere Milchstraße. Andromeda ist nur eine von hundert Millionen Galaxien. Die Entfernung von der Erde beträgt ungefähr 700'000 Lichtjahre. Die Galaxis besteht aus hundert Billionen Sonnen, die alle größer sind als unsere eigene Sonne." Nach einer längeren Pause war es dann Teddy Roosevelt, der lächelte und sprach: „Ich glaube, wir sind jetzt klein genug. Gehen wir schlafen!"

Ich fürchte, daß allzu viele Menschen die schönsten Augenblicke ihres Lebens verschlafen.

2. *Empfangen Sie bewußt die Liebe, die andere Menschen Ihnen entgegenbringen.* Der Historiker Will Durant erzählte oft, wie er in seinem Wissen, in seinen Reisen und in seiner schriftstellerischen Tätigkeit nach dem Glück gesucht habe – dabei aber immer wieder enttäuscht, von Besorgnis erfüllt und müde geworden sei. Aber dann erhaschte er eines Tages einen Schimmer von der wahren Natur des Glücks. Er sah eine Frau mit einem kleinen, zufrieden schlafenden Kind in den Armen in einem kleinen Auto sitzen. Ein wenig später kam ein Mann dazu, setzte sich in den Wagen, beugte sich hinüber, küßte seine Frau und hauchte auch dem Kind einen sanften Kuß auf die Stirn. Dann lächelten sich Mann und Frau zu. Durant bemerkte später, als die Familie weggefahren sei, habe er realisiert, daß „jede normale Funktion der Natur eine gewisse Freude enthalte".

Teilen Sie diese wertvollen Augenblicke Ihres Lebens mit denen, die Sie lieben. Bemühen Sie sich ganz besonders, jemanden, der Ihnen nahesteht, in möglichst viele erinnerungswürdige Augenblicke miteinzubeziehen. Erinnerungen sind immer schöner, wenn man sie mit jemandem teilen kann.

3. *Lassen Sie sich Ihr Bewußtsein nicht durch Sorgen verdrängen.* Die Probleme, Fehler und verpaßten Gelegenheiten von gestern können Sie zusammen mit den Sorgen um morgen um die Freuden von heute bringen. Sie können verhindern, daß der jetzige Augenblick Erinnerungswert bekommt. „Möglichst viele gute Stunden verleben, das ist Weisheit", schrieb einst ein berühmter Philosoph.

4. *Bleiben Sie mit Ihren Inneren in Verbindung.* Eine sehr liebe Freundin von mir, die für ihre Motivationsfähigkeiten bekannt ist, erzählte mir einst eine Geschichte, die diesen Punkt sehr deutlich macht. Eingeborene schleppten bei einer Expedition in Afrika während drei Tagen ganz zufrieden ihre schweren Lasten. Am vierten Tag weigerten sie sich einfach, sich von der Stelle zu rühren. Nach dem Grund befragt, erklärte ihr Anführer, sie seien nicht etwa starrköpfig oder faul.

„Wir sind nun drei Tage lang durch den Dschungel marschiert", sagte er. „Heute müssen wir warten, damit unsere Seelen unsere Körper wieder einholen können."

Wir alle brauchen in verschiedenen Momenten eines arbeitsreichen Tages eine Pause, um mit Gott, mit uns selbst und mit den tief verborgenen Zielen, nach denen wir streben, Verbindung aufzunehmen. Unsere Seele muß ihren Körper wieder einholen können.

Dies ist der Augenblick, auf den Sie gewartet haben

Wenn Sie auf diesen ganz besonderen Augenblick gewartet haben – auf diesen Augenblick, welcher Ihnen das ersehnte

Glück bringen könnte -, *jetzt ist er gekommen!* Ergreifen Sie ihn, nutzen Sie ihn, und machen Sie ihn für immer zu einem integralen Bestandteil Ihres Lebens.

Hinterlassen Sie der Welt etwas, weswegen sie sich Ihrer erinnert

Ein alter Mann, der als geiziger Griesgram bekannt war, lag auf dem Sterbebett. Seine Familie hatte sich um ihn versammelt.
„Holt meinen Rechtsanwalt!" knurrte er. Als dieser eintraf, befahl ihm der alte Mann, sein Testament zu verlesen. Mit der Bemerkung, daß es sich hier um eine höchst ungewöhnliche Bitte handle, öffnete der Anwalt den letzten Willen des Alten und las den einzigen, sehr ausdrucksstarken Satz vor: „Ich vermache mein ganzes Vermögen und meine weltlichen Güter wohltätigen Institutionen; meiner Familie hinterlasse ich gar nichts, denn ich möchte, daß viele Leute traurig sind, wenn ich sterbe." Gewiß eine fürchterliche Art sicherzustellen, daß einen alle vermissen, wenn man von der Bühne des Lebens abgetreten ist!
Es gibt einen besseren Weg, die Welt wissen zu lassen, daß Sie in ihr gelebt haben. Er besteht darin, das Leben aller, mit denen Sie in Berührung kommen, zu bereichern. Stephen Grellet wurde in Frankreich geboren, war ein Quäker und starb 1855 in New Jersey. Das ist so ziemlich alles, was wir von ihm wissen, außer ein paar Zeilen, die ihn unsterblich gemacht haben. Sie haben wahrscheinlich seinen Namen noch nie gehört, aber vielleicht erinnern Sie sich an seine Worte:

Ich werde nur einmal durch diese Welt gehen. Wenn ich irgendetwas Gutes tun oder irgendeinem anderen Menschen einen Gefallen erweisen kann, dann will ich es jetzt tun und nicht aufschieben. Denn ich werde niemals wieder diesen Weg gehen.

Der Schweizer Philosoph und Schriftsteller Henri Frédéric Amiel hat vor über hundert Jahren geschrieben: „Wer schweiget, gerät in Vergessenheit; wer nicht nach vorne geht, fällt zurück; wer anhält, wird eingeholt, überflügelt und zermalmt; wer nicht weiterwächst, wird kleiner; wer innehält, gibt auf; der Zustand des Stillestehens bedeutet den Anfang vom Ende."

Setzen Sie sich ein

Jeder von uns hat den Menschen um sich herum so viel zu geben, und die Zeit dazu ist so knapp bemessen, daß es nur recht und billig ist, wenn wir uns bewußt anstrengen, mit so vielen Menschen, wie es nur sinnvollerweise möglich ist, in Berührung zu kommen. Wir haben so viel zu geben, denen, die uns nahe stehen, denen, die vom Glück weniger begünstigt sind als wir, denen, die sich um einen Anfang bemühen, und denen, die aufgegeben haben und neu beginnen möchten.

Etwas von uns zu geben kostet sehr wenig im Vergleich zu dem, was wir daraus gewinnen können. Sie können nicht die Seele eines anderen Menschen bereichern, ohne sich selbst zu bereichern. Sie können nicht einen Entmutigten aufrichten, ohne selbst neuen Mut zu schöpfen. Und Sie können nicht einen unfreundlichen Menschen lieben, ohne daß dies auf mannigfache wunderbare Weise auf Sie zurückkommt.

Der Versuch, mehr zu geben, als ich bekommen habe, hat sich bei mir als ziemlich angenehmes Dilemma herausgestellt. so viele Menschen haben mir im Laufe der Jahre wirklich geholfen, daß ich mich verpflichtet fühle, Gleiches mit Gleichem zu vergelten. Aber je mehr ich gebe, desto mehr empfange ich – und die Schuld der Dankbarkeit wird immer größer und größer.

Werden Sie menschlich

Viele Menschen gehen vollkommen einsam durch das Leben; sie begreifen nie, was es bedeutet, die Hand auszustrekken und jemanden zu berühren. „Das müssen Sie verstehen", kriegt man zu hören. „In dieser Welt draußen frißt doch einer den andern! Da muß man für sich selbst schauen." Dieses Verständnis von Menschlichkeit ist genauso daneben wie dasjenige der Kannibalen, die Mark Twain gestanden: „Wir verstehen das Christentum, wir haben die Missionare gegessen."

Akzeptieren Sie die herrliche Tatsache, daß Sie der menschlichen Rasse angehören. Sie und ich sind Brüder und Schwestern der Menschheit. Spüren Sie den Pulsschlag Ihres Menschseins. Ich teile voll und ganz Carl Sandbergs Philosophie, wonach die Geburt eines Kindes der größte Beweis dafür ist, daß Gott die Menschen noch nicht aufgegeben hat. Und ich hoffe, auch Sie werden sie niemals aufgeben! Manchmal mag es so aussehen, als ob wir uns selbst in die Luft jagen würden, als ob wir uns auf den Straßen umbringen oder Opfer unserer eigenen Umweltverschmutzung werden würden. Aber geben Sie die Hoffnung nie auf.

Ich hoffe, wir können alle gemeinsam mit Martin Luther sagen: „Und wenn ich wüßte, daß die Welt morgen in tausend Stücke zerbräche, ich würde dennoch meinen Apfelbaum pflanzen."

Die Bücher von Norman Vincent Peale

Norman Vincent Peale vertritt nicht irgendein trockenes philosophisches System, sondern er verbindet die Erkenntnisse der Wissenschaft mit den ewigen Lebensgesetzen des Glaubens und des Vertrauens. Seine erstaunlichen Bücher atmen den lebendigen Geist der Wahrheit und der gläubigen Zuversicht.

Die Kraft positiven Denkens
324 Seiten, Leinen

So hast Du mehr vom Leben
226 Seiten, Leinen

Trotzdem positiv
294 Seiten, Leinen

Was Begeisterung vermag
342 Seiten, Leinen

Leben kann Freude sein
164 Seiten, Pappband

Das Ja zum Leben
224 Seiten, Leinen

Darum seid getröstet
Trost im Leid
154 Seiten, Leinen

So hilft positive Phantasie
Die Wirkung der aktiven Vorstellungskraft
242 Seiten, Leinen

Norman Vincent Peale zeigt uns in seinen über die ganze Welt verbreiteten Büchern den Weg zu einem erfüllten Leben, indem er uns lehrt, uns dem Negativen nicht zu unterwerfen, sondern es durch die Kraft der positiven Gedanken und des Vertrauens zu überwinden.

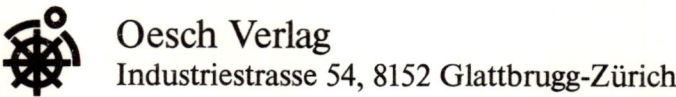

Oesch Verlag
Industriestrasse 54, 8152 Glattbrugg-Zürich